Karl Marx — DAS KAPITAL
Kritik der politischen Ökonomie
Kurzfassung von Otto Rühle
mit einer Einleitung von Leo Trotzki

Impressum
Herausgegeben von der Sozialistische Alternative – SAV im August 2011
V.i.S.d.P., Satz und Umschlaggestaltung: Holger Dröge
Druck: Eigendruck im Selbstverlag
Littenstraße 106/107, 10179 Berlin
Telefon: (030) 24 72 38 02, Email: info@sav-online.de

Inhaltsverzeichnis

Vorwort von Leo Trotzki: Marxismus in unserer Zeit............5
I. Ware und Geld............49
  1. Die Ware............49
    a) Gebrauchswert und Tauschwert............49
    b) Doppelcharakter der in den Waren dargestellten Arbeit............52
    c) Die Wertform oder der Tauschwert............56
    d) Der Fetischcharakter der Ware und sein Geheimnis............62
  2. Der Austauschprozess............66
  3. Das Geld oder die Warenzirkulation............69
    a) Maß der Werte............69
    b) Circulationsmittel............73
    c) Geld............80
II. Die Verwandlung von Geld in Kapital............82
  4. Umwandlung von Geld in Kapital............82
    a) Die allgemeine Formel des Kapitals............82
    b) Kauf und Verkauf der Arbeitskraft............84
III. Die Produktion des absoluten Mehrwertes............87
  5. Arbeitsprozess und Verwertungsprozess............87
    a) Arbeitsprozess............87
    b) Verwertungsprozess............89
  6. Konstantes Kapital und variables Kapital............92
  7. Die Rate des Mehrwertes............95
    a) Der Exploitationsgrad der Arbeitskraft............95
    b) Darstellung des Produktenwertes in proportionellen Teilen des Produkts............97
  8. Der Arbeitstag............98
    a) Die Grenzen des Arbeitstages............98
    b) Der Heißhunger nach Mehrarbeit............101
    c) Der Kampf um den Normalarbeitstag............102
  9. Rate und Masse des Mehrwertes............108
IV. Die Produktion des relativen Mehrwertes............111
  10. Begriff des relativen Mehrwertes............111
  11. Kooperation............112
  12. Teilung der Arbeit und Manufaktur............118
    a) Doppelter Ursprung der Manufaktur............118
    b) Der Teilarbeiter und sein Werkzeug............120
    c) Die beiden Grundformen der Manufaktur............121
    d) Der kapitalistische Charakter der Manufaktur............124
  13. Maschinerie und moderne Industrie............127
    a) Entwicklung der Maschinerie............127
    b) Wertabgabe der Maschine an das Produkt............131
    c) Wirkungen des maschinenmäßigen Betriebes auf den Arbeiter............132
    Wie wird die Arbeit intensiviert?............137
    d) Kampf zwischen Arbeiter und Maschine............140

  e) Verdrängung und Anziehung von Arbeitern durch den Maschinenbetrieb..................141
  f) Revolutionierung von Handwerk und Hausarbeit durch die moderne Industrie..................144
  g) Fabrikgesetzgebung..................145
  h) Moderne Industrie und Landwirtschaft..................147

V. Die Produktion des absoluten und relativen Mehrwertes........149
 14. Absoluter und relativer Mehrwert..................149
 15. Größenwechsel von Preis der Arbeitskraft und Mehrwert........151
 16. Verschiedene Formeln für die Rate des Mehrwertes..................151

VI. Der Arbeitslohn..................155
 17. Verwandlung von Wert respektive Preis der Arbeitskraft in Arbeitslohn..................155
 18. Der Zeitlohn..................156
 19. Der Stücklohn..................158
 20. Nationale Verschiedenheit der Arbeitslöhne..................160

VII. Der Akkumulationsprozess des Kapitals..................161
 21. Einfache Reproduktion..................161
 22. Verwandlung von Mehrwert in Kapital..................165
  a) Kapitalistischer Produktionsprozess auf erweiterter Stufenleiter..................165
  b) Teilung des Mehrwertes in Kapital und Revenue..................167
  c) Umstände, die den Umfang der Akkumulation bestimmen....168
 23. Das allgemeine Gesetz der kapitalistischen Akkumulation........170
  a) Wachsende Nachfrage nach Arbeitskraft mit der Akkumulation bei gleichbleibender Zusammensetzung des Kapitals..................170
  b) Relative Abnahme des variablen Kapitalteiles im Fortgang der Akkumulation und der sie begleitenden Konzentration..................173
  c) Progressive Produktion einer relativen Überbevölkerung oder industriellen Reservearmee..................176
  d) Verschiedene Existenzformen der relativen Überbevölkerung und das allgemeine Gesetz der kapitalistischen Akkumulation..179
 24. Die sogenannte ursprüngliche Akkumulation..................182
  a) Das Geheimnis der ursprünglichen Akkumulation..................182
  b) Expropriation des Landvolks von Grund und Boden..................184
  c) Blutgesetzgebung gegen die Expropriierten. Gesetz zur Herabdrückung des Arbeitslohns..................187
  d) Genesis der kapitalistischen Pächter. Rückwirkung der landwirtschaftlichen Umwälzung auf die Industrie..................189
  e) Genesis des industriellen Kapitalisten..................190
  f) Geschichtliche Tendenz der kapitalistischen Akkumulation...195

Begriffserklärung..................199

Vorwort von Leo Trotzki: Marxismus in unserer Zeit

Dieses Buch von Otto Rühle bringt eine sehr gedrängte Darstellung der grundlegenden Lehren von Karl Marx. Im Grunde genommen hat noch niemand die Werttheorie besser dargelegt, als Karl Marx selbst.

Die Kurzfassung des Ersten Bandes des Kapitals – der Grundlage des Marx'schen ökonomischen Systems – wurde von Otto Rühle mit großer Sorgfalt und grundlegendem Verständnis der Materie erstellt. Er nahm veraltete Beispiele heraus, entfernte weiterhin Zitate, die heute nur noch von historischem Interesse sind, Polemiken gegen Schreiber, die längst vergessen sind und zuletzt zahlreiche Dokumente (Gesetze, Berichte von Fabrikinspektoren usw.). All dies hat einen Wert eine bestimmte historische Epoche zu verstehen, aber in einer Zusammenstellung, die eher theoretische als historische Absichten verfolgt, nicht notwendig sind.

Gleichzeitig bewahrte Rühle die Entwicklung der wissenschaftlichen Analyse und die einheitliche Darstellung. Logische Schlüsse und dialektische Übergänge wurden unserer Ansicht nach an keiner Stelle verletzt. Es mag aber wohl sein, dass dieser Text Aufmerksamkeit und Konzentration erfordert. Zur Unterstützung des Lesers hat Otto Rühle den Text daher mit prägnanten Zwischenüberschriften versehen.

Bestimmte Argumente von Marx, insbesondere die schwierigen des ersten Kapitels können dem uneingeweihten Leser als spitzfindig, überflüssig oder „metaphysisch" erscheinen. In Wahrheit ist dieser Eindruck die Konsequenz der Tatsache, dass man nicht die Gewohnheit hat, die vertrautesten Erscheinungen wissenschaftlich zu betrachten. Die Ware ist ein so allgemein verbreitetes Element geworden, derart unserem täglichen Leben vertraut, dass wir uns nicht einmal zu fragen versuchen, warum sich die Menschen von Gegenständen höchster Wichtigkeit, notwendig für den Lebensunterhalt, trennen, um sie gegen kleine Scheiben aus Gold oder Silber ohne Nützlichkeit auszutauschen. Die Ware ist nicht das einzige Beispiel.

Alle Kategorien der Warenwirtschaft scheinen ohne Analyse erkannt zu sein, als wie sich von selbst verstehend, als ob sie die natürliche Basis der Beziehungen zwischen den Menschen bildeten. Indessen sind die Faktoren des ökonomischen Prozesses menschliche Arbeit, Rohstoffe, Werkzeuge, die Arbeitsteilung, die Notwendigkeit der Verteilung der Produkte unter alle jene, die am Produktionsprozess teilnehmen usw., die Kategorien selbst aber, wie Ware, Geld, Löhne, Kapital, Profit, Steuer etc., nur halb mystische Reflexe der Menschen, verschiedene Aspekte des einen ökonomischen Prozesses, den die Menschen nicht verstehen, und der sich ihrer Kontrolle entzieht. Um sie zu entziffern ist eine wissenschaftliche Analyse unerlässlich.

In den Vereinigten Staaten, wo ein Mensch, der eine Million besitzt, betrachtet wird wie der Wert einer Million, sind die ökonomischen Vorstellungen tiefer gesunken als irgendwo anders. Noch vor kurzem schenkten die Amerikaner der Natur der ökonomischen Beziehungen sehr wenig Aufmerksamkeit. Im Lande des mächtigsten ökonomischen Systems blieb die wissenschaftliche Ökonomie extrem arm. Es war die heutige tiefe Krise der amerikanischen Wirtschaft nötig, um der öffentlichen Meinung mit aller Schärfe die fundamentalen Probleme der kapitalistischen Gesellschaft vor Augen zu führen. Wer nicht davon lassen kann, passiv, ohne kritischen Geist die ideologischen Reflexe des ökonomischen Prozesses hinzunehmen, der wird niemals Marx folgend, die wesentliche Natur der Ware als fundamentale Zelle des kapitalistischen Systems zu durchschauen vermögen und wird daher unfähig sein, die wichtigsten Erscheinungen unserer Epoche wissenschaftlich zu erfassen.

Die Methode von Marx

Der Wissenschaft die Aufgabe des Erforschens der objektiven Erscheinungen der Natur stellend, bemüht sich der Mensch hartnäckig und eigensinnig sich selbst der Wissenschaft zu entziehen und sich besondere Vorrechte zu sichern, sei es in der Form des Anspruches auf Beziehungen zu übernatürlichen Kräften (Religion) oder auf ewige moralische Gesetze (Idealismus). Marx hat dem Menschen endgültig diese widerwärtigen Vorrechte genommen, indem er ihn als natürliches Glied im Entwicklungsprozess der materiellen Natur erkannte, die menschliche Gesellschaft ansieht als Organisation der Produktion und Verteilung, den Kapitalismus als ein Stadium der Entwicklung der menschlichen Gesellschaft.

Es lag nicht in Marx's Absicht, die „ewigen Gesetze" der Ökonomie zu entdecken. Solche gibt es nicht. Die Geschichte der menschlichen Gesellschaft ist die Geschichte der Aufeinanderfolge der verschiedenen ökonomischen Systeme, deren jedes seine eigenen Gesetze aufweist. Der Übergang von einem System zum anderen war immer bestimmt vom Wachstum der Produktivkräfte, dass heißt der Technik und der Organisation der Arbeit. Bis zu einem bestimmten Grade haben die sozialen Veränderungen einen quantitativen Charakter, führen sie zu keinem grundlegenden Wandel im gesellschaftlichen Fundament, das heißt den herrschenden Eigentumsformen. Aber es kommt ein Zeitpunkt, wo die gesteigerten Produktivkräfte nicht mehr in den alten Eigentumsformen eingeschlossen bleiben können. Dann erfolgt in der sozialen Ordnung eine von Erschütterungen begleitete Veränderung. Dem Urkommunismus folgte, oder fügte sich hinzu, die Sklaverei; die Sklaverei wurde abgelöst von der Leibeigenschaft mit ihrem feudalem Überbau. Im 16. Jahrhundert führte die Entwicklung des Handels der europäischen Städte zum Aufkommen des kapitalistischen Systems, das in der Folge mehrere Stadien durchlief. Im Kapital erforscht Marx nicht die Ökonomie im allgemeinen, sondern die kapitalistische Ökonomie mit ihren eigenartigen Gesetzen. Von anderen ökonomischen Systemen spricht Marx nur gelegentlich und einzig zu dem Zweck, um den Charakter des Kapitalismus klarzulegen.

Die sich selbst genügende Wirtschaft der ursprünglichen bäuerlichen Familie hat keine politische Ökonomie nötig. denn sie ist einerseits von den Naturkräften, anderseits von der Tradition beherrscht. Die in sich abgeschlossene Naturwirtschaft der alten Griechen und Römer auf Sklavenarbeit fußend, hing ab vom Willen des Sklavenhalters, dessen „Plan" unmittelbar bestimmt war von seinem Willen und seiner Gewohnheit. Man kann dasselbe auch vom mittelalterlichen System mit seinen leibeigenen Bauern sagen. In allen diesen Beispielen waren die ökonomischen Beziehungen klar und durchsichtig, sozusagen im Rohzustand. Aber bei der gegenwärtigen Gesellschaft liegt der Fall völlig verschieden. Sie hat die alten Beziehungen der geschlossenen Wirtschaft und die Arbeitsweisen der Vergangenheit zerstört. Die neuen ökonomischen Beziehungen haben Städte und Dörfer, Provinzen und Nationen zusammengeschlossen. Die Arbeitsteilung hat den ganzen Planeten erfasst. Nachdem Tradition und Gewohnheit gebrochen waren, hat sich dieser Zusammenschluss nicht nach einem bestimmten Plan vollzogen, sondern vielmehr unabhängig vom Bewusstsein und der Voraussicht der Menschen. Die Abhängigkeit der Menschen, der Gruppen, der Klassen, der Nationen voneinander, die sich aus der Arbeitsteilung ergibt, ist von niemandem geleitet. Die Menschen arbeiten füreinander ohne sich zu kennen, ohne die gegenseitigen Bedürfnisse zu erkunden, mit der Hoffnung und selbst der Gewissheit, dass sich die Beziehungen zwischen ihnen auf diese, oder jene Weise von selbst regeln werden. Und im Ganzen genommen ergibt sich das auch, oder vielmehr, ergab sich das ehemals gewohnheitsmäßig.

Es ist absolut unmöglich, die Ursachen der Erscheinungen der kapitalistischen Gesellschaft im subjektiven Bewusstsein, in den Absichten oder Plänen Ihrer Mitglieder zu finden. Die objektiven Erscheinungen des Kapitalismus waren nicht zu erkennen, bevor nicht ernstes Studium auf sie verwendet wurde. Bis zum heutigen Tage kennt die große Mehrheit der Menschen nicht die Gesetze, welche die kapitalistische Gesellschaft beherrschen. Die große Überlegenheit der Methode von Marx bestand darin, die ökonomischen Erscheinungen nicht vom subjektiven Gesichtspunkt bestimmter Personen zu nehmen, sondern vom objektiven Gesichtspunkt der gesellschaftlichen Entwicklung in Ihrer Gesamtheit, genau so, wie ein Naturforscher einen Bienenstock oder einen Ameisenhaufen vornimmt.

Für die wissenschaftliche Ökonomie hat entscheidende Bedeutung das, was die Menschen erzeugen und die Art und Weise, wie sie es erzeugen, und nicht, was sie selbst über ihr Handeln denken. Die Grundlage der Gesellschaft sind nicht Religion und Moral, sondern die natürlichen Hilfsquellen und die Arbeit. Die Marxsche Methode ist materialistisch, weil sie vom Sein zum Bewusstsein geht und nicht umgekehrt. Die Methode Marx's ist dialektisch, weil die Natur und Gesellschaft In ihrer Entwicklung betrachtet, und die Entwicklung selbst als beständigen Kampf der Gegensätze.

Der Marxismus und die offizielle Wissenschaft

Marx hat seine Vorläufer gehabt. Die klassische politische Ökonomie – Adam Smith, David Ricardo – erreichte ihren Gipfel noch bevor der Kapitalismus ausgereift war, bevor er begann, den morgigen Tag zu fürchten. Marx hat diesen zwei Klassikern in tiefer Dankbarkeit seinen Tribut gezollt. Nichtsdestoweniger war es der fundamentale Irrtum der klassischen Ökonomie, den Kapitalismus als Existenzform der Menschheit für alle Epochen anzusehen, und nicht als eine bloße geschichtliche Etappe in der Entwicklung der Gesellschaft. Marx begann diese politische Ökonomie zu kritisieren, er erklärte ihre Irrtümer wie auch die Widersprüche des Kapitalismus selbst und zeigte den unvermeidlichen Zusammenbruch dieses Systems. Die Wissenschaft kann ihre Vollendung nicht in der hermetisch abgeschlossenen Gelehrtenstube finden, sondern nur in der menschlichen Gesellschaft, „im Fleisch und Knochen". Alle Interessen, alle Leidenschaften, welche die Gesellschaft zerreißen, üben ihren Einfluss auf die Entwicklung der Wissenschaft aus, vor allem auf die politische Ökonomie, die die Wissenschaft vom Reichtum und von der Armut ist. Der Kampf der Arbeiterklasse gegen die Bourgeoisie nötigte die bürgerlichen Theoretiker, der wissenschaftlichen Analyse des Ausbeutungssystems den Rücken zu kehren und sich auf die einfache Beschreibung der ökonomischen Tatsachen, auf das Studium der Ökonomie der Vergangenheit zu beschränken und, was unendlich schlimmer ist, auf eine wirkliche Verfälschung der Wahrheit mit dem Ziel der Rechtfertigung des kapitalistischen Systems. Die ökonomische Theorie, welche heute an den offiziellen Lehranstalten gelehrt wird, und welche die bürgerliche Presse predigt, ist ein bezeichnender Beleg für diese Verfälschungsarbeit. Sie ist völlig unfähig, den ökonomischen Prozess in seiner Gesamtheit zu begreifen und seine Gesetze und Perspektiven aufzudecken, was zu tun im Übrigen nicht ihre Absicht ist. Die offizielle politische Ökonomie ist tot.

Das Wertgesetz

In der gegenwärtigen Gesellschaft ist der Handel das entscheidende Band zwischen den Menschen. Alle Arbeitsprodukte, die in den Handel gelangen, werden zu Waren. Marx hat bei seinen Forschungen mit der Ware begonnen und von dieser fundamentalen Zelle der kapitalistischen Gesellschaft, die sozialen Beziehungen, welche sich aus ihr als Grundlage des Warenaustausches, unabhängig vom Willen des Menschen, ergeben, abgeleitet. Das ist die einzige Methode, welche das fundamentale Rätsel zu lösen erlaubt: wieso haben sich in der kapitalistischen Gesellschaft, wo jeder an sich selbst und niemand an den anderen denkt, die Beziehungen zwischen den verschiedenen Zweigen der Wirtschaft entwickelt, die unentbehrlich für das Leben sind? Der Arbeiter verkauft seine Arbeitskraft, der Bauer trägt sein Produkt auf den Markt, der Geldverleiher oder Bankier vergibt Darlehen, der Kaufmann bietet seine Warenauswahl an, der Fabrikant baut eine Fabrik, der Spekulant kauft und verkauft Warenlager und Aktien, jeder von ihnen hat seine eigenen Erwägungen, seinen eigenen Plan, seine eigenen Interessen hinsichtlich des Lohns oder des Profits. Nichtsdestoweniger ergibt sich aus diesem ganzen Chaos individueller Anstrengungen und Aktionen ein wirtschaftliches Zusammenwirken, das, so unharmonisch es ist, dennoch der Gesellschaft erlaubt, nicht nur zu existieren, sondern auch sich zu entwickeln. Das allein zeigt schon an, dass im Grunde dieses Chaos nicht auf jede Art ein solches ist, dass es in gewissem Maße automatisch und unbewusst geregelt ist. Das Begreifen dieses Mechanismus welcher bei aller Verschiedenheit der ökonomischen Gesichtspunkte ein relatives Gleichgewicht ergibt: das ist die Entdeckung der objektiven Gesetze des Kapitalismus.

Offenkundig sind diese Gesetze, welche die verschiedenen Gebiete der kapitalistischen Ökonomie beherrschen, die Löhne, die Preise, die Grundrente, den Profit, den Zins, den Kredit, die Börse, zahlreich und verwickelt. Aber letzten Endes laufen sie alle auf ein einziges, von Marx entdecktes und gründlich erforschtes Gesetz hinaus: auf das Wertgesetz, das der grundlegende Regulator der kapitalistischen Gesellschaft ist. Das Wesen dieses Gesetzes ist sehr einfach. Die Gesellschaft verfügt über eine gewisse Reserve an lebendiger Arbeitskraft. Sich auf die Natur beziehend, erzeugen diese Kräfte, die zur Befriedigung der menschlichen Bedürfnisse notwendigen Produkte. Infolge der Arbeitsteilung zwischen den unabhängigen Erzeugern nehmen diese Produkte die Form von Waren an. Die Waren werden in einem bestimmten Verhältnis ausgetauscht, anfangs unmittelbar, später unter Zuhilfenahme eines Vermittlers: dem Gold oder dem Geld. Die wesentliche Eigenschaft der Ware, jene Eigenschaft, welche zur Folge hat, dass sich ständig ein bestimmtes Verhältnis zwischen ihnen herstellt, ist die menschliche Arbeit, welche nötig ist, um sie zu erzeugen, – die abstrakte Arbeit, die Arbeit im allgemeinen –, Grundlage und Maß des Wertes. Die Teilung der Arbeit unter Millionen von Produzenten führt nicht zur Auflösung der Gesellschaft, weil die Waren gemäß der zu ihrer Herstellung erforderlichen gesellschaftlich notwendigen Arbeitszeit ausgetauscht werden. Die Ware annehmend oder von sich weisend, stellt der Markt, der Schauplatz des Tausches, fest, ob sie die gesellschaftlich notwendige Arbeitszeit beinhaltet oder nicht. Dadurch bestimmt er auch die Quantität der der Gesellschaft zur Verfügung stehenden verschiedenen notwendigen Warenarten und damit die Verteilung der Arbeitskraft auf die verschiedenen Zweige der Produktion.

Die tatsächlichen Vorgänge auf dem Markt sind unendlich komplizierter als wir sie in den wenigen Zeilen dargestellt haben. So liegen die Preise, um den Wert der Arbeitskraft schwingend, bald unter, bald über diesem Wert. Die Ursachen dieser Abweichungen sind ausführlich dargelegt im dritten Band des Kapital, wo Marx den Prozess der kapitalistischen Produktion, betrachtet in ihrem Zusammenhang, beschreibt. Nichtsdestoweniger, so beträchtlich die Abweichungen der

Preise sind, die Summe aller Preise ist gleich der Summe aller Werte, die von der menschlichen Arbeit geschaffen wurden und die auf dem Markt erscheinen. Selbst wenn man das „Preismonopol" oder den „Trust" in Rechnung stellt, können die Preise nicht diese Grenze überschreiten; dort, wo die Arbeit keinen neuen Wert geschaffen hat, kann selbst Rockefeller nichts herausschlagen.

Die Ungleichheit und die Ausbeutung

Wenn aber die Waren gemäß der Quantität der Arbeit, welche sie beinhalten, ausgetauscht werden, wie kann sich Ungleichheit aus Gleichheit ergeben? Marx hat dieses Rätsel gelöst, besonders die Natur einer der Waren, die die Basis aller anderen Waren ist, darlegend – die Ware Arbeitskraft. Der Eigentümer der Produktionsmittel, der Kapitalist, kauft die Arbeitskraft. Wie alle anderen Waren wird diese gemäß der Menge der Arbeit, welche sie beinhaltet, geschätzt, das heißt, gemäß den Lebensmitteln, die zur Erhaltung und zur Reproduktion der Arbeitskraft notwendig sind. Aber der Verbrauch dieser Ware – der Arbeitskraft – ist die Arbeit, das heißt Schaffung von neuen Werten. Die Menge dieser Werte ist viel größer als die jener Werte, welche der Arbeiter erhält, und die er für seine Erhaltung benötigt. Der Kapitalist kauft die Arbeitskraft, um sie auszubeuten. Es ist die Ausbeutung, die die Ungleichheit erzeugt. Jenen Teil der Arbeitsprodukte, der dazu dient, den Lebensunterhalt des Arbeiters zu sichern, nennt Marx das notwendige Produkt, jenen Teil, welchen der Arbeiter mehr erzeugt, Mehrwert. Der Mehrwert wurde von den Sklaven geschaffen, sonst hätte der Sklavenhalter keine Sklaven unterhalten. Mehrwert wurde von den Leibeigenen erzeugt, sonst hätte die Leibeigenschaft keinerlei Nutzen für den großgrundbesitzenden Adel gehabt. Der Mehrwert wird ebenso, – aber in unendlich größerer Proportion, – vom Lohnarbeiter geschaffen, sonst hätte der Kapitalist keinerlei Interesse, die Arbeitskraft zu kaufen. Der Kampf der Klassen ist nichts anderes als der Kampf um den Mehrwert. Jener, der den Mehrwert besitzt, ist Herr des Staates: er besitzt den Schlüssel zur Kirche, zu den Tribunalen, zu den Wissenschaften und Künsten.

Die Konkurrenz und das Monopol

Die Verhältnisse unter den Kapitalisten, die die Arbeiter ausbeuten, sind von der Konkurrenz bestimmt, welche als die Haupttriebfeder des kapitalistischen Fortschrittes wirkt. Die großen Unternehmen haben im Verhältnis zu den kleinen die viel größeren technischen, finanziellen, organisatorischen, wirtschaftlichen und „last but not least" politischen Vorteile. Eine größere Kapitalmenge gibt unvermeidlich jenem, der sie besitzt, den Sieg im Konkurrenzkampf. So ist die Grundlage der Konzentration und Zentralisation des Kapitals beschaffen.

Den Fortschritt und die Entwicklung der Technik fördernd, zerstört die Konkurrenz nicht allein die Schicht der mittleren Unternehmer, sondern schließlich sich selbst. Auf den Kadavern und Halbkadavern der kleinen und mittleren Kapitalisten taucht eine immer kleinere Anzahl kapitalistischer Magnaten, immer mächtiger werdend, auf. So erwächst aus der ehrlichen, demokratischen und fortschrittlichen Konkurrenz unvermeidlich das schädliche, parasitäre und reaktionäre Monopol. Seine Herrschaft bahnte sich seit 1880 an und nahm um die Jahrhundertwende ihre endgültige Form an. Jetzt ist der Sieg des Monopols von den offiziellen Repräsentanten der bürgerlichen Gesellschaft offen anerkannt. (Der regulierende Einfluss der Konkurrenz – bedauert der Generalstaatsanwalt der Vereinigten Staaten, Cummings – ist beinahe ganz verschwunden und ist im Gesamten nur als schwache Erinnerung an einen früheren Zustand vorhanden.) Während Marx, durch die Analyse die Zukunft des kapitalistischen Systems voraussehend, zum ersten mal aufzeigt, dass das Monopol eine Folge der dem Kapitalismus innewohnenden Tendenzen ist, fährt die kapitalistische Welt dennoch fort, die Konkurrenz als ein ewiges Gesetz der Natur zu betrachten.

Die Ausmerzung der Konkurrenz durch das Monopol kennzeichnet den Beginn der Auflösung der kapitalistischen Gesellschaft. Die Konkurrenz war die Triebfeder, der Hauptschöpfer des Kapitalismus und die historische Rechtfertigung der Kapitalisten.

Die Ausmerzung der Konkurrenz zeigt die Umwandlung der Aktionäre in soziale Parasiten an. Die Konkurrenz erforderte gewisse Freiheiten, eine liberale Atmosphäre, eine demokratische Herrschaft und einen kaufmännischen Kosmopolitismus. Das Monopol beansprucht eine möglichst autoritäre Herrschaft, ummauerte Grenzen, „eigene" Rohstoffquellen und eigene Märkte (Kolonien). Das letzte Wort in der Auflösung des Monopolkapitalismus ist der Faschismus.

Die Konzentration des Kapitals und das Anwachsen der Klassengegensätze

Die Kapitalisten und ihre Advokaten bemühen sich mit allen Mitteln, vor den Augen des Volkes wie vor den Augen des Fiskus, die wirkliche Stufe der Konzentration des Kapitals zu verbergen. Zur Verschleierung der Wahrheit bemüht sich die bürgerliche Presse, die Illusion einer „demokratischen" Verteilung der investierten Kapitalien aufrecht zu erhalten. Die New York Times bemerkt, die Marxisten widerlegen wollend, dass es drei bis fünf Millionen isolierte Arbeitgeber gäbe. Es ist gewiss, dass die anonymen Gesellschaften eine viel größere Konzentration des Kapitals vorstellen, als die drei bis fünf Millionen „individueller" Arbeitgeber, obgleich die Vereinigten Staaten „eine halbe Million Gesellschaften" zählen.

Dieses Jonglieren mit runden Summen und Durchschnittswerten hat den Zweck, nicht die Wahrheit zu erhellen, sondern zu verbergen. Von Kriegsbeginn bis 1923 fiel die Anzahl der Werkstätten und Fabriken vom Index 100 auf 98,7, während die Masse der industriellen Produktion vom Index 100 auf 113 stieg. Während der Jahre der großen Prosperität (1923 bis 1929), wo es schien, die ganze Welt sei im Begriff, reich zu werden, fiel der Index der Werkstätten und Fabriken von 100 auf 93.8, während die Produktion von 100 auf 156 stieg. Indessen ist die Konzentration der industriellen Unternehmen durch ihre materiellen plumpen Körper begrenzt, gegenüber der Konzentration ihrer Seele, das heißt ihrer Guthaben, weit zurück. Im Jahre 1929 zählten die Vereinigten Staaten tatsächlich mehr als 300.000 Gesellschaften, wie die New York Times dies richtig angibt.

Man muss nur hinzufügen, dass 200 dieser Gesellschaften, also 0,07 Prozent der Gesamtzahl, die Kapitalien von 49 Prozent aller Gesellschaften direkt kontrollierten! Vier Jahre später ist dieser Proporz schon auf 56 Prozent, und während der Jahre der Regierung Roosevelts sicherlich noch weiter gestiegen. Und unter diesen 200 anonym geleiteten Gesellschaften fällt die tatsächliche Herrschaft einer kleinen Minderheit zu. (Ein Komitee des Senats der Vereinigten Staaten hat im Februar 1937 festgestellt, dass in den vergangenen zwanzig Jahren die Entscheidungen der zwölf größten Gesellschaften gleichbedeutend waren mit Entscheidungen für den größeren Teil der amerikanischen Industrie. Die Zahl der Verwaltungspräsidenten dieser Gesellschaften ist beinahe die gleiche wie die Zahl der Kabinettsmitglieder des Präsidenten der Vereinigten Staaten, der Regierung der Republik. Aber die Mitglieder dieser Verwaltungsräte sind unendlich mächtiger als die Mitglieder des Kabinetts.)

Derselbe Vorgang kann im System der Banken und Versicherungen beobachtet werden. Fünf der größten Versicherungsgesellschaften der Vereinigten Staaten haben nicht nur die anderen Versicherungsgesellschaften, sondern auch mehrere Banken aufgesaugt. Die Gesamtzahl der Banken verringerte sich durch Aufsaugung, hauptsächlich unter der Form die man Fusionen nennt. Dieser Vorgang beschleunigte sich rapid. Über die Banken erhebt sich die Oligarchie der Überbanken. Das Bankkapital fusioniert sich mit dem Industriekapital in der Form des „Finanzkapitals".

Angenommen, dass die Konzentration der Industrie und der Banken im selben Rhythmus wie während des letzten Vierteljahrhunderts anhält – in der Tat ist dieser Rhythmus in fortschreitender Entwicklung – so werden die Männer der Trusts im nächsten Vierteljahrhundert die ganze Wirtschaft des Landes überwuchert haben.

Wir bedienen uns hier der Statistiken der Vereinigten Staaten aus dem einzigen Grunde, weil sie sehr genau und charakteristisch sind. In seinem Wesen trägt der Prozess der Konzentration internationalen Charakter. Durch die verschiedenen Stufen des Kapitalismus, durch alle Phasen der Konjunkturzyklen, durch alle politischen Regimes, durch friedliche wie durch Perioden bewaffneter Konflikte, setzte sich und wird sich der Prozess der Konzentration der ganz großen Vermögen in eine immer kleinere Handvoll bis zum Ende fortsetzen. Während der Jahre des großen Krieges, als sich die Nationen zu Tode bluteten, die fiskalischen Systeme, die Mittelklassen mit sich reißend, dem Abgrund zurollten, rafften die Trustherren aus Blut und Dreck Gewinne zusammen wie nie zuvor. Während der Kriegsjahre verdoppelten. verdrei-, vervier-, verzehnfachten die größten Gesellschaften der Vereinigten Staaten ihr Kapital, und ihre Dividenden schwollen an bis zu 300, 400, 900 und mehr Prozenten.

Im Jahre 1840, acht Jahre vor der Veröffentlichung des Manifests der Kommunistischen Partei von Marx und Engels schrieb der bekannte französische Schriftsteller de Tocqueville in seinem Buch „Die Demokratie in Amerika": „Die großen Vermögen sind daran, zu verschwinden, die kleinen Vermögen sind daran, sich zu vermehren." Diese Gedanken sind bei jeder Gelegenheit für die Vereinigten Staaten, in der Folge für andere junge Demokratien, wie Australien und Neuseeland, zahllose Male wiederholt worden. Wahrlich, die Idee Tocqueville's waren schon zu seiner Zeit falsch ! Als indessen die wirkliche Konzentration des Kapitals nach dem amerikanischen Bürgerkrieg begann, starb die Auffassung de Tocquevilles.

Zu Beginn des gegenwärtigen Jahrhunderts besaßen zwei Prozent der Bevölkerung der Vereinigten Staaten schon mehr als die Hälfte der Vermögen des Landes; im Jahre 1929 besaßen diese zwei Prozent drei fünftel des nationalen Vermögens. In derselben Epoche besaßen 36.000 reiche Familien das gleiche Einkommen wie elf Millionen mittlerer oder armer Familien. Während der Krise von 1929 bis 1933 hatten die Trusts nicht nötig, einen Appell an die öffentliche Nächstenliebe zu richten, im Gegenteil, sie schwangen sich über den allgemeinen Verfall der nationalen Wirtschaft immer höher empor. Während der durch die Hefe des New Deal erzeugten neuerlichen industriellen Unsicherheit nahmen die Männer der Trusts neue Gewinne vorweg. Während die Zahl der Arbeitslosen im besten Falle von 20 auf

10 Millionen fiel, steckte im selben Zeitraum die Spitze der kapitalistischen Gesellschaft, im besten Falle 6.000 Personen, phantastische Profite ein. Das enthüllte, auf Zahlen gestützt, der Generalstaatsanwalt Robert Jackson. Für uns aber kleidet sich der abstrakte Begriff des Monopolkapitals in Fleisch und Blut.

Das, was das ökonomische und politische Schicksal einer großen Nation bedeutet, ist eine durch verwandtschaftliche Beziehungen und gemeinsame Interessen verbundene Handvoll von Familien einer geschlossenen kapitalistischen Oligarchie. Man muss anerkennen, dass sich das marxistische Gesetz von der Konzentration immerhin konform mit den Tatsachen offenbart. Der amerikanische Schriftsteller Ferdinand Lundberg, trotz seiner wissenschaftlichen Ehrlichkeit eher ein konservativer Ökonom, hat in einem Buch, das großes Aufsehen hervorrief, geschrieben: „Die Vereinigten Staaten sind heute in wucherischen Händen und beherrscht von der Hierarchie der 60 aller reichsten Familien, denen sich 90 weniger reiche Familien anschließen. Zu diesen beiden Gruppen muss als dritte hinzugefügt werden ungefähr 300 weitere Familien, deren Einkommen 100 Millionen Dollar im Jahr beträgt. Die beherrschende Stellung kommt der ersten Gruppe zu, die nicht allein die Wirtschaft, sondern auch die Hebel der Regierung beherrscht. Sie stellt die wirkliche Regierung dar, die Regierung des Geldsacks in einer Demokratie des Dollars."

Ist die Lehre von Marx veraltet?

Die Frage der Konkurrenz, der Konzentration des Kapitals und des Monopols führen natürlich zu der Frage, ob die ökonomische Theorie von Marx in unserer Epoche nicht mehr als ein historisches Interesse, – wie zum Beispiel die Theorie von Adam Smith hat oder, ob sie noch immer aktuell ist. Das Kriterium, das die Beantwortung dieser Frage erlaubt ist einfach.

Wenn die Marx'sche Theorie erlaubt, besser den Kurs der sozialen Entwicklung festzustellen und die Zukunft vorauszusehen als die anderen Theorien, so bleibt sie die fortgeschrittenste Theorie unserer Zeit, selbst wenn sie mehrere Jahrzehnte alt ist.

Der bekannte deutsche Ökonom Werner Sombart, der am Beginn seiner Karriere ein wirklicher Marxist war, später aber seine revolutionären Ansichten revidierte, stellte dem Kapital von Marx seinen eigenen „Der moderne Kapitalismus"[1] gegenüber, der wahrscheinlich die bekannteste apologetische Darstellung der bürgerlichen Ökonomie der letzten Zeit ist. Sombart schrieb: „ Karl Marx hat vorausgesagt: erstens, die fortschreitende Entwicklung des Elends der Lohnarbeiter, zweitens, die allgemeine Konzentration mit dem Verschwinden der Klassen der Handwerker und Bauern, drittens, den Zusammenbruch des Kapitalismus. Nichts von alldem ist eingetroffen."

Dieser irrigen Prognose stellt Sombart seine eigene „streng wissenschaftliche" Prognose gegenüber. Der Kapitalismus wird gemäß Sombart fortfahren, sich innerlich in jene Richtung umzuformen, in die er sich schon umzuformen begonnen hat in der Epoche seiner vollen Blüte. Alternd, wird er nach und nach ruhig, still, vernünftig. Wir versuchen nicht mehr, als in großen Zügen zu sehen, wer von beiden Recht hat: entweder Marx mit seiner Prophezeiung der Katastrophe, oder Sombart, der im Namen der ganzen bürgerlichen Ökonomie versprochen hat, dass die Dinge sich „ruhig", „still", und „vernünftig" gestalten werden. Der Leser wird zugeben, dass die Frage verdient, geprüft zu werden.

Die Verelendungstheorie

„Die Akkumulation des Kapitals auf dem einen Pol", schrieb Marx 60 Jahre vor Sombart, „hat zur Folge die Akkumulation des Elends, der Leiden, der Sklaverei, der Unwissenheit, der Brutalität, der geistigen Entwürdigung auf dem entgegengesetzten Pol, das heißt, auf der Seite jener Klassen, deren Produkt die Form von Kapital annimmt."

Diese Theorie von Marx, bekannt unter dem Namen „Verelendungstheorie", ist der Gegenstand ununterbrochener Angriffe der demokratischen Reformisten und Sozialdemokraten gewesen, insbesondere während der Periode 1890–1914, da sich der

---

[1] Band 3 1908, 2. Aufl. 1928

Kapitalismus rapid entwickelte und den Arbeitern, vor allem ihrer führenden Schicht, gewisse Konzessionen gewährte. Nach dem Weltkrieg, als die von ihren eigenen Verbrechen erschreckte und von der Oktoberrevolution in Angst versetzte Bourgeoisie sich auf den Weg, allgemein gepriesener Reformen begab, Reformen, die in der Tat durch Inflation und Arbeitslosigkeit unmittelbar wieder aufgehoben wurden, erschien den Reformisten und bürgerlichen Professoren die Theorie der fortschrittlichen Umformung der kapitalistischen Gesellschaft vollkommen gesichert. „Die Kaufkraft der Lohnarbeit", versicherte uns Sombart im Jahre 1908 und 1928, „hat sich im direkten Verhältnis zur Expansion der kapitalistischen Produktion vergrößert!"

In der Tat jedoch verschärfte sich der ökonomische Gegensatz zwischen Bourgeoisie und Proletariat selbst in der gedeihlichsten Periode der kapitalistischen Entwicklung, wenn auch die Hebung des Lebensstandards bestimmter, für den Moment genügend umfangreicher Arbeiterschichten, die Verminderung des Anteils des ganzen Proletariats am nationalen Einkommen maskierte. So stieg zwischen 1920 bis 1930, eben vor dem Fall in die Krise, die industrielle Produktion der Vereinigten Staaten um 50 Prozent, während die an Löhnen ausbezahlte Summe sich nur um 30 Prozent erhöhte. Dies zeigt also eine außerordentliche Verminderung des Anteils der Arbeiter am nationalen Einkommen an. Im Jahre 1930 begann ein Anwachsen der Arbeitslosigkeit, was 1933 eine mehr oder weniger systematische Hilfe für die Arbeitslosen erzwang, die in Form von Unterstützungen kaum mehr als die Hälfte von dem, was sie an Löhnen verloren hatten, erhielten.

Die Illusionen des ununterbrochenen „Fortschrittes" aller Klassen verschwand spurlos. Der relative Verfall des Lebensstandards der Massen hat einem absolutem Verfall Platz gemacht. Die Arbeiter beginnen an ihren mageren Vergnügungen, dann an ihrer Kleidung und zuletzt an der Nahrung zu sparen. Die Artikel und Produkte von mittlerer Qualität werden durch Schund und der Schund durch Ausschuss ersetzt. Die Syndikate beginnen jenem Menschen zu gleichen, der sich hoffnungslos am Treppengeländer festhält, indessen er eine steile Treppe hinabpurzelt.

Mit sechs Prozent der Erdbevölkerung besitzen die Vereinigten Staaten 40 Prozent des Weltkapitals. Dessen ungeachtet lebt ein Drittel der Nation, wie das Roosevelt selbst zugab, unterernährt, schlecht gekleidet, und unter menschenunwürdigen Bedingungen. Wie ist nun die Lage in den viel weniger privilegierten Ländern? Die Geschichte der kapitalistischen Welt seit dem letzten Kriege hat unwiderruflich die Theorie, genannt Verelendungstheorie, bekräftigt.

Das faschistische Regime, das nur die Grenzen des Verfalls bis zum äußerstem hinausschiebt, und das die dem imperialistischen Kapitalismus innewohnende Reaktion ausdrückt, wird unumgänglich, ob der Neigung des Kapitalismus zur Entartung, die Möglichkeit zur Aufrechterhaltung der Illusion von der Hebung des Lebensstandards des Proletariats vernichten. Die faschistische Diktatur lässt offen die Tendenz zur Verelendung erkennen, indessen die viel reicheren imperialistischen Demokratien sich noch bemühen, diese zu verbergen. Wenn Mussolini und Hitler den Marxismus mit solchem Hass verfolgen, so nur deshalb, weil Ihr eigenes Regime die schreckliche Bestätigung der marxistischen Prophezeiung ist. Die zivilisierte Welt entrüstete sich, oder heuchelte, sich zu entrüsten, als Göring mit dem scharfrichterlichen und possierlichen Ton, der ihn charakterisiert, erklärte, „Kanonen sind viel notwendiger als Butter", oder als Mussolini den italienischen Arbeitern erklärte, dass sie lernen müssten, den Gürtel um ihr schwarzes Hemd enger zu schnallen. Aber passiert nicht im Grunde genommen die selbe Sache in den imperialistischen Demokratien? Überall dient Butter zum Fetten der Kanonen. Die Arbeiter Frankreichs, Englands, der Vereinigten Staaten lernen ohne Schwarzhemd, den Gürtel enger zu schnallen.

Die industrielle Reservearmee und die neue Unterklasse der Arbeitslosen

Die industrielle Reservearmee bildet einen untrennbaren Teil der sozialen Mechanik des Kapitalismus, genau wie die Maschinen und Rohstoffe in einer Fabrik, oder wie ein Lager von Fabrikerzeugnissen in den Magazinen. Weder die allgemeine Ausdehnung der Produktion, noch die Anpassung an die periodische Ebbe und Flut industrieller Zyklen, war ohne eine Reserve an Arbeitskräften möglich. Von der allgemeinen Tendenz der kapitalistischen Entwicklung, – Anwachsen des konstanten Kapitals (Maschinen und Rohmaterial) auf Kosten des variablen Kapitals (Arbeitskräfte), – zieht Marx folgenden Schluss: „Je größer der gesellschaftliche Reichtum ist, desto größer ist die Masse der ständigen Überbevölkerung ... desto größer ist die industrielle Reservearmee ... desto größer ist das offizielle Massenelend. Dies ist das absolute, allgemeine Gesetz der kapitalistischen Akkumulation." Diese, unlöslich mit der „Verelendungstheorie" verknüpfte und durch Jahrzehnte für „übertrieben", „tendenziös", „demagogisch" erklärte These ist jetzt das tadellose Bild der Wirklichkeit. Die gegenwärtige Arbeitslosenarmee kann nicht mehr als industrielle Reservearmee betrachtet werden, weil ihre Hauptmasse nicht mehr hoffen kann, Arbeit zu finden; im Gegenteil, sie ist bestimmt, zu einer konstanten Flut neuer Arbeitsloser anzuschwellen. Die Auflösung, der Zerfall des Kapitalismus hat eine ganze Generation junger Leute geschaffen, die noch niemals einen Beruf gehabt haben, und die keinerlei Hoffnung haben, einen zu finden. Diese neue Unterklasse zwischen Proletariat und Halbproletariat ist genötigt, auf Kosten der Gesellschaft zu leben. Man hat kalkuliert, dass die Arbeitslosigkeit während neun Jahren, von 1930 bis 1938, der menschlichen Gesellschaft mehr als 43 Millionen Jahre menschlicher Arbeit gekostet hat. Wenn man bedenkt, dass im Jahre 1929, am Gipfelpunkt der Prosperität der Vereinigten Staaten, zwei Millionen Arbeitslose vorhanden waren, und dass während der letzten neun Jahre die wirkliche Zahl der Arbeiter sich um fünf Millionen vermehrte, vervielfacht sich die Gesamtsumme der verlorenen Arbeitsjahre. Eine Gesellschaftsordnung, die von einer derartigen Geißel verwüstet wird, ist todkrank. Die genaue Diagnose dieser Krankheit wurde schon vor nahezu 80 Jahren gegeben, als die Krankheit selbst erst ein bloßer Keim war.

Der Verfall der Mittelklassen

Die Ziffern, die die Konzentration des Kapitals zeigen, zeigen zur selben Zeit, dass das spezifische Gewicht der Mittelklasse in der Produktion, und sein Anteil am nationalen Einkommen nicht aufgehört hat, abzunehmen. Zur selben Zeit, da die kleinen Unternehmen herabgedrückt und ihrer Unabhängigkeit beraubt wurden, sind sie ein reines Symbol unerträglicher Leiden und höchster und hoffnungsloser Not geworden. Es ist wahr, die Entwicklung des Kapitalismus hat im selben Moment das Anwachsen der Armee von Technikern, Geschäftsführern, Beamten, Medizinern, mit einem Wort jener, welche man die „neue Mittelklasse" nennt, beträchtlich gefördert. Aber diese Schicht, deren Anwachsen schon für Marx kein Mysterium war, ähnelt der alten Mittelklasse wenig, die im Besitz ihrer eigenen Produktionsmittel eine fühlbare Garantie ihrer Unabhängigkeit fand. Die „neue Mittelklasse" ist von den Kapitalisten abhängiger, als die Arbeiter. In der Tat steht sie in hohem Maße unter der Vorherrschaft dieser Klasse; im Übrigen ist eine beträchtliche Überproduktion an dieser „neuen Mittelklasse" festzustellen, mit ihrer Folge: sozialer Degradation.

„Die statistischen Informationen zeigen glaubwürdig, dass zahlreiche industrielle Unternehmen ganz verschwunden sind, und dass sich eine fortschreitende Ausmerzung der kleinen Unternehmer als Faktor des amerikanischen Lebens ergibt", erklärt der Generalstaatsanwalt der Vereinigten Staaten, Cummings, ein vom Marxismus weit entfernter Mann, den wir schon zitiert haben. Sombart aber wendet ein, „die allgemeine Konzentration, ungeachtet des Verschwindens der handwerklichen und bäuerlichen Klasse", ist noch nicht eingetreten. Wie alle Theoretiker, begann Marx die grundlegenden Tendenzen in ihrer reinen Form zu isolieren; andernfalls wäre es gänzlich unmöglich gewesen, das Geschick der kapitalistischen Gesellschaftsordnung zu verstehen. Marx war indessen fähig, die Lebenserscheinungen im Lichte der konkreten Analyse zu sehen, als Produkt der Verkettung der verschiedenen historischen Faktoren. Die Newton'schen Gesetze werden durch die Tatsache, dass die Geschwindigkeit des Falls der Körper variiert gemäß den verschiedenen Bedingungen, oder dass die Bahn der Planeten diesen Variationen unterworfen ist, nicht entkräftet. Um das, was man die „Zählebigkeit" der Mittelklasse nennt, zu verstehen, ist es gut, nicht zu übersehen, dass die zwei Tendenzen, – der Verfall der Mittelklassen und die Umwandlung dieser ruinierten Klassen in Proletarier, – sich weder gleichmäßig, noch in den selben Grenzen entwickeln. Aus dem wachsenden Übergewicht der Maschinen über die Arbeitskraft ergibt sich, wie weit der Verfall der Mittelklassen vorangeschritten ist, wie weit der Prozess ihrer Proletarisierung vor sich geht; in der Tat kann dieser in einem gewissen Moment vollkommen aufhören und selbst zurückgehen.

In derselben Weise, wie das Wirken der physiologischen Gesetze in einem gesunden oder in einem verfallenden Organismus verschiedene Ergebnisse hervorbringt, bestätigen sich die ökonomischen Gesetze der marxistischen Ökonomie unterschiedlich in einem sich entwickelnden oder sich auflösenden Kapitalismus. Dieser Unterschied erscheint mit einer besonderen Klarheit in den wechselseitigen Beziehungen zwischen Stadt und Land. Die Landbevölkerung der Vereinigten Staaten, welche im Verhältnis zur Gesamtbevölkerung in einem viel langsameren Rhythmus anwächst, hat sich bis zum Jahre 1910 zahlenmäßig beständig vermehrt, dem Jahre wo sie 32 Millionen überschritt. Während der folgenden 20 Jahre fiel diese Zahl ungeachtet des rapiden Wachstums der Gesamtbevölkerung auf dem Lande auf 30,4 Millionen, das heißt, sie verminderte sich um 1,6 Millionen. Aber im Jahre 1935 stieg sie von neuem auf 32,8 Millionen, vermehrte sich also um 2,4 Millionen im Verhältnis zu 1930. Diese Umkehrung der Tendenz widerlegt, obgleich sie auf den ersten Blick überrascht, in keiner Weise weder die Tendenz der Stadtbevölkerung, sich auf Kosten der Landbevölkerung zu vermehren, noch die Tendenz der Mittelklassen, sich zu atomisieren, – aber gleichzeitig zeigt sie sehr treffend die Auflösung des kapitalistischen Systems in seiner Gesamtheit. Das Anwachsen der Landbevölkerung während der Periode der höchsten Krise von 1930 bis 1935 erklärt sich einfach durch die Tatsache, dass ungefähr zwei Millionen Städter, oder genauer, zwei Millionen ausgehungerte Arbeitslose auf das Land, auf kleine, von Farmern verlassene Grundstücke oder auf die Farmen ihrer Eltern und Freunde flüchteten, um ihre von der Gesellschaft zurückgewiesene Arbeitskraft durch produktive Arbeit in der Naturalwirtschaft zu verwenden, um an Stelle einer ganz elenden Existenz eine halb-elende zu führen.

In diesem Falle handelt es sich also nicht um die Stabilität der kleinen Farmer, Handwerker und Händler, sondern vielmehr um das schreckliche Elend ihrer Lage. Weit entfernt eine Garantie des Kommenden zu sein, ist die Mittelklasse eine unglückliche und tragische Spur der Vergangenheit. Außerstande, sie vollkommen verschwinden zu machen, drückt sie der Kapitalismus bis zum letzten Grad der Degradation und höchsten Not herab. Der Farmer sieht sich nicht allein des Verkaufes seines Stückchens Erde und des Profits seines investierten Kapitals beraubt, sondern auch eines guten Teiles seines Lohns. Auf dieselbe Art haben die kleinen Leute der Stadt nach und nach ihre Reserven aufgeknabbert und schlagen in eine Existenz um, die nicht viel besser ist als der Tod. Die Verarmung der Mittelklasse ist nicht der einzige Grund ihrer Proletarisierung. Es ist daher schwer, in dieser Tatsache ein Argument gegen Marx zu finden, außer man beschönigt den Kapitalismus.

Die industrielle Krise

Das Ende des letzten Jahrhunderts und der Beginn des gegenwärtigen waren durch einen derartig gigantischen Fortschritt des Kapitalismus gekennzeichnet. dass die zyklischen Krisen nicht mehr zu sein schienen als „zufällige" Unannehmlichkeiten. Während der Jahre des nahezu allgemeinen kapitalistischen Optimismus versicherten uns die Kritiker Marx's, dass die nationale und internationale Entwicklung der Trusts, Syndikate und Kartelle auf dem Markt eine geplante Kontrolle einleite und verkündeten den endgültigen Sieg über die Krisen. Nach Sombart sind die Krisen schon vor dem Krieg, durch den Mechanismus des Kapitalismus selbst „vertilgt" worden, so dass das „Problem der Krisen uns heute nahezu gleichgültig lässt". Jetzt, kaum zehn Jahre später, klingen diese Worte wie ein Scherz, weil sich gerade in unseren Tagen die Prophezeiung von Marx in ihrer ganzen tragischen Kraft verwirklicht. Es ist merkwürdig, dass sich die kapitalistische Presse anstrengt, das Monopol zu leugnen, aber zum selben Monopol Zuflucht nimmt, um die kapitalistische Anarchie zu leugnen. Wenn 60 Familien das ökonomische Leben der Vereinigten Staaten kontrollieren, bemerkt ironisch die New York Times, so erhärtet das, dass der amerikanische Kapitalismus, weit entfernt anarchisch und vom Fehlen eines Planes zu sein, – mit großer Sorgfalt organisiert ist. Diesem Argument fehlt der Sinn. Der Kapitalismus war bis zum Ende unfähig gewesen, eine einzige seiner Tendenzen voll zu entwickeln. Selbst die Konzentration des Kapitals konnte nicht die Mittelklassen, das Monopol nicht die Konkurrenz vernichten, sie konnten nichts als wie sie verdrängen, einengen und hinunterdrücken. Wie dem immer auch sei, dies ist der Plan, jeder der 60 Familien, deren verschiedene Varianten dieser Pläne sich nicht im mindesten kümmern um die Koordinierung der verschiedenen Zweige der Ökonomie, sondern vielmehr um das Anwachsen der Profite ihrer monopolistischen Clique auf Kosten der anderen Cliquen und der ganzen Nation. Der Zusammenstoß aller dieser Pläne vertieft im Endergebnis nur die Anarchie in der nationalen Wirtschaft. Die Krise brach 1929 in den Vereinigten Staaten aus, ein Jahr nachdem Sombart die vollkommene Gleichgültigkeit seiner „Wissenschaft" zum Problem der Krise selbst proklamiert hatte. Wie nie zuvor war die Wirtschaft der Vereinigten Staaten vom Gipfel einer noch nicht da gewesenen Prosperität in den Abgrund schrecklicher Abzehrung gestürzt. Niemand aus der Zeit Marxens hätte ein derartiges Ausmaß dieser Zuckungen ersinnen können. Das nationale Einkommen der Vereinigten Staaten belief sich Im Jahre 1920 zum ersten Mal auf 69 Milliarden Dollar, um im folgenden Jahr auf 50 Milliarden (dass heißt um 27 Prozent) zu fallen. Infolge menschlicher Arbeit stieg das nationale Einkommen 1929 auf seinen höchsten Punkt, das heißt auf 81 Milliarden Dollar, um im Jahr 1932 auf 40 Milliarden, also um mehr als die Hälfte zu fallen. Während der neun Jahre, 1930 bis 1938 wurden annähernd 43 Millionen Jahre menschlicher Arbeit und 133 Milliarden Dollar an nationalem Einkommen verloren! Arbeit und Einkommen wurden auf der Basis der Zahlen von 1939 berechnet. Wenn das alles nicht Anarchie ist, was könnte dieses Wort sonst bedeuten?

Die Zusammenbruchstheorie

Die Gemüter der Intellektuellen der Mittelklasse und der Gewerkschaftsbürokraten waren fast gänzlich hypnotisiert von den Resultaten des Kapitalismus in der Epoche vom Tode Karl Marx's bis zum Ausbruch des Weltkriegs. Die Idee der Evolution schien für immer gesichert zu sein, während die Idee der Revolution als ein Weg der Barbarei betrachtet wurde. Der Prophezeiung Marx's stellte man die gegenteilige Prophezeiung einer besser angeglichenen Verteilung des nationalen Einkommens durch die Milderung der Klassengegensätze und durch eine stufenweise Reform der kapitalistischen Gesellschaft entgegen. Jean Jaurès, der begabteste Sozialdemokrat dieser klassischen Epoche, hoffte, der politischen Demokratie wieder sozialen Inhalt zu geben. Darin besteht das Wesen des Reformismus. Dies war die Marx entgegengestellte Prophezeiung. Was ist von ihr übrig geblieben? Das Leben des Monopolkapitalismus ist eine Kette von Krisen. Jede Krise ist eine Katastrophe. Der Wunsch, diesen Katastrophen teilweise mit den Mitteln befestigter Grenzen, Inflation, Anwachsen der Staatsausgaben, Zoll, etc. zu entgehen, bereitet das Gebiet für neue, tiefere und ausgedehntere Krisen vor. Der Kampf um die Märkte, die Rohstoffe, um die Kolonien, macht die militärische Katastrophe unvermeidlich. Dies alles bereitet unausweichlich revolutionäre Katastrophen vor. Es ist wahrhaft nicht leicht, mit Sombart gelten zu lassen, dass der Kapitalismus mit der Zeit mehr und mehr „still, ruhig, vernünftig" wird. Es wird richtiger sein zu sagen, dass er auf dem Weg ist, seine letzten Spuren von Vernunft zu verlieren. Auf alle Fälle gibt es keinen Zweifel. dass die Zusammenbruchstheorie über die Theorie der friedlichen Entwicklung triumphiert hat.

Der Verfall des Kapitalismus

Wenn die Kontrolle der Produktion durch den Markt die Gesellschaft viel gekostet hat, ist es nicht weniger wahr, dass die Menschheit bis zu einer bestimmten Etappe, annähernd bis zum ersten Weltkrieg, sich durch alle Teil- und allgemeinen Krisen schob, bereicherte und entwickelte. Das Privateigentum an den Produktionsmitteln war in dieser Epoche ein relativ fortschrittlicher Faktor. Heute erweist sich die blinde Kontrolle durch das Wertgesetz als unbrauchbar. Der menschliche Fortschritt steckt in einer Sackgasse.

Trotz der letzten Triumphe der Technik wachsen die natürlichen Produktivkräfte nicht an. Das klarste Symptom des Verfalls ist der weltumfassende Stillstand, welcher in der Bauindustrie herrscht, als Folge des Stopps der Investitionen in die fundamentalen Zweige der Industrie. Die Kapitalisten sind nicht mehr im Stande, an die Zukunft ihres eigenen Systems zu glauben. Der Anreiz zur Bautätigkeit durch den Staat bedeutet eine Vermehrung der Steuern und spontane Verminderung des nationalen Einkommens, vor allem deshalb, weil der größte Teil der staatlichen Investitionen direkt für Kriegszwecke bestimmt ist.

Der Niedergang hat insbesondere in der Sphäre der ältesten menschlichen Tätigkeit, welche aufs engste mit den fundamentalen Lebensbedürfnissen des Menschen verbunden ist, einen degradierenden Charakter angenommen – in der Landwirtschaft. Nicht zufrieden mit dem Hindernis, welches das Privateigentum in seiner reaktionärsten Form, jener des kleinbürgerlichen Eigentums, vor die Entwicklung der Landwirtschaft stellte, sehen sich die kapitalistischen Staaten immer häufiger genötigt, sie mittels gesetzlicher und administrativer Maßnahmen, gleich jenen, welche die Handwerker von den Zünften in der Epoche ihres Verfalls abgeschreckt hatten, künstlich zu begrenzen.

Die Geschichte zeigt, dass die Regierungen der mächtigsten kapitalistischen Länder den Bauern Prämien geben, damit sie ihre Pflanzungen reduzieren, das heißt künstlich, das schon fallende Nationaleinkommen zu vermindern. Die Ergebnisse sprechen für sich selbst: Trotz grandioser Produktionsmöglichkeiten, Ergebnis von Erfahrung und Wissenschaft, macht sich die Agrarwirtschaft nicht frei von einer Krise der Fäulnis, während die Zahl der Ausgehungerten des größten Teils der Menschheit, anhaltend viel schneller anwächst, als die Bevölkerung unseres Planeten. Die Konservativen sehen die Verteidigung einer sozialen Ordnung, die bis zu einem gewissen Grade destruktivem Wahnsinn verfallen ist, als gefühlsmäßige, humanitäre Politik an und verurteilen den sozialistischen Kampf gegen einen solchen Wahnsinn als destruktiven Utopismus!

Faschismus und New Deal

Zwei Methoden rivalisieren auf der Weltarena, um den historisch verurteilten Kapitalismus zu retten: Der Faschismus und der New Deal. Der Faschismus gründet sein Programm auf die Auflösung der Arbeiterorganisationen, auf die Zerstörung sozialer Reformen und auf die komplette Annullierung der demokratischen Rechte, um eine Wiedergeburt des Klassenkampfes zu verhindern. Der faschistische Staat legalisiert offiziell die Degradation der Arbeiter und die Verarmung der Mittelklassen im Namen des „Heils der Nation" und der „Rasse", dünkelhafte Worte, hinter welchen sich der verfallende Kapitalismus verbirgt. Die Politik des New Deal, welche sich in Übereinstimmung mit der Arbeiter- und Farmeraristokratie, diese privilegierend, anstrengt, die imperialistische Demokratie zu retten, ist in ihrer breitesten Anwendung nur für sehr reiche Nationen anwendbar und in diesem Sinne echt amerikanische Politik. Die amerikanische Regierung hat versucht einen Teil der Kosten dieser Politik auf die Schultern der Trustherren abzuwälzen, mit dem Versuch die Löhne zu erhöhen und den Arbeitstag zu verkürzen, um so die Kaufkraft der Bevölkerung zu steigern und die Produktion zu entwickeln. Léon Blum versuchte diese Predigt in die französische Elementarschule zu übertragen. Vergeblich! Der französische wie der amerikanische Kapitalist produziert nicht aus Liebe zur Produktion, sondern für den Profit. Er ist immer bereit, die Produktion einzuschränken, selbst Waren zu zerstören, wenn sein eigener Teil des nationalen Einkommens keinen Zuwachs aufweist.

Am unbeständigsten ist das Programm des New Deal darin, dass es einerseits an die kapitalistischen Magnaten Predigten auf die Vorteile der Teuerung hält, und dass andererseits die Regierung Prämien verteilt, um die Produktion zu senken. Kann man sich eine größere Konfusion vorstellen? Die Regierung verwirrt ihre Kritiker mit der Herausfordcrung: Könnt ihr es besser machen? Der Sinn aus all dem ist der, dass die Lage auf der Basis des Kapitalismus hoffnungslos ist. Seit Ende 1933, dass heißt während der letzten sechs Jahre, haben die Bundesregierung, die Bundesstaaten und die Städte an die Arbeitslosen nahezu 15 Milliarden Dollar an Unterstützung verteilt, eine an sich ungenügende Summe, welche kaum die Hälfte der verlorenen Löhne repräsentiert, aber gleichzeitig eine kolossale Summe, wenn man die Verminderung des Nationaleinkommens betrachtet. Im Laufe des Jahres 1938, das ein Jahr der relativen Wiedergeburt der Wirtschaft wurde, vermehrte sich die Schuld der Vereinigten Staaten um zwei Milliarden Dollar und betrug 38 Milliarden, dass heißt, dass sie den höchsten Punkt zu Ende des ersten Weltkriegs um zwölf Milliarden überschritt.

Zu Beginn 1939 überschritt sie 40 Milliarden. Und nachher? Das Anwachsen der nationalen Schuld ist unzweifelhaft eine Last für die künftigen Generationen. Aber der New Deal ist nur möglich auf Grund des kolossalen akkumulierten Vermögens der vorangegangenen Generationen. Nur eine sehr reiche Nation konnte sich eine derart extravagante Politik erlauben. Aber, auch eine derartige Nation kann nicht unbegrenzt fortfahren, auf Kosten vergangener Generationen zu leben. Die Politik des New Deal mit ihren Scheinresultaten und dem wirklichen Anwachsen der nationalen Schuld muss unweigerlich zu einer blutdürstigen kapitalistischen Reaktion und einer verheerenden Explosion des Imperialismus führen. Mit anderen Worten, sie führt zu dem gleichen Ergebnis wie die Politik des Faschismus.

Anomalie oder Norm?

Der Staatssekretär des Inneren der Vereinigten Staaten, Harold Ickes, betrachtet die Tatsache, dass Amerika seiner Form nach demokratisch, seinem Inhalt nach autokratisch ist, als eine sonderbare Anomalie der Geschichte: „Amerika, das Land in dem die Mehrheit regiert, wurde zumindest bis zum Jahre 1933 (!) durch die Monopole kontrolliert, welche auf ihre Art von einer kleinen Anzahl von Aktionären kontrolliert werden." Das Urteil ist korrekt, mit Ausnahme der Zuflüsterung Roosevelts, dass die Herrschaft des Monopols aufgehört oder sich abgeschwächt hat. Indessen ist das, was Ickes „eine der sonderbarsten Anomalien der Geschichte" nennt, in der Tat die unbestreitbare Norm des Kapitalismus. Die Beherrschung der Schwachen durch die Starken, der viel größeren Zahl durch einige wenige, der Arbeiter durch die Ausbeuter, ist ein fundamentales Gesetz der bürgerlichen Demokratie.

Was die Vereinigten Staaten von den anderen Ländern unterscheidet, ist einzig der weit größere Raum, und die größere Ungeheuerlichkeit der kapitalistischen Widersprüche, Fehlen der feudalen Vergangenheit, immense natürliche Hilfsquellen, ein energisches und unternehmendes Volk, mit einem Wort, alle jene Bedingungen, die eine ununterbrochene demokratische Entwicklung ankündigten, haben in der Tat eine phantastische Konzentration des Reichtums erzeugt. Uns versprechend, diesmal den Kampf gegen die Monopole bis zum Sieg zu führen, nimmt Ickes unvorsichtiger Weise Thomas Jefferson, Andrew Jackson, Abraham Lincoln, Roosevelt und Woodrow Wilson zu Zeugen, als Vorläufer von Franklin Roosevelt. „Alle unsere großen historischen Gestalten", sagte er am 30. Dezember 1937, „sind gekennzeichnet durch ihren hartnäckigen, mutigen Kampf für die Verhinderung der Kontrolle durch den Reichtum und dessen Überkonzentration, sowie gegen die Konzentration der Macht in wenigen Händen." Aber es zeigen seine eigenen Worte, dass das Ergebnis dieses „hartnäckigen und mutigen Kampfes" die vollkommene Beherrschung der Demokratie durch die Plutokratie ist.

Aus einem unerklärlichen Grunde denkt Ickes, dass dieses Mal der Sieg gesichert ist, vorausgesetzt, dass das Volk versteht, dass der „Kampf" sich nicht zwischen dem New Deal und den mittleren Unternehmern abspielt, sondern zwischen dem New Deal und den „60 Familien", welche trotz Demokratie und den Anstrengungen der „größten historischen Gestalten", ihre Herrschaft über den Rest der mittleren Unternehmer aufgerichtet haben. Die Rockefellers, die Morgans, die Mellons, die Vanderbilts, die Guggenheims, die Fords und Co. sind nicht von außen in die Vereinigten Staaten eingedrungen, wie Cortez in Mexiko, sie sind organisch aus dem „Volk", oder genauer gesagt, aus der Klasse der „industriellen und mittleren Geschäftsleute" hervorgegangen und repräsentieren heute, gemäß Marx'ens Voraussage, den natürlichen Gipfelpunkt des Kapitalismus. Wenn eine junge und starke Demokratie in ihren besten Tagen nicht im Stande gewesen ist, der Konzentration des Reichtums Einhalt zu gebieten, solange dieser Prozess noch an seinem Beginn war, ist es da möglich, auch nur eine Minute zu glauben, dass eine absteigende Demokratie imstande sein sollte, die Antagonismen der Klassen, welche ihre äußerste Zuspitzung erreicht haben, abzuschwächen? Es steht fest, dass die Erfahrungen des New Deal keinerlei Grund für irgendwelchen Optimismus geben.

Die Anklage der Schwerindustrie zurückweisend, hat R.H. Jackson, ein in den administrativen Sphären hochgestellter Mann, sich auf Zahlen stützend, bewiesen, dass die Profite der Kapitalmagnaten unter der Präsidentschaft Roosevelts eine Höhe erreicht haben, von welcher sie während der Präsidentschaft Hoovers zu träumen aufgehört hatten, was auf alle Fälle zeigt, dass der Kampf Roosevelts gegen die Monopole von keinem viel größeren Erfolg gekrönt war als der seiner Vorgänger.

Zurück in die Vergangenheit

Man kann mit Professor L.S. Douglas, dem ehemaligen Budget-Direktor der Administration Roosevelts, nur übereinstimmen, wenn er die Regierung verurteilt, weil sie die Monopole auf einem Gebiet „attackiert" und auf vielen anderen ermutigt. Es kann indessen in Wirklichkeit, nicht anders sein: Nach Marx „ist die Regierung der geschäftsführende Ausschuss der herrschenden Klasse." Diese Regierung kann nicht dermaßen gegen die Monopole im allgemeinen kämpfen, das heißt, gegen die Klasse, mit deren Willen sie regiert.

Während sie bestimmte Monopole attackiert, ist die Regierung genötigt, Verbündete in anderen Monopolen zu suchen. In Allianz mit den Banken und der Leichtindustrie kann sie gelegentlich einen Schlag gegen die Trusts der Schwerindustrie führen, die deshalb nicht aufhören, unterdessen phantastische Gewinne zusammenzuraffen.

Lewis Douglas opponiert nicht der offiziellen Scharlatanerie der Wissenschaft. Er sieht die Quelle des Monopols nicht im Kapitalismus, sondern im Protektionismus und zieht den Schluss, dass das Heil der Gesellschaft nicht in der Abschaffung des Privateigentums an den Produktionsmitteln, sondern in der Herabsetzung der Zolltarife zu suchen sei. „Solange die

Freiheit der Märkte nicht wieder hergestellt ist", predigt er, „ist zu bezweifeln, ob die Freiheit der Institutionen, Unternehmen, des Wortes, der Erziehung, der Religion weiter bestehen kann." Mit anderen Worten: Wenn man nicht die Freiheit des internationalen Handels wiederherstellt, muss die Demokratie überall und in dem Maße, wie sie überlebt ist, den Platz an eine revolutionäre oder faschistische Diktatur abtreten. Aber die internationale Handelsfreiheit ist undenkbar bei Herrschaft des Monopols. Unglücklicherweise hat sich, Douglas, genau wie Ickes, wie Jackson, wie Cummings und wie Roosevelt selbst, nicht die Mühe gegeben, uns seine eigenen Heilmittel gegen den Monopolkapitalismus und folglich gegen eine Revolution oder ein totalitäres Regime zu zeigen.

Die Handelsfreiheit, sowie die Freiheit der Konkurrenz, der Wohlstand der Mittelklassen, gehören der Vergangenheit an. Uns wieder die Vergangenheit zurückzubringen, ist heute das einzige Heilmittel, der demokratischen Reformisten des Kapitalismus: Wiedererlangen von mehr „Freiheit" für die kleinen und mittleren Industriellen und Unternehmer. Änderung des Geld- und Kreditsystems zu ihren Gunsten, den Markt von der Herrschaft der Trusts befreien, die Börse, die Berufsspekulanten abschaffen, die internationale Handelsfreiheit wiederaufrichten und so fort in unendlicher Folge. Die Reformisten träumen selbst davon, die Benützung der Maschinen zu begrenzen und ein Verbot auf die Technik zu legen, die das soziale Gleichgewicht stört und zahllose Umwälzungen verursacht.

Die Gelehrten und der Marxismus

In einem am 7. Dezember 1937 gehaltenen Vortrag für die Verteidigung der Wissenschaft machte Dr. Robert Millikan, einer der besten Physiker Amerikas, folgende Bemerkung: Die Statistiken der Vereinigten Staaten zeigen, dass der Prozentsatz der Bevölkerung, welcher „lukrativ arbeitet, während der letzten 50 Jahre, während welcher die Wissenschaft am erfolgreichsten gewesen ist, nicht aufgehört hat, sich zu vergrößern."

Diese Verteidigung des Kapitalismus in Form einer Verteidigung der Wissenschaft, kann nicht als sehr glücklich betrachtet werden. Gerade während des letzten halben Jahrhunderts hat sich die Wechselwirkung zwischen der Ökonomie und Technik tief geändert. Die Periode, von der Millikan spricht, umfasst sowohl den Beginn des Verfalls des Kapitalismus als auch den Höhepunkt des kapitalistischen Wohlstands. Den Beginn dieses Verfalls, der weltumfassend ist, zu verhüllen, bedeutet, sich zum Apologeten des Kapitalismus machen. Mit Argumenten, welche selbst eines Henry Ford kaum würdig sind, den Sozialismus ungezwungen verwerfend, sagt uns Dr. Millikan, dass ohne Hebung des Produktionsniveaus kein Verteilungssystem die Bedürfnisse der Menschen zufrieden stellen kann.

Das ist unbestreitbar, aber es ist bedauerlich, dass der gefeierte Physiker den Millionen amerikanischer Arbeitslosen nicht erklärt hat, wie sie an der Vermehrung des nationalen Einkommens teilnehmen könnten. Die Predigten auf die wunderbare Gnade der individuellen Initiative und auf die Höchstproduktion der Arbeit, verschaffen den Arbeitsuchenden bestimmt keine Arbeit, stoppen nicht das Fortschreiten des Budgetdefizites und bringen die nationale Wirtschaft nicht aus der Sackgasse.

Was Marx auszeichnet, ist die Universalität seines Genies, seine Fähigkeit, die Erscheinungen und den dazugehörigen Prozess auf den verschiedenen Gebieten in ihrem inneren Zusammenhang zu begreifen. Ohne Spezialist der Naturwissenschaften zu sein, war er einer der ersten, der die Bedeutung der großen Entdeckungen auf diesem Gebiet zu schätzen wusste, so zum Beispiel die Theorie des Darwinismus. Was Marx diesen Vorrang sicherte, war vor allem seine Methode. Die von den Ideen der Bourgeoisie durchdrängten Wissenschaftler können glauben, sie stünden turmhoch über dem Sozialismus. Aber der Fall Robert Millikans ist vor allem eine Bestätigung der Tatsache, dass sie auf dem Gebiet der Soziologie nur hoffnungslose Scharlatane sind.

Die Möglichkeiten der Produktion und das Privateigentum

In seiner Botschaft an den Kongress zu Beginn des Jahres 1937 drückte Roosevelt den Wunsch aus, das nationale Einkommen auf 90 oder 100 Milliarden Dollar zu erhöhen, ohne aber anzuzeigen, wie er das zustande bringen will. Dieses Programm ist an sich außerordentlich bescheiden. Im Jahre 1929 erreichte das nationale Einkommen 81 Milliarden, während es ungefähr zwei Millionen Arbeitslose gab. Die Aktivierung der tatsächlichen Produktivkräfte würde genügen, nicht nur das Programm Roosevelts zu verwirklichen, sondern es sogar beträchtlich zu überschreiten. Maschinen, Rohmaterial, Arbeitskraft, nichts fehlt – selbst nicht die Bedürfnisse der Bevölkerung. Trotz alle dem ist dieser Plan nicht zu verwirklichen. Der einzige Grund dafür ist der hemmende Antagonismus, der sich zwischen dem kapitalistischen Eigentum und dem Bedürfnis der Gesellschaft nach einer steigenden Produktion entwickelt. Die berüchtigte Nationale Kontrolle der Produktionskapazität, unter der Gönnerschaft der Regierung, kam zu der Schlussfolgerung, dass sich die Gesamtkosten der Produktion und des Transportes im Jahre 1929, auf Basis der Detailpreise errechnet, auf ungefähr 94 Mrd. erhöhten. Wenn indessen alle Möglichkeiten der Produktion wirklich ausgenützt worden wären, so würde sich diese Ziffer auf 135 Milliarden erhöhen, was durchschnittlich 4.370 Dollar pro Jahr und Familie ergeben würde, eine Summe, die ein anständiges, komfortables Leben sichern würde. Es muss hinzugefügt werden, dass die Kalkulation der „Nationalen Kontrolle" auf der gegebenen Organisation der Produktion der Vereinigten Staaten beruhen, auf jener, zu der sie die anarchische Geschichte des Kapitalismus gemacht hat. Wenn diese Organisation auf dem Boden eines einheitlichen sozialistischen Planes reorganisiert würde, so könnten die Produktionsziffern beträchtlich überschritten werden und der ganzen Welt würde ein hoher Lebensstandard sowie Komfort auf Grundlage einer außerordentlich kurzen Arbeitszeit gesichert sein.

Um die Gesellschaft zu retten, ist es weder notwendig, die Entwicklung der Technik aufzuhalten, Fabriken zu schließen, Prämien für die Farmer festzusetzen, um die Landwirtschaft zu sabotieren, ein Drittel der Arbeiter in Bettler zu verwandeln, noch einen Appell an wahnsinnige Diktatoren zu machen. Alle diese Maßregeln, entschieden die Interessen der Gesellschaft gefährdend, sind unnötig. Unbedingt nötig ist die Trennung der Produktionsmittel von ihren parasitären Besitzern und die Organisation der Gesellschaft nach einem rationalen Plan. Dann erst wird es möglich sein, die Gesellschaft wirklich von ihren Übeln zu heilen. Alle, die arbeiten können, werden Arbeit finden. Die Länge des Arbeitstages wird stufenweise vermindert werden. Die Bedürfnisse aller Mitglieder der Gesellschaft werden mehr und mehr befriedigt werden. Die Worte „Armut", „Krise", „Ausbeutung" werden aus dem Sprachgebrauch verschwinden. Die Menschheit wird endlich die Schwelle zur wahren Menschlichkeit überschreiten.

Die Unvermeidlichkeit des Sozialismus

„Mit der beständig abnehmenden Zahl der Kapitalmagnaten" sagt Marx „wächst die Masse des Elends, des Druckes, der Knechtschaft, der Entartung, der Ausbeutung, aber auch die Empörung der stets anschwellenden und durch den Mechanismus des kapitalistischen Produktionsprozesses geschulten, vereinten und organisierten Arbeiterklasse: Die Zentralisation der Produktionsmittel und die Vergesellschaftung der Arbeit erreichen einen Punkt, wo sie unverträglich werden mit ihrer kapitalistischen Hülle. Sie wird gesprengt. Die Stunde des kapitalistischen Privateigentums schlägt. Die Enteigner werden enteignet." Das ist die sozialistische Revolution. Das Problem der Rekonstruktion der Gesellschaft bringt für Marx keine durch eine persönliche Vorliebe motivierten Vorschriften hervor; sie resultiert als historische, unerbittliche Notwendigkeit, einerseits aus dem Anwachsen der Produktivkräfte bis zu Ihrer vollen Reife, andererseits aus der Unmöglichkeit der Weiterentwicklung dieser Produktivkräfte unter der Herrschaft des Wertgesetzes.

Die Auslassungen bestimmter Intellektueller, nach welchen, trotz der Schule von Marx, der Sozialismus nicht unvermeidlich, sondern nur möglich ist, entbehrt jeden Sinnes. Es ist klar, dass Marx niemals sagen wollte, dass sich der Sozialismus ohne bewusste Intervention der Menschen verwirklichen lässt: eine derartige Idee ist einfach absurd.

Marx hat gelehrt, dass, um aus der ökonomischen Katastrophe herauszukommen, zu welcher die kapitalistische Entwicklung unweigerlich führen muss – und diese Katastrophe vollzieht sich vor unseren Augen – kein anderer Ausweg bleibt, als die Vergesellschaftung der Produktionsmittel. Die Produktivkräfte benötigen einen neuen Organisator und einen neuen Herrn und, das Sein bestimmt das Bewusstsein, Marx bezweifelte nicht, dass die Arbeiterklasse, selbst um den Preis von Irrtümern und Rückschlägen, dazu gelangen wird, der Situation gerecht zu werden und früher oder später die praktischen Schlussfolgerungen zu ziehen, die sich aufdrängen.

Dass die Vergesellschaftung der von den Kapitalisten geschaffenen Produktionsmittel einen enormen ökonomischen Vorteil bietet, kann man heute nicht allein in der Theorie, sondern auch durch die Erfahrungen in der UdSSR, trotz ihrer Begrenztheit, als erwiesen ansehen. Es ist wahr, dass sich die kapitalistischen Reaktionäre nicht ohne Geschicklichkeit des stalinistischen Regimes gleich einer Vogelscheuche gegen die Idee des Sozialismus bedienen. Tatsächlich hat Marx jedoch niemals gesagt, dass sich der Sozialismus in einem Lande verwirklichen lasse und noch viel weniger In einem rückständigen Land. Die Entbehrungen, denen die Massen in der UdSSR ausgesetzt sind, die Allgewalt der privilegierten Kaste, die sich über die Nation und ihre Not erhoben hat, die unverschämte Willkür der Bürokraten ist nicht die Konsequenz des Sozialismus, sondern die der Isoliertheit und der historischen Rückständigkeit der UdSSR, die von der kapitalistischen Einkreisung in die Zange genommen ist. Das Erstaunlichste ist, dass es der planifizierten Wirtschaft auch unter außergewöhnlich ungünstigen Bedingungen gelungen ist, ihre unbestreitbare Überlegenheit zu beweisen.

Alle Retter des Kapitalismus, demokratischer wie faschistischer Art, bemühen sich, die Macht der Kapitalmagnaten zu begrenzen oder zumindestens zu verbergen, letzten Endes die „Enteignung der Enteigner" zu verhindern. Sie alle anerkennen, und gewisse unter ihnen geben das offen zu, dass die Niederlage ihrer reformistischen Versuche unweigerlich zur sozialistischen Revolution führen muss. Es ist Ihnen allen gelungen zu zeigen, dass Ihre Methoden zur Rettung des Kapitalismus nichts sind als reaktionäre und machtlose Scharlatanerie. Marxens Voraussage über die Unvermeidlichkeit des Sozialismus wird so durch die Absurdität bestätigt.

***

Die Propaganda der „Technokratie", die in der Periode der großen Krise von 1929 bis 1932 blühte, stützte sich auf die richtige Prämisse, dass die Wirtschaft nur durch die Verbindung mit der Technik auf die Höhe der Wissenschaft gehoben, mit dem in den Dienst der Gesellschaft gestellten Staat rationalisiert werden kann. Hier beginnt die große revolutionäre Aufgabe. Um die Technik aus dem Ränkespiel der Privatinteressen zu befreien und den Staat in den Dienst der Gesellschaft zu stellen, muss man die „Enteigner enteignen". Nur eine kräftige, an ihrer eigenen Befreiung interessierte und den kapitalistischen Enteignern entgegengesetzte Klasse kann diese Aufgabe lösen. Nur in Verbindung mit einem proletarischen Staat kann die qualifizierte Schicht der Techniker eine wirklich wissenschaftliche, wirklich rationale, das heißt sozialistische Wirtschaft aufbauen. Natürlich würde das beste sein, dieses Ziel auf dieses Ziel auf friedlichem, schrittweisem, demokratischen Weg zu erreichen. Aber die soziale Ordnung, die sich selbst überlebt hat, tritt niemals ohne Widerstand ihren Platz an ihren Nachfolger ab. Wenn die junge und kräftige Demokratie sich als unfähig erwies, das Wuchern des Reichtums und die Macht der Plutokratie zu verhindern, ist es da möglich zu hoffen, dass die senile und verwüstete Demokratie sich fähig zeigt, eine soziale Ordnung, die auf der schrankenlosen Vorherrschaft von 60 Familien fußt, umzuformen? Die Theorie und die Geschichte lehren, dass die Ersetzung einer sozialen Ordnung durch eine andere, höhere, die höchstentwickelte Form des Klassenkampfes voraussetzt, dass heißt die Revolution. Selbst die Sklaverei in den Vereinigten Staaten konnte nicht ohne Bürgerkrieg abgeschafft werden. „Die Gewalt ist die Geburtshelferin jeder alten Gesellschaft, die mit einer neuen schwanger geht". Noch niemand ist imstande gewesen, Marx in diesem fundamentalen Prinzip der Soziologie der Klassengesellschaft zu widerlegen. Einzig die sozialistische Revolution kann die Bahn zum Sozialismus freilegen.

Der Marxismus in den Vereinigten Staaten

Die nordamerikanische Republik ist auf dem Gebiet der Technik und Organisation der Produktion den anderen Ländern weit voraus. Es ist nicht allein Amerika, sondern die ganze Menschheit, welche auf diesen Grundlagen weiterbauen wird. Die verschieden Phasen des sozialen Prozesses in einer und derselben Nation folgen indessen verschiedenen Rhythmen, die von bestimmten historischen Bedingungen abhängig sind. Während die Vereinigten Staaten auf dem Gebiete der Technik ein grandioses Übergewicht haben, bleibt das ökonomische Denken dieses Landes ,sowohl nach rechts, wie nach links, außerordentlich zurück. John L. Lewis hat annähernd dieselben Gesichtspunkte wie Roosevelt. Wenn man die Natur seiner Funktion in Rechnung zieht, ist die von Lewis ungleich konservativer, um nicht zu sagen reaktionärer als jene Roosevelts. In bestimmten amerikanischen Kreisen ist eine Neigung vorhanden, diese oder jene revolutionäre Theorie ohne die mindeste wissenschaftliche Kritik der Einfachheit halber als „unamerikanisch" zu verwerfen. Aber wo können sie das Kriterium finden, welches erlaubt zu unterscheiden, was amerikanisch ist, und was nicht amerikanisch ist? Das Christentum wurde zur selben Zeit in die amerikanischen Staaten eingeführt wie die Logarithmen, die Poesie Shakespeares, die Begriffe der Menschen- und Bürgerrechte und bestimmte andere, nicht unwichtige Erzeugnisse des menschlichen Denkens. Heute findet sich der Marxismus in der selben Kategorie. Der amerikanische Staatssekretär für Landwirtschaft, H.A. Wallace, hat dem Autor dieser Zeilen „eine dogmatische Beschränktheit, im höchsten Maße unamerikanisch" zugeschrieben und stellt dem „russischen Dogmatismus" den opportunistischen Geist Jeffersons entgegen, der mit seinem Gegner zu verhandeln wusste. Augenscheinlich ist es Wallace niemals in den Sinn gekommen, dass eine Kompromisspolitik nicht der Ausdruck eines nationalen, immateriellen Geistes ist, sondern ein Produkt der materiellen Bedingungen. Eine Nation, deren Reichtum rapid wächst, hat genügend Reserven, um die Klassen und die feindlichen Parteien zu versöhnen. Wenn sich dagegen die sozialen Gegensätze verschärfen, so heißt das, dass die Basis, der Kompromisspolitik dahinschwindet. Wenn die Amerikaner „dogmatische" Beschränktheit nicht gekannt haben, so deshalb, weil sie über einen großen Überfluss an jungfräulichem Boden und unerschöpfliche Quellen natürlichen Reichtums verfügten und auch, schien es, die Möglichkeit unbegrenzter Bereicherung zu geben. Indessen verhinderte der Kompromissgeist, selbst unter diesen Bedingungen, nicht den Bürgerkrieg, als seine Stunde schlug. Alles in allem rücken heute die materiellen Bedingungen, welche die Basis des „Amerikanismus" formen, immer mehr in den Bereich der Vergangenheit. Daher die schwere Krise der traditionellen amerikanischen Ideologien. Das empirische Denken, auf die Zusammenfassung der unmittelbaren Aufgaben beschränkt, scheint sowohl in Arbeiter als auch in Bourgeoisiekreisen zu genügen, obgleich schon lange das Wertgesetz von Marx das Denken eines jeden ergänzte. Aber heute erzeugt dieses Gesetz selbst eine entgegengesetzte Wirkung. Anstatt die Ökonomie zu fördern, ruiniert es ihre Grundlagen. Das versöhnliche eklektische Denken, mit seiner feindlichen und verachtenden Stellung gegen den als „Dogma" betrachteten Marxismus und mit seinem philosophischen Ausdruck, dem Pragmatismus, wird absolut unangemessen, immer unbeständiger, reaktionär und lächerlich. Im Gegenteil, die traditionellen Ideen des Amerikanismus sind ein Dogma ohne Leben geworden, sind versteinert, nur Irrtümer und Konfusion erzeugend. In der selben Zeit hat die ökonomische Lehre von Marx ein günstiges Terrain gefunden und in den Vereinigten Staaten ein speziell passendes. Obgleich das Kapital in seinen theoretischen Grundlagen auf internationalem Material ruht, vor allem auf englischem, ist es eine Analyse des reinen Kapitalismus, des Kapitalismus als solchem. Unzweifelhaft ist der Kapitalismus, der auf dem jungfräulichen Boden Amerikas und ohne Geschichte gewachsen ist, dem Idealtyp des Kapitalismus sehr nahe. Zum Verdruss von Mr. Wallace hat sich Amerika wirtschaftlich nicht nach den Prinzipien Jeffersons entwickelt, sondern nach den Gesetzen von Marx. Es ist nicht sehr beleidigend für den nationalen Stolz, zuzugeben, dass sich Amerika gemäß den Gesetzen des Kopernikus um die Sonne dreht. Das Kapital gibt eine genaue Diagnose der Krankheit und eine unersetzliche Prognose. In dieser Richtung ist die Lehre von Marx viel mehr vom neuen „Amerikanismus" durchdrungen als die Ideen von Hoover und Roosevelt, oder Green und Lewis.

Es ist wahr, dass in den Vereinigten Staaten eine originelle Literatur, den Krisen der amerikanischen Wirtschaft gewidmet, sehr verbreitet ist. Im dem Maße, wie die Ökonomen gewissenhaft ein objektives Bild der zerstörerischen Tendenzen des amerikanischen Kapitalismus zeichnen, erscheinen die Ergebnisse ihrer Forschungen, wie direkte Illustrationen zur Lehre von Marx. Die konservative Tradition dieser Autoren scheint indessen auf, wenn sie mit Starrsinn richtige Schlussfolgerungen abweisen, borniert zu nebulösen Prophezeiungen oder moralischen Banalitäten flüchten wie: „Das Land muss verstehen, dass ...", „die öffentliche Meinung muss ernstlich erwägen ..." usw. Ihre Bücher gleichen Messern ohne Klingen.

Die Vereinigten Staaten haben in der Vergangenheit Marxisten gehabt, das ist wahr, aber das waren Marxisten eines eigenartigen Typs, oder besser dreier Typen. An erster Stelle waren es aus Europa vertriebene Emigranten, die taten, was sie konnten, denen es aber nicht gelang ein Echo zu finden. An zweiter Stelle gab es amerikanische Gruppen, isoliert wie die Leonisten, welche im Laufe der Ereignisse und in Folge ihrer eigenen Fehler sich in Sekten verwandelten. An dritter Stelle gab es Dilettanten, die, von der Oktoberrevolution angezogen, mit dem Marxismus, gleich einer ausländischen Lehre, welche mit den Vereinigten Staaten nichts gemein hat, sympathisierten. Diese Epoche ist vorbei. Heute beginnt eine neue Epoche, die der unabhängigen Klassenbewegung des Proletariats und damit die Epoche des wahren Marxismus. Auch auf diesem Gebiete wird Amerika Europa mit einigen Sprüngen einholen und es überholen. Seine fortschrittliche Technik und seine fortschrittliche ökonomische Struktur wird sich einen Weg in das Gebiet der Doktrin bahnen. Die besten Theoretiker des Marxismus werden auf amerikanischem Boden erscheinen. Marx wird der Führer der amerikanischen Arbeiter, ihrer Avantgarde werden. Für sie wird der dargestellte Auszug des ersten Bandes des Kapitals nur der erste Schritt zum vollständigen Studium von Marx sein.

Der ideale Spiegel des Kapitalismus

In der Epoche, wo der erste Band des „Kapital" veröffentlicht wurde, war die Weltherrschaft der englischen Bourgeoisie noch unbestritten. Die abstrakten Gesetze der Warenwirtschaft fanden natürlicherweise ihre vollkommenste Bestätigung in den Ländern, in denen der Kapitalismus seine höchste Entwicklung erreicht hatte, das heißt, die am wenigsten den Einflüssen der Vergangenheit unterworfen waren. So sehr Marx sich für seine Analyse auf England gestützt hat, hatte er nicht nur England, sondern die ganze kapitalistische Welt im Auge. Er hat das England seiner Zeit als besten Spiegel des Kapitalismus jener Epoche genommen.

Heute bleibt nur eine Erinnerung der britischen Hegemonie. Die Vorteile der kapitalistischen Erstgeburt haben sich in Nachteile verwandelt. Die technische und ökonomische Struktur Englands ist unbrauchbar geworden. Das Land bleibt hinsichtlich seiner Weltposition eher abhängig von seinem Kolonialreich, dem Erbe der Vergangenheit, als von seinem aktiven ökonomischen Potential. Das erklärt nebenbei die von Chamberlain geschaffene Nächstenliebe, welche die Welt wahrhaft in Erstaunen versetzt hat. Die englische Bourgeoisie kann sich nicht zurückziehen, sie weiß, dass ihr ökonomischer Verfall zur Gänze mit ihrer Position in der Weit unvereinbar geworden ist, und dass ein neuer Krieg den Fall des britischen Empire herbeizuführen droht. Die ökonomische Grundlage des „Pazifismus" Frankreichs ist im wesentlichen von der selben Natur.

Deutschland hat dagegen für seinen rapiden kapitalistischen Aufstieg die Vorteile seiner historischen Rückständigkeit benutzt, um sich mit der vollkommensten Technik Europas auszurüsten. Nur über eine national beschränkte Grundlage und wenige natürliche Hilfsquellen verfügend, wandelte sich die kapitalistische Dynamik Deutschlands mit Notwendigkeit zu einem explosiven, außerordentlich kräftigen Faktor im Gleichgewicht der Weltkräfte. Die epileptische Ideologie Hitlers ist nichts anderes als der Reflex der Epilepsie des deutschen Kapitalismus.

Abgesehen von den zahlreichen, unschätzbaren Vorteilen ihres historischen Charakters hat die Entwicklung der Vereinigten Staaten den ausnahmsweisen Vorteil gehabt, ein unermesslich weit ausgedehntes Territorium mit unvergleichlich größerem natürlichem Reichtum als Deutschland zu besitzen. Großbritannien beträchtlich zurückdrängend, ist die nordamerikanische Republik mit Beginn dieses Jahrhunderts zur Hauptfestung der Weltbourgeoisie geworden. Alle Möglichkeiten, die der Kapitalismus enthielt, fanden in diesem Lande ihren höchsten Ausdruck. Die Bourgeoisie kann in keinem Teil unseres Planeten und in keiner Weise die Ergebnisse der kapitalistischen Entwicklung in der Dollarrepublik, die der vollkommene Spiegel der Entwicklung des Kapitalismus im 20. Jahrhundert geworden ist, überholen.

Aus denselben Gründen, die Marx veranlassten, seine Darlegung auf englischen Statistiken zu basieren, haben wir in unserer bescheidenen prinzipiellen Einleitung zu den der ökonomischen und politischen Erfahrung der Vereinigten Staaten entlehnten Beweisen Zuflucht genommen. Unnütz zu ergänzen, dass es nicht schwer sein würde, Tatsachen und analoge Ziffern anzuführen aus dem Leben anderer kapitalistischer Länder, welche es auch seien. Aber das würde nichts Wesentliches hinzufügen. Die Schlussfolgerungen würden dieselben sein und nur die Beispiele weniger schlagend.

Die Volksfrontpolitik in Frankreich ist, wie das einer ihrer Finanziers ausdrückte, eine Ausgabe des New Deal „für Liliputaner". Es ist vollkommen klar, dass es in einer theoretischen Analyse bequemer ist, zyklopische Größen zu handhaben als liliputanische. Selbst die Ungeheuerlichkeit des Experiments Roosevelts zeigt uns, dass nur ein Wunder die kapitalistische Weltordnung retten kann. So ergibt sich, dass die Entwicklung der kapitalistischen Produktion endigt mit der Produktion von Wundern. Darüber hinaus ist es klar, dass, wenn dieses Wunder der Wiederverjüngung des Kapitalismus sich vollziehen könnte, das nur in den Vereinigten Staaten möglich wäre. Aber die Verjüngung vollzieht sich nicht. Das, was für die Zyklopen unmöglich ist, ist noch viel weniger möglich für die Liliputaner. Die Begründung dieser einfachen Schlussfolgerung war Gegenstand unseres Ausfluges in die Nordamerikanische Wirtschaft.

Mutterländer und Kolonien

„Das industriell meist entwickelte Land", schrieb Marx im Vorwort zur ersten Ausgabe seines Kapital, „zeigt den weniger entwickelten Ländern das Bild Ihrer eigenen Zukunft". Dieser Gedanke darf unter keinen Umständen wörtlich genommen werden. Das Anwachsen der Produktivkräfte und die Vertiefung der sozialen Gegensätze sind unzweifelhaft das Schicksal aller Länder, die an den Weg der bürgerlichen Entwicklung gebunden sind. Die Ungleichheit in den „Rhythmen" und Maßen, die sich in der Evolution der Menschheit zeigen, werden indessen nicht allein besonders scharf unter dem Kapitalismus, sondern haben zur Entstehung einer vollständigen gegenseitigen Abhängigkeit zwischen den Ländern verschiedener ökonomischer Typen geführt, die sich in Unterwerfung, Ausbeutung und Unterdrückung äußert.

Nur eine Minderheit der Länder hat die systematische und logische Entwicklung vom Handwerkertum über die Manufaktur zur Fabrik, eine Entwicklung, die Marx einer sehr detaillierten Analyse unterzogen hat, ganz durchgemacht. Das kommerzielle, industrielle und finanzielle Kapital ist von außen in die zurückgebliebenen Länder eingedrungen, die primitiven Formen der Naturalwirtschaft zum Teil zerstörend und sie zum Teil dem Industrie- und Banksystem des Okzidents unterwerfend. Unter der Peitsche des Imperialismus haben sich die Kolonien und Halbkolonien genötigt gesehen, die Zwischenstadien zu vernachlässigen, sich völlig dem einen oder dem anderen Niveau künstlich anzuschließen. Die Entwicklung Indiens hat nicht die Entwicklung Englands reproduziert; es hat sie kombiniert. Um die Art der kombinierten Entwicklung der rückständigen und unterworfenen Länder wie Indien zu verstehen, ist es immer nötig, jenes klassische Schema vor Augen zu haben, das Marx aus der Entwicklung Englands gewonnen hat. Die

Werttheorie leitet gleicherweise die Berechnungen der Londoner Spekulanten wie die Operationen der Geldwechsler in den zurückgezogensten Winkeln Bombays, mit dem beinahe einzigen Unterschied, dass sie in letzterem Falle viel einfachere und weniger verschlagene Formen annehmen.

Die Ungleichheit der Entwicklung hat den fortgeschrittenen Ländern enorme Vorteile geschaffen, welche, obgleich in verschiedenem Grade, sich weiterentwickelten auf Kosten der rückständigen Länder, diese ausbeutend, als Kolonie unterwerfend, oder zumindest ihren Aufstieg zur kapitalistischen Aristokratie verhindernd. Die Vermögen Spaniens, Hollands, Englands, Frankreichs sind nicht allein durch Plünderung ihres eigenen Kleinbürgertums, sondern auch durch die systematische Plünderung ihrer überseeischen Besitzungen entstanden. Die Ausbeutung der Klassen wurde vervollständigt und ihre Macht wuchs durch die Ausbeutung der Nationen. Die Bourgeoisie der Mutterländer ist imstande gewesen, ihrem eigenen Proletariat, vor allem dessen oberer Schicht, mittels eines Teils der aufgehäuften Überprofite aus den Kolonien eine privilegierte Position zu sichern. Ohne das würde die Beständigkeit der demokratischen Regimes unmöglich gewesen sein. In ihrer entwickeltsten Form ist und bleibt die Demokratie immer eine Regierungsform, welche nur den aristokratischen und ausbeutenden Nationen zugänglich Ist. Die antike Demokratie fußte auf Sklaverei, die imperialistische Demokratie fußt auf der Ausplünderung der Kolonien.

Die Vereinigten Staaten, die formell fast keine Kolonien haben, sind nichtsdestoweniger die privilegierteste aller Nationen der Geschichte. Die aus Europa gekommenen aktiven Einwanderer ergriffen, die eingeborene Bevölkerung vertilgend, sich des besten Teils Mexikos bemächtigend, den Löwenanteil des Weltreichtums erwuchernd, Besitz von einem außergewöhnlich reichem Kontinent. Die so akkumulierten Fettreserven wurden, selbst jetzt in der Epoche des Zerfalles, fortdauernd zum Fetten der Getriebe und Räder der Demokratie benutzt.

Die jüngste geschichtliche Erfahrung wie auch die theoretische Analyse bezeugen, dass das Niveau der Entwicklung der Demokratie und ihre Stabilität im umgekehrten Verhältnis zur Schärfe der Klassengegensätze stehen. In den weniger privilegierten Ländern (auf der einen Seite Russland, auf der anderen Deutschland, Italien etc.), die außerstande waren, eine Arbeiteraristokratie hervorzubringen, wurde die Demokratie niemals breit entwickelt und unterlag mit relativer Leichtigkeit der Diktatur. Die fortdauernde progressive Paralyse des Kapitalismus bereitet den Demokratien der privilegiertesten und reichsten Nationen das gleiche Schicksal vor. Der einzige Unterschied liegt in den Fristen. Das unwiderstehliche Absinken der Lebensbedingungen der Arbeiter erlaubt der Bourgeoisie immer weniger, den Massen das Recht zur Teilnahme am politischen Leben, selbst im begrenzten Rahmen des kapitalistischen Parlamentarismus, zu gewähren. Alle anderen Erklärungen dieses augenscheinlichen Prozesses der Entthronung der Demokratie durch den Faschismus, sind nichts als eine idealistische Verfälschung der Wirklichkeit, Betrug oder Selbstbetrug.

Während der Imperialismus in den alten kapitalistischen Mutterländern die Demokratie zerstört, hemmt er in der selben Zeit die Entwicklung der Demokratie in den zurückgebliebenen Ländern. Die Tatsache, dass in der gegenwärtigen Epoche nicht eine der Kolonien oder Halbkolonien ihre demokratische Revolution durchführte, speziell in der Agrarfrage, ist zur Gänze Schuld des Imperialismus, der zur Hauptbremse des ökonomischen und politischen Fortschritts geworden ist. Die natürlichen Reichtümer der zurückgebliebenen Länder vollkommen ausplündernd, und die Freiheit ihrer selbständigen Industrie hemmend, gewähren die Trustmagnaten und ihre Regierungen den halb-feudalen Gruppen eine finanzielle, politische und militärische Stütze zur Aufrechterhaltung der reaktionärsten, parasitärsten Ausbeutung der Eingeborenen. Die künstlich erhaltene Agrarbarbarei ist heute gleichzeitig die schlimmste Geißel der Weltwirtschaft. Der Kampf der Kolonialvölker um ihre Befreiung verwandelt sich, die Zwischenetappen überspringend, mit Notwendigkeit in einen Kampf gegen den Imperialismus und unterstützt dadurch den Kampf des Proletariats in den Mutterländern. Die kolonialen Aufstände und Kriege untergraben die Fundamente der kapitalistischen Welt und machen das Wunder ihrer Wiedergeburt weniger denn je möglich.

Die planifizierte Weltwirtschaft

Der Kapitalismus hat das doppelte historische Verdienst, die Technik auf ein hohes Niveau gebracht, und alle Teile der Welt durch das Band der Wirtschaft geeint zu haben. Auf diese Weise hat er die zur systematischen Nutzung aller Hilfsquellen unseres Planeten erforderlichen materiellen Bedingungen geschaffen. Jedoch ist der Kapitalismus nicht imstande, diese dringliche Aufgabe auszuführen. Die Basis seiner Expansion ist immer der Nationalstaat mit seinen Grenzen, Zöllen und Armeen. Indessen überschritten die Produktivkräfte längst die Grenzen des Nationalstaates, verwandeln auf diese Art das, was einst ein historisch fortschrittlicher Faktor war, in einen unerträglichen Zwang. Die imperialistischen Kriege sind nichts anderes als die Explosion der Produktivkräfte gegen die für sie zu eng gewordenen Grenzen des Staates. Das Programm der „Autarkie" ist nichts als ein Zurückgehen zu einer selbstgenügsamen Wirtschaft innerhalb der eigenen Grenzen. Es zeigt einzig und allein an, dass man die nationale Basis für einen neuen Krieg vorbereitet.

Nach der Unterzeichnung des Vertrages von Versailles glaubte man allgemein, dass der Erdball sehr gut aufgeteilt sei. Die neuesten Ereignisse haben uns aber wieder ins Gedächtnis gerufen, dass unser Planet noch immer Gebiete enthält, die noch nicht oder nicht genügend ausgeplündert wurden. Der Kampf um die Kolonien bleibt immer ein Teil der Politik des imperialistischen Kapitalismus. Dieser Kampf hört niemals auf, selbst wenn die Welt zur Gänze aufgeteilt ist, immer wieder verbleibt eine neue Wiederverteilung, konform mit den entstandenen Veränderungen im imperialistischen Kräfteverhältnis, auf der Tagesordnung. Das ist heute der wahre Grund der Aufrüstung, der diplomatischen Krisen und der Kriegsvorbereitung.

Alle Anstrengungen, den kommenden Krieg als einen Zusammenstoß zwischen den Ideen des Faschismus und der Demokratie darzustellen, gehören auf das Gebiet der Scharlatanerie oder der Dummheit. Die politischen Formen wechseln, die kapitalistischen Appetite bleiben. Wenn sich morgen ein faschistisches Regime beiderseits des Ärmelkanals etablieren würde –

und man wird schwerlich wagen, diese Möglichkeit zu leugnen – so würden die Diktatoren von Paris und London ebenso außerstande sein, von ihrem Kolonialbesitz zu lassen, wie Hitler und Mussolini von ihren kolonialen Forderungen. Der wahnsinnige und hoffnungslose Kampf auf eine neue Wiederaufteilung der Welt bricht unwiderstehlich aus der tödlichen Krise des kapitalistischen Systems hervor.

Die Teilreformen und Flickschusterei führen zu nichts. Die historische Entwicklung ist an einer ihrer entscheidenden Etappen angelangt, wo einzig die direkte Intervention der Massen fähig ist, die reaktionären Hindernisse wegzufegen und die Grundlagen einer neuen Ordnung zu errichten. Die Vernichtung des Privatbesitzes an den Produktionsmitteln ist die erste Bedingung einer Ära der Planwirtschaft, das heißt der Intervention der Vernunft auf dem Gebiete der menschlichen Beziehungen, zuerst im nationalen Maßstab, und in der Folge im Weltmaßstab. Hat die soziale Revolution einmal begonnen, wird sie sich mit einer unendlich größeren Kraft, viel größer als die Kraft, mit der sich der Faschismus ausbreitete, von einem Land zum anderen ausbreiten. Durch das Beispiel und mit Hilfe der fortgeschrittenen Länder werden die zurückgebliebenen Länder ebenfalls in den großen Strom des Sozialismus einbezogen. Die völlig verfaulten Zollschranken werden fallen. Die Gegensätze, welche Europa und die ganze Welt teilen, werden ihre natürliche und friedliche Lösung im Rahmen der vereinigten sozialistischen Staaten finden, in Europa und in den anderen Teilen der Erde. Die befreite Menschheit wird ihrem höchsten Gipfel zustreben.

Karl Marx – DAS KAPITAL
Kritik der politischen Ökonomie
Kurzfassung von Otto Rühle

I. Ware und Geld

1. Die Ware

a) Gebrauchswert und Tauschwert

Der Reichtum der Gesellschaften, in denen kapitalistische Produktionsweise herrscht, erscheint als eine »ungeheure Warensammlung«, deren Einheit die einzelne Ware darstellt. Unsere Untersuchung beginnt daher mit der Analyse der Ware.

Die Ware ist zunächst ein äußerer Gegenstand, ein Ding, das durch Seine Eigenschaften menschliche Bedürfnisse irgendeiner Art befriedigt. Die Natur dieser Bedürfnisse, ob sie zum Beispiel dem Magen oder der Phantasie entspringen, ändert nichts an der Sache.

Jedes nützliche Ding wie Eisen, Papier usw., kann unter doppeltem Gesichtspunkt betrachtet werden, nach Qualität oder Quantität. Jedes solches Ding ist ein Ganzes vieler Eigenschaften und kann daher nach verschiedenen Seiten nützlich sein. Diese mannigfachen Gebrauchsweisen der Dinge zu entdecken, ist geschichtliche Tat.

Die Nützlichkeit eines Dinges macht es zum Gebrauchswert. Aber diese Nützlichkeit schwebt nicht in der Luft. Durch die Eigenschaften des Warenkörpers bedingt, existiert sie nicht ohne denselben. Die Ware selbst, wie Eisen, Weizen oder ein Diamant, stellt daher, soweit es sich um ein materielles Ding handelt, einen Gebrauchswert, etwas Nützliches dar.

Der Gebrauchswert verwirklicht sich nur im Gebrauch oder der Konsumtion: sie bilden den stofflichen Inhalt des Reichtums, Welches immer seine gesellschaftliche Form sei. In der von uns zu betrachtenden Gesellschaftsform bilden sie zugleich die stofflichen Träger des Tauschwertes.

Der Tauschwert zeigt sich zunächst als das quantitative Verhältnis, die Proportion, worin Gebrauchswerte einer Art gegen

Gebrauchswerte anderer Art ausgetauscht werden, ein Verhältnis, das mit Zeit und Ort wechselt.

Nehmen wir zwei Waren, zum Beispiel Weizen und Eisen. Ihr Austauschverhältnis kann stets in einer Gleichung dargestellt Werden, worin ein bestimmtes Quantum Weizen irgendeinem Quantum Eisen gleichgesetzt wird. Was besagt diese Gleichung? Sie besagt, dass in zwei verschiedenen Dingen etwas Gemeinsames in der gleichen Menge existiert. Die beiden Dinge müssen also einem dritten gleich sein, das an und für sich weder das eine noch das andere ist. Jedes der beiden Dinge muss daher, soweit es Tauschwert ist, auf dies dritte reduzierbar sein.

Dies gemeinsame »etwas« kann nicht eine geometrische, chemische oder sonstige natürliche Eigenschaft der Waren sein. Derartige Eigenschaften kommen für uns überhaupt nur in Betracht, sofern sie auf die Nützlichkeit der Waren einwirken, dass heißt sie zu Gebrauchswert machen. Der Warentausch ist jedoch augenscheinlich ein Akt, der vom Gebrauchswert vollkommen absieht.

Sieht man nun vom Gebrauchswert der Waren ab, so bleibt ihnen nur noch eine gemeinsame Eigenschaft, die von Arbeitsprodukten. Jedoch selbst das Arbeitsprodukt ist uns in der Hand verwandelt. Es ist nicht länger Tisch, Haus, Garn oder sonst ein nützliches Ding. Alle seine sinnlichen Beschaffenheiten sind ausgelöscht. Es ist auch nicht länger das Produkt der Tischlerarbeit, der Maurerarbeit, der Spinnerarbeit oder sonst einer bestimmten produktiven Arbeit. Mit den nützlichen Eigenschaften der Produkte verschwindet der nützliche Charakter der in ihnen dargestellten Arbeiten, es verschwinden auch die konkreten Formen dieser Arbeiten. Nun bleibt nur das übrig, was allen gemeinsam ist; sie sind alle auf die gleiche Art Arbeit reduziert, dass heißt abstrakt menschliche Arbeit.

Es ist nichts von den Arbeitsprodukten übrig geblieben als eine unkörperliche Wirklichkeit, eine bloße Gallerte unterschiedsloser menschlicher Arbeit, dass heißt der Verausgabung menschlicher Arbeitskraft, ohne Rücksicht auf die Form ihrer

Verausgabung. Betrachtet man sie als Kristalle dieser gemeinschaftlichen gesellschaftlichen Substanz, dann sind sie – Werte.

Ein Gebrauchswert oder ein nützlicher Gegenstand hat also nur einen Wert, weil abstrakt menschliche Arbeit in ihm vergegenständlicht ist.

Wie nun die Größe seines Wertes messen? Ganz einfach durch die Quantität der in ihm enthaltenen »wertbildenden Substanz«, der Arbeit.

Die Arbeitsquantität selbst wird an ihrer Zeitdauer gemessen, und die Arbeitszeit wieder findet ihren Maßstab in Tagen und Stunden.

Die gesamte Arbeitskraft der Gesellschaft, enthalten in der Gesamtheit der Werte aller Waren, die von der Gesellschaft produziert wurde, gilt hier als eine unterschiedslose Masse menschlicher Arbeitskraft, obgleich sie aus zahllosen individuellen Arbeitskräften besteht. Jede dieser Arbeitskräfte ist dieselbe menschliche Arbeitskraft wie die andere, soweit sie den Charakter einer gesellschaftlichen Durchschnittsarbeitskraft besitzt und als solche wirkt, das heißt soweit sie zur Produktion einer Ware durchschnittlich nicht mehr Zeit benötigt als gesellschaftlich notwendig ist. Gesellschaftlich notwendige Arbeitszeit ist die Arbeitszeit, die erforderlich ist, um irgendeinen Gebrauchswert unter normalen Produktionsbedingungen und einem der Zeit entsprechenden Durchschnittsgrad von Geschick und Intensität herzustellen.

Die Einführung des Dampfwebstuhles in England reduzierte zum Beispiel die Arbeitszeit, die zum Verweben einer bestimmten Quantität Garn zu Tuch benötigt wurde, um die Hälfte. Der Handweber benötigte hierzu in der Tat nach wie vor dieselbe Arbeitszeit, aber das Produkt seiner Arbeitsstunde stellte nur noch eine halbe gesellschaftliche Arbeitsstunde dar und fiel daher auf die Hälfte seines früheren Wertes. Es ist also nur das Quantum gesellschaftlich notwendiger Arbeit oder die zur Herstellung gesellschaftlich notwendige Arbeitszeit, die seine Wertgröße bestimmt. Die einzelne Ware wird hier als Durchschnittsexemplar ihrer Art betrachtet.

Der Wert einer Ware verhält sich zum Wert jeder anderen Ware wie die zur Produktion der einen Ware notwendige Arbeitszeit zu der für die Produktion der anderen notwendige Arbeitszeit. Allgemein gesprochen: Je größer die Produktivität der Arbeit ist, um so kleiner ist die zur Herstellung eines Artikels erforderliche Arbeitszeit, um so kleiner ist die in ihm kristallisierte Arbeitsmenge und um so kleiner ist sein Wert. Umgekehrt, je kleiner die Produktivität der Arbeit, um so größer ist die für die Herstellung eines Artikels erforderliche Arbeitszeit und um so größer ist sein Wert. Der Wert einer Ware wechselt also direkt wie das Quantum und umgekehrt wie die Produktivität der in ihr enthaltenen Arbeit.

Ein Ding kann Gebrauchswert sein, ohne Wert zu sein. Dies ist der Fall, wenn sein Nutzen für den Menschen nicht durch Arbeit hervorgerufen wurde, zum Beispiel Luft, jungfräulicher Boden, natürliche Wiesen usw. Ein Ding kann nützlich und das Produkt menschlicher Arbeit sein, ohne jedoch Ware zu sein. Wer durch das Produkt seiner Arbeit seine Bedürfnisse direkt befriedigt, schafft zwar Gebrauchswerte aber keine Waren. Um Ware zu produzieren, muss er nicht nur Gebrauchswert produzieren, sondern Gebrauchswert für andere, dass heißt gesellschaftlichen Gebrauchswert. Endlich kann kein Ding Wert haben, ohne Gebrauchsgegenstand zu sein. Wenn das Ding nutzlos ist, ist auch die in ihm enthaltene Arbeit nutzlos; die Arbeit zählt dann nicht als Arbeit und bringt daher auch keinen Wert hervor.

b) Doppelcharakter der in den Waren dargestellten Arbeit

Nehmen wir zwei Waren, etwa einen Rock und 10 Ellen Leinwand. Der erstere soll den zweifachen Wert der 10 Ellen Leinwand haben; wenn also 10 Ellen Leinwand = W sind, dann ist der Rock = 2 W.

Der Rock ist ein Gebrauchswert der ein besonderes Bedürfnis befriedigt. Um ihn hervorzubringen, bedarf es einer besonderen Art produktiver Tätigkeit. Sie ist bestimmt durch ihren Zweck, Operationsweise, Gegenstand, Mittel und Resultat. Die Arbeit, deren Nützlichkeit sich so im Gebrauchswert ihres Produktes oder darin darstellt, dass ihr Produkt ein Gebrauchswert ist, nennen wir »nützliche Arbeit«. In diesem Zusammenhang ziehen wir nur ihren Nutzeffekt in Betracht.

Wie Rock und Leinwand qualitativ verschiedene Gebrauchswerte sind, so sind die sie produzierenden zwei Arten von Arbeit verschieden, nämlich Schneiderei und Weberei. Der Gesamtheit der verschiedenen Gebrauchswerte entspricht eine Gesamtheit ebenso mannigfaltiger Arten von Arbeit, eine gesellschaftliche Teilung der Arbeit. Diese Teilung der Arbeit ist eine notwendige Bedingung der Warenproduktion, aber umgekehrt folgt nicht daraus, dass die Warenproduktion eine notwendige Bedingung der Arbeitsteilung ist.

In einer Gesellschaft, deren Produkte im allgemeinen die Form von Waren annehmen, dass heißt in einer Gesellschaft von Warenproduzenten, entwickelt sich dieser qualitative Unterschied der nützlichen Formen der Arbeit, die unabhängig voneinander von den einzelnen Produzenten auf eigene Rechnung durchgeführt werden, zu einem vielgliedrigen System, zu einer gesellschaftlichen Teilung der Arbeit...

Die Gebrauchswerte Rock, Leinwand usw., das heißt die Warenkörper, sind Verbindungen von zwei Elementen – Naturstoff und Arbeit. Der Mensch kann nur wie die Natur selbst verfahren, er kann nur die Form des Stoffes ändern. In dieser Arbeit der Umformung wird er beständig durch natürliche Kräfte unterstützt. Arbeit ist also nicht die einzige Quelle der von ihr produzierten Gebrauchswerte. Die Arbeit ist sein Vater und die Erde seine Mutter.

Gehen wir nun von der Ware als Gebrauchsgegenstand zum Warenwert über. Nach unserer Unterstellung hat der Rock den zweifachen Wert der Leinwand. Dies ist aber nur ein quantitativer Unterschied, der uns zunächst noch nicht interessiert. Wir erinnern jedoch daran, dass, wenn der Wert eines Rockes doppelt so groß ist wie der Wert von 10 Ellen Leinwand, 20 Ellen Leinwand denselben Wert haben müssen wie ein Rock. Als Werte sind Rock und Leinwand Dinge von gleicher Substanz, objektive Ausdrücke von gleicher Arbeit. Aber Schneiderei und Weberei sind qualitativ verschiedene Arten von Arbeit.

Beide sind jedoch produktive Verausgabung menschlicher Hirne, Nerven und Muskel und in diesem Sinne menschliche Arbeit. Es sind nur zwei verschiedene Formen menschlicher Arbeitskraft zu verausgaben. Aber der Wert einer Arbeit stellt menschliche Arbeit schlechthin dar, Verausgabung menschlicher Arbeit überhaupt.

Die einfache Durchschnittsarbeit wechselt zwar in den verschiedenen Ländern und Kulturepochen ihren Charakter, aber in einer besonderen Gesellschaft ist sie gegeben. Gelernte Arbeit rechnet nur als potenzierte oder vielmehr multiplizierte einfache Arbeit, so dass eine kleinere Quantität gelernter Arbeit gleich einer größeren Quantität einfacher Arbeit angesehen wird.

So wie wir also beim Betrachten von Rock und Leinwand als Wert von ihren verschiedenen Gebrauchswerten abstrahieren, so verhält es sich mit der Arbeit, die durch diese Werte dargestellt wird: Wir lassen den Unterschied ihrer nützlichen Formen, nämlich Schneiderei und Weberei, unbeachtet.

Wie die Gebrauchswerte Rock und Leinwand Verbindungen zweckbestimmter, produktiver Tätigkeiten mit Tuch und Garn sind, während die Werte Rock und Leinwand dagegen bloße gleichartige Gallerten von Arbeit sind, so gilt die in diesen Werten enthaltene Arbeit nicht infolge ihrer produktiven Beziehung zu Tuch und Garn, sondern lediglich als Verausgabung menschlicher Arbeitskraft.

Rock und Leinwand sind aber nicht nur Werte überhaupt, sondern Werte von bestimmter Größe. Nach unserer Unterstellung ist der Rock doppelt soviel wert wie 10 Ellen Leinwand. Woher kommt nun dieser Unterschied ihrer Werte?

Daher, dass die Leinwand nur halb soviel Arbeit enthält wie der Rock, so dass zur Produktion des Rockes die Arbeitskraft während doppelt soviel Zeit verausgabt werden musste, als zur Produktion der Leinwand.

Eine größere Quantität Gebrauchswert bedeutet eine Vergrößerung materiellen Reichtums. Mit zwei Röcken können zwei Menschen gekleidet werden, mit einem Rock nur einer. Dennoch kann einer steigenden Menge materiellen Reichtums ein gleichzeitiges Fallen seiner Wertgröße entsprechen.

Diese entgegengesetzte Bewegung entspringt dem zweifachen Charakter der Arbeit. Einerseits ist alle Arbeit Verausgabung menschlicher Arbeitskraft im physiologischen Sinne, und in dieser Eigenschaft abstrakt menschlicher Arbeit bildet sie den Warenwert. Andererseits ist alle Arbeit Verausgabung menschlicher Arbeitskraft in besonderer zweckbestimmter Form und in dieser Eigenschaft konkreter nützlicher Arbeit produziert sie Gebrauchswerte.

Waren kommen in der Form von Gebrauchswerten oder Gütern zur Welt. Dies ist ihre einfache, hausbackene körperliche Form. Sie sind jedoch nur Waren, weil sie etwas Doppeltes darstellen, nämlich einen Gebrauchsgegenstand und gleichzeitig einen Wertträger.

Sie erscheinen daher nur als Waren oder besitzen nur die Form von Waren, sofern sie Doppelform besitzen, nämlich eine natürliche Form und eine Wertform.

Wenn wir sagen, dass die Waren, als Werte gesehen, – lediglich Gallerten menschlicher Arbeit sind, reduzieren wir sie durch unsere Analyse zu der Abstraktion Wert; aber wir schreiben diesem Wert keine Form außer seiner körperlichen Form zu. Anders ist es bei dem Wertverhältnis einer Ware zu einer anderen. Ihr Wertcharakter tritt hier hervor durch ihre Beziehung zu der anderen Ware.

Das einfachste Wertverhältnis ist offenbar das einer Ware zu irgendeiner anderen Ware. Das Wertverhältnis zweier Waren gibt uns daher den einfachsten Wertausdruck für eine einzelne Ware.

c) Die Wertform oder der Tauschwert

20 Ellen Leinwand = 1 Rock oder: 20 Ellen Leinwand sind 1 Rock wert. Das ganze Geheimnis der Wertform steckt in dieser elementaren Form. Ihre Analyse bietet daher die eigentliche Schwierigkeit.

Hier spielen offenbar zwei verschiedenartige Waren (in unserem Beispiel Leinwand und Rock) zwei verschiedene Rollen. Die Leinwand drückt ihren Wert aus in dem Rock; der Rock dient zum Material dieses Wertausdruckes. Die erste Ware spielt eine aktive, die zweite eine passive Rolle. Der Wert der Leinwand ist als relativer Wert dargestellt oder er erscheint in relativer Form. Der Rock funktioniert als Äquivalent oder erscheint in Äquivalentform.

Die relative Wertform und die Äquivalentform sind zueinander gehörige, sich wechselseitig bedingende und untrennbare Elemente des Wertausdruckes, aber zugleich einander ausschließende, entgegengesetzte Extreme, dass heißt Pole desselben Wertausdruckes. Sie verteilen sich auf die verschiedenen Waren, die durch diesen Wertausdruck zueinander in Beziehung gebracht werden.

Ob eine Ware sich nun in relativer Wertform befindet oder in der entgegengesetzten Äquivalentform hängt ausschließlich von ihrer jeweiligen Stellung im Wertausdruck ab, das heißt davon, ob sie die Ware ist, worin Wert ausgedrückt wird.

Wenn der Rock die Stellung des Äquivalentes in der Wertgleichung einnimmt, ist er qualitativ gleich der Leinwand, ein Ding von derselben Art, weil er ein Wert ist. In dieser Stellung ist er ein Ding, in dem wir nichts als Wert sehen oder dessen handgreifliche Körperform Wert darstellt. In der Produktion des Rockes muss jedoch, in der Form der Schneiderei, menschliche Arbeitskraft verausgabt worden sein.

Es ist daher menschliche Arbeitskraft in ihm aufgehäuft. Nach dieser Seite hin ist der Rock »Träger von Wert«, obgleich diese seine Eigenschaft selbst durch seine größte Fadenscheinigkeit nicht durchblickt.

Als Äquivalent der Leinwand in der Wertgleichung existiert der Rock nur nach dieser Seite hin und zählt daher als verkörperter Wert, als Körper, der Wert darstellt. Im Wertverhältnis in welchem der Rock das Äquivalent der Leinwand bildet, gilt der Rock als Wertform. Der Wert der Ware Leinwand wird daher ausgedrückt in der körperlichen Form der Ware Rock, der Wert einer Ware im Gebrauchswert der anderen.

Alles, was uns die Analyse des Warenwertes vorher sagte, sagt die Leinwand selbst, sobald sie in Verbindung mit einer anderen Ware, dem Rock, tritt. Nur verrät sie ihre Gedanken in der ihr allein geläufigen Sprache, der Warensprache.

Um zu sagen, dass ihr eigener Wert durch Arbeit in der abstrakten Eigenschaft menschlicher Arbeit gebildet wird, sagt sie, dass der Rock, soweit er genau soviel Wert ist wie die Leinwand, also Wert ist, aus der gleichen Arbeit besteht wie die Leinwand. Um zu sagen, dass ihr erhabenes Dasein als Wert von ihrem steifleinenen Körper verschieden ist, sagt sie, dass der Wert aussieht wie ein Rock und daher, soweit die Leinwand Wert ist, sie und der Rock einander gleichen wie ein Ei dem andern.

Die Gleichung: »20 Ellen Leinwand = 1 Rock oder 20 Ellen Leinwand sind einen Rock wert«, setzt voraus, dass in beiden die gleiche Wertsubstanz (geronnene Arbeit) enthalten ist, dass die beiden Waren die gleiche Menge Arbeit oder die gleiche Arbeitszeit gekostet haben. Die zur Produktion von 20 Ellen Leinwand oder 1 Rock notwendige Arbeitszeit wechselt aber mit jeder Änderung der Produktivität der Weberei oder Schneiderei. Der Einfluss einer derartigen Änderung auf den relativen Wertausdruck soll nun untersucht werden.

I. Der Wert der Leinwand ändert sich, während der Wert des Rockes konstant bleibt.

II. Der Wert der Leinwand bleibt konstant, während der Wert des Rockes sich ändert.
III. Die zur Produktion von Leinwand und Rock notwendigen Arbeitszeitmengen ändern sich gleichzeitig in der gleichen Richtung und in der gleichen Proportion.
IV. Die zur Produktion von Leinwand und Rock notwendige Arbeitszeit und daher ihre entsprechenden Werte, ändern sich gleichzeitig in der gleichen Richtung, aber in ungleicher Proportion oder in entgegengesetzter Richtung oder in irgendeiner anderen Weise.

Der relative Wert einer Ware kann sich ändern, obgleich ihr Wert konstant bleibt. Ihr relativer Wert kann konstant bleiben, obgleich ihr Wert sich ändert, und endlich brauchen sich gleichzeitige Änderungen in der Wertgröße und im relativen Ausdruck dieser Größe keineswegs zu decken.

Wenn wir sagen, dass eine Ware als Äquivalent dient, bringen wir damit die Tatsache zum Ausdruck, dass sie gegen andere Waren direkt austauschbar ist.

Die erste Eigentümlichkeit, die bei der Betrachtung der Äquivalentform auffällt, ist folgende: Der Gebrauchswert wird zur Erscheinungsform seines Gegenteiles, des Wertes. Die körperliche Form der Ware wird zur Wertform. Die zweite Eigentümlichkeit der Äquivalentform besteht darin, dass konkrete Arbeit zur Erscheinungsform ihres Gegenteils, abstrakt menschliche Arbeit, wird.

Der in jeder Ware bestehende innere Gegensatz von Gebrauchswert und Wert wird dargestellt durch das Verhältnis zweier Waren. zueinander. In diesem Verhältnis wird die Ware, deren Wert ausgedrückt werden soll, unmittelbar nur als Gebrauchswert, die andere Ware dagegen, in der der Wert ausgedrückt werden soll, als bloßer Tauschwert gilt. Die einfache Wertform einer Ware ist also die einfache Erscheinungsform des in der Ware enthaltenen Gegensatzes von Gebrauchswert und Wert.

Indessen geht die einfache Wertform leicht in eine vollständigere Form über. Je nachdem sie zu der einen oder anderen Ware in ein Wertverhältnis gesetzt wird, erhalten wir für ein und dieselbe Ware verschiedene einfache Wertausdrücke. Die Anzahl derartiger möglicher Wertausdrücke wird nur beschränkt durch die Anzahl der von ihr verschiedenen Warenarten. Der vereinzelte Wertausdruck einer Ware kann daher in eine beliebig verlängerbare Reihe verschiedener einfacher Wertausdrücke verwandelt werden.

Die Leinwand steht nun durch ihre Wertform in gesellschaftlichem Verhältnis nicht mehr nur zu einer einzelnen anderen Warenart, sondern zur Warenwelt. Als Ware ist sie Bürger dieser Welt. Zugleich liegt in der endlosen Reihe der Wertgleichungen enthalten, dass es für den Warenwert gleichgültig ist, in welcher besonderen Form von Gebrauchswert er erscheint.

In der ersten Form: »20 Ellen Leinwand = 1 Rock«, kann es zufällig Tatsache sein, dass diese zwei Waren in einem bestimmten Mengenverhältnis austauschbar sind. in der zweiten Form: »20 Ellen Leinwand = 1 Rock oder 10 Pfund Tee oder 2 Unzen Gold« usw. liegt ein vielfarbiges Mosaik von ungleichartigen und unabhängigen Wertausdrücken vor. Wenn schließlich, wie es der Fall sein muss, der relative Wert jeder Ware in dieser erweiterten Form ausgedrückt wird, erhalten wir für jede Ware eine relative Wertform, die in jedem Fall verschieden ist und aus einer unendlichen Reihe von Wertausdrücken besteht.

Der Mangel der erweiterten relativen Wertform spiegelt sich in der entsprechenden Äquivalentform wider. Das zufällige Verhältnis zweier individueller Warenbesitzer fällt fort. Es wird offenbar, dass nicht der Austausch die Wertgröße der Ware bestimmt, sondern umgekehrt die Wertgröße ihre Austauschverhältnisse kontrolliert.

Wenn jemand seine Leinwand gegen viele andere Waren austauscht und so ihren Wert in einer Reihe von anderen Waren ausdrückt, dann müssen notwendigerweise die anderen Warenbesitzer ihre Waren gegen Leinwand austauschen.

Wir erhalten eine allgemeine Wertform:

1 Rock = 20 Eilen Leinwand,

= 10 Pfund Tee,

= 40 Pfund Kaffee,

= 2 Unzen Gold,

= ½ Tonne Eisen,

= x Ware A,

= usw.

1. stellen nun alle Waren ihren Wert dar in einer einfachen Form, weil in einer einzigen Ware,
2. einheitlich, weil in ein und derselben Ware.

Der Wert jeder Ware ist jetzt dadurch, dass er der Leinwand gleichgesetzt wird, nicht von ihrem eigenen Gebrauchswert unterschieden, sondern von allem Gebrauchswert, und gerade dadurch als das ausgedrückt, was allen Waren gemeinsam ist. Erst durch diese Form werden die Waren wirklich als Werte zueinander in Beziehung gesetzt und erscheinen als Tauschwerte.

Die allgemeine Wertform, die die Arbeitsprodukte als bloße Gallerte unterschiedsloser menschlicher Arbeit darstellt, zeigt gerade durch ihre Struktur, dass sie der gesellschaftliche Ausdruck der Warenwelt ist. Infolgedessen offenbart diese Form, dass innerhalb der Warenwelt der allgemeine menschliche Charakter der Arbeit ihren spezifisch gesellschaftlichen Charakter bildet. Dem Entwicklungsgrad der relativen Wertform entspricht der Entwicklungsgrad der Äquivalentform. Wir müssen jedoch beachten, dass die Entwicklung der Äquivalentform nur der Ausdruck und das Resultat der Entwicklung der relativen Wertform ist. Die ursprüngliche relative Wertform einer Ware verwandelt eine andere Ware in ein vereinzeltes Äquivalent.

Die erweiterte Form des relativen Wertes, welches der Wertausdruck einer Ware in allen anderen Waren ist, gibt diesen anderen Waren den Charakter verschiedenartiger besonderer Äquivalente. Schließlich erhält eine besondere Warenart den Charakter eines allgemeinen Äquivalentes, weil alle anderen Waren sie zu dem Material machen, in dem sie ihren Wert einheitlich ausdrücken.

Eine einzelne Ware, Leinwand, scheint daher den Charakter unmittelbarer Austauschbarkeit mit allen anderen Waren erhalten zu haben, weil und sofern dieser Charakter jeder anderen Ware abgesprochen wird. Umgekehrt ist die Ware, die als allgemeines Äquivalent figuriert, von der relativen Wertform der Warenwelt ausgeschlossen.

Die besondere Ware, mit deren körperlicher Form die Äquivalentform gesellschaftlich identisch wird, wird zur Geldware oder dient als Geld. Es wird ihre spezifisch gesellschaftliche Funktion und daher ihr gesellschaftliches Monopol, innerhalb der Warenwelt die Rolle des allgemeinen Äquivalentes zu spielen. Diesen bevorzugten Platz hat eine besondere Ware erobert: das Gold. Wir erhalten die Geldform:

20 Ellen Leinwand	=	2 Unzen Gold
1 Rock	=	2 Unzen Gold
10 Pfund Tee	=	2 Unzen Gold
1 Quarter Weizen	=	2 Unzen Gold
1/2 Tonne Eisen	=	2 Unzen Gold
x Ware A	=	2 Unzen Gold

Das Gold ist nun allen anderen Waren gegenüber nur deshalb Geld, weil es ihnen bereits früher als einfache Ware gegenüberstand. Gleich allen anderen Waren diente es auch als Äquivalent, sei es als einfaches Äquivalent in vereinzelten Austauschakten, sei es als besonderes Äquivalent neben anderen. Nach und nach begann es engeren oder weiteren Kreisen als allgemeines Äquivalent zu dienen. Sobald es das Monopol dieser Stelle im Wertausdruck der Warenwelt erobert hat, wird es Geldware, und erst von diesem Augenblick an wird die allgemeine Wertform in die Geldform verwandelt.

d) Der Fetischcharakter der Ware und sein Geheimnis

Eine Ware scheint auf den ersten Blick ein selbstverständliches, triviales Ding zu sein. Ihre Analyse ergibt, dass sie ein sehr vertracktes Ding ist, voll metaphysischer Spitzfindigkeiten und theologischer Mucken. Soweit sie Gebrauchswert ist, ist nichts Mysteriöses an ihr. Es ist ganz klar, dass der Mensch durch seine Tätigkeit die Formen der von der Natur gegebenen Stoffe in einer ihm nützlichen Weise verändert. Die Form des Holzes wird zum Beispiel verändert, wenn man einen Tisch daraus herstellt. Trotzdem bleibt der Tisch jenes gewöhnliche, alltägliche Ding Holz.

Sobald er aber als Ware auftritt, verwandelt er sich in etwas Übersinnliches. Er steht nicht nur mit seinen Füßen auf dem Boden, sondern er stellt sich allen anderen Waren gegenüber auf den Kopf und entwickelt aus seinem Holzkopf Grillen, viel wunderlicher, als wenn er aus. freien Stücken zu tanzen begänne.

Der mystische Charakter der Waren entspringt nicht ihrem Gebrauchswert. Ebenso wenig entspringt er der Natur der wert-bestimmenden Faktoren. Woher kommt nun der rätselhafte Charakter des Arbeitsproduktes, sobald es Warenform annimmt? Offenbar aus dieser Form selbst.

Das Geheimnisvolle der Warenform besteht also einfach darin, dass in ihr den Menschen der gesellschaftliche Charakter ihrer eigenen Arbeit als dinglicher Charakter der Arbeitsprodukte selbst erscheint, als eine Natureigenschaft derselben. Das gesellschaftliche Verhältnis der Produzenten zu der Gesamtarbeit erscheint ihnen als ein Verhältnis von Gegenständen.

Es handelt sich aber nicht um ein physisches Verhältnis zwischen Dingen. Die Warenform und das Wertverhältnis der Arbeitsprodukte, worin sie sich darstellt, hat mit der physischen Natur der Produkte und den daraus entspringenden dinglichen Beziehungen absolut nichts zu schaffen. Es ist nur das bestimmte gesellschaftliche Verhältnis der Menschen selbst, welches hier für sie die phantasmagorische Form eines Verhältnisses von Dingen annimmt.

Um daher eine Analogie zu finden, müssen wir in die Nebelregion der religiösen Welt flüchten. Hier erscheinen die Produkte des menschlichen Kopfes als mit eigenem Leben begabte, untereinander und mit den Menschen in Verhältnis stehende selbständige Gestalten. So in der Warenwelt die Produkte der menschlichen Hand. Dies nenne ich den Fetischismus, der den Arbeitsprodukten anhaftet, sobald sie als Waren produziert werden und der daher von der Warenproduktion unzertrennlich ist.

Dieser Fetischismus der Waren entspringt dem eigentümlichen gesellschaftlichen Charakter der Arbeit, die Waren produziert. Gebrauchsgegenstände werden überhaupt nur Waren, weil sie Produkte unabhängig voneinander betriebener Arbeiten privater Individuen oder Gruppen sind. Der Komplex dieser Privatarbeiten bildet die gesellschaftliche Gesamtarbeit. Da die Produzenten erst durch den Austausch ihrer Produkte in gesellschaftlichen Kontakt miteinander kommen, zeigt sich der spezifisch gesellschaftliche Charakter der Arbeit jedes einzelnen Produzenten erst innerhalb des Tauschaktes. Mit anderen Worten, die Arbeit des einzelnen kommt als Teil der gesellschaftlichen Arbeit erst durch die Beziehung zur Geltung, die der Tauschakt direkt zwischen den Produkten und indirekt zwischen den Produzenten begründet. Den letzteren erscheinen daher die Beziehungen ihrer Privatarbeiten nicht als direkte gesellschaftliche Beziehungen der Personen in ihren Arbeiten. selbst, sondern als sachliche Beziehungen zwischen Personen und gesellschaftliche Beziehungen zwischen Sachen.

Erst innerhalb ihres Austausches erhalten die Arbeitsprodukte eine von ihren verschiedenen Existenzformen als Gebrauchsgegenstände getrennte gesellschaftlich gleiche Stellung als Werte. Von diesem Augenblick an erhält die Arbeit des einzelnen Produzenten einen doppelten gesellschaftlichen Charakter. Einerseits muss sie als bestimmte nützliche Arbeit ein bestimmtes gesellschaftliches Bedürfnis befriedigen und sich so als Teil der Gesamtarbeit innerhalb der gesellschaftlichen Teilung der Arbeit bewähren. Andererseits kann die Arbeit die mannigfachen Bedürfnisse des einzelnen Produzenten selbst nur befriedigen, sofern die gegenseitige Austauschbarkeit jeder nützlichen Privatarbeit eine bestehende gesellschaftliche Tatsache ist und daher die nützliche Privatarbeit derjenigen aller anderen gleichkommt.

Das Gehirn des Einzelnen spiegelt diesen doppelten gesellschaftlichen Charakter seiner Privatarbeit wider in den Formen, die im täglichen Verkehr, im Produktenaustausch erscheinen - den gesellschaftlich nützlichen Charakter seiner Privatarbeit, also in der Form, dass das Arbeitsprodukt nützlich sein muss, und zwar für andere - den gesellschaftlichen Charakter der Gleichheit der verschiedenartigen Arbeiten in der Form des gemeinsamen Wertcharakters dieser materiell verschiedenen Dinge, der Arbeitsprodukte.

Wenn die Menschen also Arbeitsprodukte als Werte zueinander in Beziehung bringen, geschieht dies nicht, weil sie in diesen Sachen materielle Hüllen gleichartiger menschlicher Arbeit sehen. Umgekehrt: Wenn sie im Austausch verschiedene Produkte als Werte gleichsetzen, setzen sie ihre verschiedenen in ihnen enthaltenen Arbeiten als menschliche Arbeit gleich. Die Menschen wissen das nicht, aber sie tun es.

Dem Wert steht es nicht auf der Stirn geschrieben, was er ist. Der Wert verwandelt vielmehr jedes Produkt in eine gesellschaftliche Hieroglyphe. Später versuchen die Menschen diese Hieroglyphe zu entziffern, hinter das Geheimnis des eigenen gesellschaftlichen Produktes zu kommen; denn einen Gebrauchsgegenstand in Wert zu verwandeln, ist ebenso ihr gesellschaftliches Produkt wie die Sprache.

Die neuere wissenschaftliche Entdeckung, dass die Arbeitsprodukte, soweit sie Werte sind, lediglich sachliche Ausdrücke der in ihrer Produktion verausgabten menschlichen Arbeit sind, bezeichnet in der Tat eine Epoche in der Entwicklungsgeschichte der Menschheit, aber sie verscheucht keineswegs den Nebel, durch den der gesellschaftliche Charakter der Arbeit als gegenständlicher Charakter der Produkte selbst erscheint.

Wenn ich sage, Rock oder Stiefel beziehen sich auf Leinwand, weil sie die Verkörperung abstrakt menschlicher Arbeit ist, so springt die Absurdität dieser Feststellung ins Auge. Aber wenn die Produzenten von Röcken und Stiefeln diese Waren mit Leinwand oder, was nichts an der Sache ändert, mit Gold oder Silber als allgemeines Äquivalent vergleichen, drücken sie die Beziehung zwischen ihrer Privatarbeit und der gesellschaftlichen Gesamtarbeit in der gleichen absurden Form aus.

Derartige Formen bilden eben die Kategorien der bürgerlichen Ökonomie. Es sind gesellschaftliche Gedankenformen, die Bedingungen und Beziehungen einer bestimmten historischen Produktionsweise, nämlich die Warenproduktion ausdrücken. Aller Mystizismus der Warenwelt aller Zauber und Spuk, der die Arbeitsprodukte solange sie Warenform annehmen, umgibt, verschwindet daher, sobald wir zu anderen Produktionsformen gelangen.

Könnten die Waren sprechen, würden sie sagen: Unser Gebrauchswert mag den Menschen interessieren. Er ist kein Teil von uns als Gegenstand. Was jedoch zu uns als Gegenstand gehört, ist unser Wert. Unser Verkehr als Waren beweist das. Wir verkehren nur als Tauschwerte untereinander. Es ist ein sonderbarer Umstand, dass der Gebrauchswert der Dinge untereinander ohne Austausch vermittels einer direkten Beziehung zwischen Ding und Mensch sich verwirklicht, während ihr Wert nur durch den Tausch, dass heißt vermittels eines gesellschaftlichen Prozesses, verwirklicht wird.

2. Der Austauschprozess

Die Waren können nicht selbst zu Markt gehen und sich nicht selbst austauschen. Wir müssen uns also nach ihren Hütern umsehen, den Warenbesitzern. Die Waren sind Dinge und daher widerstandslos gegen den Menschen. Wenn sie nicht willig sind, kann er Gewalt anwenden, mit anderen Worten, er kann sie in Besitz nehmen. Um nun diese Dinge als Waren miteinander in Beziehung zu bringen, müssen die Warenhüter selbst als Personen, deren Willen in jenen Dingen wohnt, miteinander in Beziehung treten, so dass sich keiner die Ware des anderen aneignet, bzw. sich von seiner eigenen trennt, es sei denn vermittels eines beiden gemeinsamen Willensaktes. Sie müssen sich also gegenseitig als Privateigentümer anerkennen.

Dieses Rechtsverhältnis, dessen Form der Vertrag ist – ob dieser Vertrag nun Teil eines gesetzlich entwickelten Systems ist oder nicht –, stellt ein Willensverhältnis dar, worin sich lediglich das wirkliche ökonomische Verhältnis widerspiegelt. Dieses ökonomische Verhältnis bestimmt den Inhalt jedes derartigen Rechtsverhältnisses. Die Personen existieren hier nur füreinander als Repräsentanten von Waren und daher als Warenbesitzer. Die Charaktere, die auf der ökonomischen Bühne erscheinen, sind nichts als die Personifikationen der ökonomischen Beziehungen die zwischen ihnen bestehen.

Für den Eigentümer hat die Ware keinen unmittelbaren Gebrauchswert, sonst würde er sie nicht auf den Markt bringen. Sie hat Gebrauchswert für andere. Für ihn selbst hat sie nur den Gebrauchswert, Träger von Tauschwert und infolgedessen Tauschmittel zu sein. Darum will er sie veräußern für Waren, deren Gebrauchswert ihm von Nutzen ist. Alle Waren sind für ihre Besitzer Nichtgebrauchswerte und für ihre Nichtbesitzer Gebrauchswerte. Infolgedessen müssen sie allseitig die Hände wechseln. Aber dieser Händewechsel bildet ihren Austausch und dieser bringt sie als Werte zueinander in Beziehung und realisiert sie als Werte. Die Waren müssen sich daher als Werte realisieren, bevor sie sich als Gebrauchswerte realisieren können. Andererseits müssen sie zeigen, dass sie Gebrauchswerte sind, bevor sie sich als Werte realisieren können. Denn die für sie verausgabte Arbeit zählt nur, soweit sie in einer für andere nützlichen Form verausgabt ist. Ob sie anderen nützlich und ihr Produkt daher fähig ist, die Bedürfnisse anderer zu befriedigen, kann nur durch den Austauschakt bewiesen werden. Jeder Wareneigentümer will seine Ware nur veräußern für andere Waren, deren Gebrauchswert seine Bedürfnisse befriedigt. In diesem Sinne betrachtet, ist der Austausch für ihn nur ein privater Prozess. Andererseits will er den Wert seiner Ware realisieren, und sie in irgendeine Ware gleichen Wertes verwandeln. Von diesem Standpunkt aus ist der Tausch für ihn allgemein gesellschaftlicher Prozess. Aber ein und derselbe Prozess kann nicht für alle Wareneigentümer gleichzeitig nur privat und nur allgemein gesellschaftlich sein.

Der Warenaustausch begann zuerst an den Grenzen der Gemeinwesen, an den Punkten ihres Kontaktes mit anderen ähnlichen Gemeinwesen oder Gliedern der letzteren. Sobald jedoch Produkte einmal in den äußeren Beziehungen eines Gemeinwesens zu Waren werden, werden sie dies rückschlagend auch im inneren Verkehr. Ihr Austauschverhältnis ist zunächst ganz zufällig. Indes setzt sich das Bedürfnis für fremde Gebrauchsgegenstände allmählich fest. Die beständige Wiederholung macht ihn zu einem normalen gesellschaftlichen Prozess. Im Laufe der Zeit muss daher wenigstens ein Teil der Arbeitsprodukte mit Absicht zwecks Austausch produziert werden. Von diesem Augenblick an befestigt sich die Scheidung zwischen der Nützlichkeit eines Gegenstandes für den unmittelbaren Bedarf und seiner Nützlichkeit für den Austausch. Sein Gebrauchswert scheidet sich von seinem Tauschwert. Andererseits wird das quantitative Verhältnis, in dem die Dinge austauschbar sind, von ihrer Produktion selbst abhängig. Die Gewohnheit fixiert sie als bestimmte Wertgrößen.

Im unmittelbaren Produktenaustausch ist jede Ware für ihren Eigentümer unmittelbar Tauschmittel, und für alle anderen ein Äquivalent, jedoch nur soweit sie Gebrauchswert für diese anderen besitzt. In diesem Stadium erhalten also die Tauschartikel noch keine von ihrem eignen Gebrauchswert unabhängige Wertform. Die Notwendigkeit einer Wertform wächst mit der wachsenden Anzahl und Mannigfaltigkeit der ausgetauschten

Waren. Das Problem ergibt sich gleichzeitig mit den Mitteln seiner Lösung. Ein besonderer Artikel erhält, indem er Äquivalent für verschiedene andere Waren wird, unmittelbar, wenn auch in engen Grenzen, allgemeine gesellschaftliche Äquivalentform.

Diese Form entsteht und vergeht mit den augenblicklichen gesellschaftlichen Prozessen, die sie ins Leben riefen. Abwechselnd und flüchtig, kommt sie dieser oder jener Ware zu. An welcher besonderen Warenart sie kleben bleibt, ist zunächst zufällig. Der Einfluss von zwei Umständen ist jedoch entscheidend. Die Geldform heftet sich entweder an den wichtigsten Tauschartikel aus der Fremde oder an den Gebrauchsgegenstand, der, wie zum Beispiel Vieh, das Hauptelement des einheimischen veräußerlichen Reichtums bildet. Der Mensch hat oft den Menschen in Gestalt des Sklaven zum ursprünglichen Geldmaterial gemacht, aber niemals den Grund und Boden. Eine derartige Idee konnte nur in einer bereits ausgebildeten bürgerlichen Gesellschaft entstehen.

Geld ist ein Kristall, das von der Notwendigkeit im Tauschprozess gebildet wurde, wobei verschiedene Arbeitsprodukte praktisch einander gleichgesetzt und so durch die Praxis in Waren verwandelt wurden. Im gleichen Verhältnis, wie die Umwandlung der Produkte der Arbeit in Waren vor sich geht, verwandelt sich eine besondere Ware in Geld.

Adäquate Erscheinungsform von Wert oder Verkörperung abstrakter und daher gleicher menschlicher Arbeit kann nur ein Material sein, dessen sämtliche Exemplare dieselbe gleichförmige Qualität besitzen. Andererseits, da der Unterschied der Wertgrößen rein quantitativ ist, muss die Geldware rein quantitativer Unterschiede fähig, also nach Willkür teilbar und wieder zusammensetzbar sein. Gold und Silber besitzen diese Eigenschaften von Natur aus.

Die Geldform ist nur der einer Ware anhaftende Reflex der Wertbeziehungen aller übrigen Waren. Dass Geld eine Ware ist, ist also eine Entdeckung nur für den, der von seiner entwickelten Form ausgeht, um sie hinterher zu analysieren. Der

Austauschprozess gibt der in Geld verwandelten Ware nicht ihren Wert, sondern ihre besondere Wertform.

Die Verwechslung dieser beiden verschiedenen Bestimmungen haben dazu verleitet, den Wert von Gold und Silber für imaginär zu halten. Weil Geld in bestimmten Funktionen durch bloße Zeichen seiner selbst ersetzt werden kann, kam der andere Irrtum auf, dass es ein bloßes Zeichen sei.

Wie jede andere Ware kann das Geld seine eigene Wertgröße nur relativ in anderen Waren ausdrücken. Dieser Wert wird bestimmt durch die zu seiner Produktion erforderliche Arbeitszeit und ausgedrückt in der Quantität jeder anderen Ware, die genau soviel Arbeitszeit kostet. Wenn es als Geld in die Zirkulation eintritt, ist sein Wert bereits gegeben.

Gold scheint also nicht erst Geld zu werden, weil alle anderen Waren ihren Wert in ihm ausdrücken, sondern alle Waren scheinen umgekehrt ihren Wert in Gold auszudrücken, weil es Geld ist. Die vermittelnde Bewegung verschwindet in dem eigenen Resultat und lässt keine Spur zurück. Ohne ihr Zutun finden die Waren ihren eigenen Wert bereits fertig vor als einen neben ihnen existierenden Warenkörper.

Diese Dinge, Gold und Silber, sind, wie sie aus dem Inneren der Erde kommen, hinfort die Verkörperung aller menschlichen Arbeit. Daher die Magie des Geldes. Das Rätsel des Geldfetischs ist daher nur das sichtbar gewordene, augenblendende Rätsel des Warenfetischs.

3. Das Geld oder die Warenzirkulation

a) Maß der Werte

Die erste Funktion des Geldes besteht darin, der Warenwelt das Material ihres Wertausdruckes zu liefern oder die Warenwerte als gleichnamige qualitativ gleiche und quantitativ vergleichbare Größen darzustellen. So dient es als allgemeines Maß der Werte. Und nur durch diese Funktion wird Gold, die spezifische Äquivalentware, zu Geld.

Die Waren werden nicht durch das Geld kommensurabel. Im Gegenteil: weil alle Waren als Werte vergegenständlichte menschliche Arbeit und daher kommensurabel sind, können ihre Werte in derselben spezifischen Ware gemessen, und diese wieder in ihr gemeinschaftliches Wertmaß, dass heißt Geld, umgewandelt werden. Geld als Wertmaß ist die notwendige Erscheinungsform des immanenten Wertmaßes der Waren, der Arbeitszeit.

Der Wertausdruck einer Ware in Gold ist ihre Geldform oder ihr Preis. Der Preis der Waren ist, wie ihre Wertform überhaupt, eine von ihrer handgreiflichen Körperform unterschiedene rein ideelle oder vorgestellte Form. Ihr Eigentümer muss ihnen daher seine Zunge leihen oder ihnen einen Zettel umhängen, um ihre Preise der Außenwelt mitzuteilen. Jeder Händler weiß, dass er nicht das geringste bisschen Gold braucht, um Millionen Pfund Warenwerte in Gold zu schätzen.

Dienen Gold und Silber gleichzeitig als Wertmasse, dann besitzen alle Waren zwei Preisausdrücke – einen Goldpreis und einen Silberpreis. Diese Preise bestehen ruhig nebeneinander, solange das Wertverhältnis von Silber und Gold unverändert bleibt.

Die Warenwerte werden in der Vorstellung in viele verschiedene Quantitäten von Gold verwandelt. Trotz der verwirrenden Verschiedenheit der Waren selbst werden ihre Werte zu gleichnamigen Größen, Goldgrößen. Als solche verschiedene Goldmengen können sie miteinander Verglichen und gemessen werden, und es entwickelt sich die technische Notwendigkeit, sie auf ein fixiertes Quantum Gold als ihre Maßeinheit zu beziehen. Diese Maßeinheit wird durch weitere Teilung in aliquote Teile zum Maßstab fortentwickelt. Vor ihrer Geldwertung besitzen Gold, Silber und Kupfer bereits solche Maßstäbe in ihrem Gewicht.

Als Maß der Werte und als Maßstab der Preise verrichtet das Geld zwei ganz verschiedene Funktionen. Es ist Maß der Werte insofern, als es die gesellschaftlich anerkannte Verkörperung der menschlichen Arbeit ist, und Maßstab der Preise insofern, als es ein festgesetztes Metallgewicht ist. Als Wertmaß dient es dazu, die Werte der mannigfaltigen Waren in Preise zu verwandeln, in vorgestellte Quantitäten von Gold; als Maßstab der Preise misst es diese Goldquantitäten. Das Wertmaß misst die als Werte betrachteten Waren; der Maßstab der Preise misst dagegen Goldquantitäten mit einer Goldquantitäteneinheit und nicht den Wert einer Goldquantität mit dem Gewicht der anderen. Um das Gold zum Maßstab der Preise zu machen, muss ein bestimmtes Goldgewicht als Maßeinheit fixiert werden. Je unveränderlicher diese Einheit ist, umso besser erfüllt der Maßstab der Preise seine Funktion.

Wie auch der Goldwert wechsle, das Wertverhältnis der verschiedenen Metallquantitäten bleibt immer konstant, 12 Unzen Gold besitzen 12 mal mehr Wert als 1 Unze Gold.

Die Warenpreise können nur allgemein steigen – bei gleichbleibendem Geldwert –, wenn die Warenwerte steigen oder – bei gleichbleibenden Warenwerten –, wenn der Geldwert fällt. Andererseits können die Warenpreise nur allgemein fallen – bei gleichbleibendem Geldwert –, wenn die Warenwerte fallen oder – bei gleichbleibenden Warenwerten –, wenn der Geldwert steigt. Es folgt daher keineswegs, dass ein Steigen des Geldwertes ein proportionelles Fallen der Warenpreise oder ein Fallen des Geldwertes ein proportionelles Steigen der Warenpreise bedingt. Dies gilt nur für Waren, deren Wert unverändert bleibt. Solche Waren zum Beispiel deren Wert gleichmäßig und gleichzeitig steigt mit dem Geldwert, behalten dieselben Preise.

Nach und nach trennen sich die Geldnamen der verschiedenen Gewichte des kostbaren Metalles, das als Geld figuriert, von ihrem ursprünglichen Gewichtsnamen. Das Wort Pfund war zum Beispiel der Geldname für ein wirkliches Pfund Silber. Als das Gold das Silber als Wertmaß ersetzte, wurde der gleiche Name für vielleicht 1/15 Pfund Gold, je nach dem Wertverhältnis von Gold und Silber, gebraucht. So wurde das Wort Pfund als Geldname von dem gleichen Wort als Gewichtsname getrennt.

Da der Geldmaßstab einerseits rein konventionell ist, andererseits allgemeiner Gültigkeit bedarf, wird er schließlich gesetzlich reguliert. Ein bestimmtes Gewicht, zum Beispiel eine Unze Gold, wird offiziell in aliquote Teile geteilt, die gesetzliche Namen, wie Pfund, Dollar usw., erhalten. Diese aliquoten Teile, die dann als Geldeinheit dienen, werden in weitere aliquote Teile untergeteilt, die ebenfalls gesetzliche Namen, wie Shilling, Penny usw., erhalten. Aber nach wie vor dieser Teilung ist ein bestimmtes Metallgewicht Maßstab des Metallgeldes. Die einzige Änderung besteht in der Unterteilung und der Namensgebung.

Auf diese Weise drücken die Waren durch ihre Preise aus, was sie wert sind, und das Geld dient als Rechengeld, so oft es gilt, den Wert eines Artikels in Geldform zu fixieren.

Der Preis ist der Geldname der in der Ware vergegenständlichten Arbeit. Daher ist die Äquivalenz einer Ware und die Geldsumme, die ihren Preis ausmacht, eine Tautologie, wie ja überhaupt der relative Wertausdruck einer Ware der Ausdruck der Äquivalenz zweier Waren ist.

Trotzdem nun aber der Preis als Exponent der Wertgröße einer Ware Exponent ihres Austauschverhältnisses mit Geld ist, folgt nicht hieraus, dass der Exponent ihres Austauschverhältnisses mit Geld notwendigerweise der Exponent ihrer Wertgröße ist.

Die Wertgröße der Ware drückt ein Verhältnis gesellschaftlicher Produktion aus, sie gibt der Verbindung Ausdruck, die notwendigerweise zwischen einem bestimmten Artikel und dem Teil der gesellschaftlichen Gesamtarbeitszeit, der zu seiner Produktion benötigt wurde, besteht. Sobald die Wertgröße in Preis verwandelt ist, nimmt dieses vorgenannte notwendige Verhältnis die Form eines mehr oder weniger zufälligen Austauschverhältnisses zwischen einer einzigen Ware und einer anderen an, nämlich der Geldware. In diesem Austauschverhältnis kann sich aber sowohl die wirkliche Wertgröße der Ware ausdrücken als auch die Goldquantität, die von diesem Wert abweicht, für den sie den Umständen entsprechend veräußert werden kann. Die Möglichkeit quantitativer Inkongruenz zwischen Preis und Wertgröße liegt also in der Preisform selbst. Dies ist kein Mangel, sondern macht die Preisform im Gegenteil zur adäquaten Form einer Produktionsweise, in der sich die Regel nur als blindwirkendes Durchschnittsgesetz der Regellosigkeit durchsetzen kann.

Die Preisform kann einen qualitativen Widerspruch verbergen, und zwar einen so großen, dass der Preis überhaupt aufhört, Wertausdruck zu sein, obgleich Geld nur die Wertform der Waren ist. Dinge, die an und für sich keine Waren sind, wie Gewissen, Ehre usw., können ihren Besitzern für Geld feil sein, und so durch ihren Preis Warenform erhalten.

Ein Ding kann also einen Preis haben, ohne einen Wert zu haben. Der Preis wird in diesem Fall imaginär wie gewisse Größen der Mathematik. Andererseits kann auch die imaginäre Preisform manchmal direkt oder indirekt ein wirkliches Wertverhältnis verbergen, zum Beispiel der Preis des unkultivierten Landes, der keinen Wert hat, weil keine menschliche Arbeit in ihm verkörpert ist.

Die Preisform schließt sowohl die Austauschbarkeit einer Ware gegen Geld als auch die Notwendigkeit zu diesem Austausch ein. Andererseits dient Gold nur als ideelles Wertmaß, weil es sich im Austauschprozess bereits als Geldware festgesetzt hat. Im ideellen Maß der Werte lauert daher das harte Geld.

b) Circulationsmittel

Soweit der Austauschprozess Waren aus der Hand, worin sie Nichtgebrauchswerte darstellen, in die Hand überträgt, worin sie Gebrauchswerte sind, ist er gesellschaftlicher Stoffwechsel. Das Produkt einer nützlichen Arbeit ersetzt das der anderen. Sobald eine Ware an der Stelle angelangt ist, wo sie als Gebrauchswert dienen kann, fällt sie aus der Sphäre des Austausches in die Sphäre der Konsumtion. Aber hier interessiert uns nur die erstere. Wir müssen also jetzt den Austausch von der Formseite her betrachten, also den Formwechsel oder die Metamorphose der Waren, welche den gesellschaftlichen Stoffwechsel hervorbringt, untersuchen.

Das Verständnis dieses Formwechsels ist in der Regel sehr mangelhaft. Die Ursache besteht, abgesehen von der Unklarheit über den Wertbegriff selbst, darin, dass jeder Formwechsel einer Ware sich vollzieht im Austausch zweier Waren, einer gewöhnlichen Ware und der Geldware. Hält man diesen stofflichen Moment allein fest, so übersieht man gerade, was man sehen soll, nämlich was sich mit der Warenform ereignet. Man übersieht, dass Gold als bloße Ware nicht Geld ist, und dass, wenn andere Waren ihre Preise in Gold ausdrücken, das Gold nur die Geldform dieser Waren selbst ist.

Die Waren gehen zunächst wie sie sind in den Austauschprozess ein. Dieser Prozess teilt sie dann ein in Waren und Geld und bringt damit einen äußeren Gegensatz hervor, der dem ihnen innewohnenden inneren Gegensatz entspricht, nämlich Gebrauchswerte und Werte zugleich zu sein. Die Waren als Gebrauchswerte stehen nun dem Geld als Tauschwert gegenüber. Andererseits befinden sich auf beiden Seiten Waren, Einheiten von Gebrauchswert und Wert. Aber diese Einheit von Unterschieden stellt sich auf jedem der beiden Pole umgekehrt dar. Da sie Pole sind, stehen sie sich notwendigerweise gegenüber wie sie verbunden sind. Auf der einen Seite der Gleichung haben wir eine gewöhnliche Ware, die in Wirklichkeit Gebrauchswert ist. Ihr Wert erscheint nur ideell im Preis, der sie auf das ihr gegenüberstehende Gold, als ihre reelle Wertgestalt, bezieht. Andererseits gilt das Gold in seiner metallischen Wirklichkeit als Verkörperung des Wertes, als Geld. Gold ist als Gold selbst Tauschwert. Diese gegensätzlichen Formen der Waren sind die wirklichen Bewegungsformen ihres Austauschprozesses.

Der Austausch vollzieht sich in zwei entgegengesetzten und einander ergänzenden Metamorphosen und in folgendem Formwechsel:

Ware (W) - Geld (G) - Ware (W).

Der anscheinend einzelne Prozess ist aber in Wirklichkeit ein zweifacher. Vom Pol des Wareneigentümers aus gesehen, handelt es sich um einen Verkauf und vom entgegengesetzten Pol des Geldeigentümers aus gesehen, handelt es sich um einen Kauf. Mit anderen Worten: ein Verkauf ist ein Kauf, W - G ist auch G - W. Als Agent des Verkaufes wird der Eigentümer zum Verkäufer und als Agent des Kaufes wird er zum Käufer.

Die Gesamtmetamorphose einer Ware unterstellt in ihrer einfachsten Form vier Extreme und drei handelnde Personen. Erst tritt der Ware das Geld als ihre Wertgestalt gegenüber, die in der Tasche des Käufers als harte Realität besteht. So tritt dem Wareneigentümer der Geldeigentümer gegenüber. Sobald nun die Ware in Geld verwandelt ist, wird das Geld zu ihrer verschwindenden Äquivalentform, deren Gebrauchswert in anderen Warenkörpern zu finden ist. Als Endpunkt der ersten Umwandlung ist das Geld zugleich Ausgangspunkt der zweiten. So wird der Verkäufer des ersten Aktes zum Käufer des zweiten, wo ihm ein dritter Wareneigentümer als Verkäufer gegenübertritt.

Die beiden umgekehrten Bewegungsphasen der Warenmetamorphose bilden einen Kreislauf: Warenform, Abstreifung dieser Warenform und Rückkehr zur Warenform. Zweifellos erscheint die Ware hier unter zwei verschiedenen Aspekten. Am Ausgangspunkt ist sie für ihren Eigentümer kein Gebrauchswert, während sie am Endpunkt Gebrauchswert ist. So erscheint das Geld erst als der feste Wertkristall, worin sich die Ware verwandelt, um hinterher sich in die bloße Äquivalenzform aufzulösen, die dazu bestimmt ist, den Gebrauchswert zu ersetzen.

Der Kreislauf, den eine Ware im Verlaufe ihrer Metamorphosen bildet, verschlingt sich also unentwirrbar mit den Kreisläufen anderer Waren. Der Gesamtprozess stellt sich dar als Warenzirkulation.

Die Warenzirkulation ist nicht nur formell, sondern wesentlich vom unmittelbaren Produktenaustausch unterschieden. Nichts kann alberner sein als das Dogma, die Warenzirkulation bedinge notwendigerweise ein Gleichgewicht der Verkäufe und Käufe, weil jeder Verkauf Kauf und jeder Kauf Verkauf sei. Verkauf und Kauf sind ein identischer Akt, ein Austausch zwischen einem Wareneigentümer und einem Geldeigentümer, also zwischen zwei Personen, die einander wie die beiden Pole eines Magneten gegenüberstehen. Die Identität von Verkauf und Kauf schließt daher ein, dass die Ware nutzlos wird, wenn sie, in die alchemistische Retorte der Zirkulation geworfen, nicht als Geld herauskommt; sie enthält ferner, dass der Austausch, wenn er stattfindet, einen Ruhepunkt, einen kürzeren oder längeren Lebensabschnitt der Ware bildet. Keiner kann verkaufen, ohne dass ein anderer kauft. Aber keiner ist unmittelbar verpflichtet zu kaufen, weil er selbst gerade verkauft hat. Die Zirkulation sprengt alle zeitlichen, örtlichen und individuellen Schranken des direkten Produktenaustausches dadurch, dass sie die unmittelbare Identität zwischen dem Austausch des eigenen und dem Eintausch des fremden Arbeitsprodukts in den Gegensatz von Verkauf und Kauf spaltet. Dass die selbständig einander gegenübertretenden Prozesse eine innere Einheit bilden, heißt ebenso sehr, dass ihre innere Einheit sich in äußeren Gegensätzen ausdrückt. Wird der Zeitabstand zwischen den beiden sich ergänzenden Phasen der vollständigen Metamorphose einer Ware zu groß, wird der Bruch zwischen Verkauf und Kauf zu stark betont, dann macht sich ihre Einheit gewaltsam geltend durch eine Krise.

Die Bewegung der Ware bildet einen Kreislauf. Andererseits schließt diese Form den Kreislauf des Geldes aus. Ihr Resultat ist nicht die Rückkehr des Geldes, sondern seine ständige weitere Entfernung von seinem Ausgangspunkt.

In der ersten Zirkulationsphase wechselt die Ware den Platz mit dem Geld. Damit fällt die Ware als nützlicher Gegenstand aus der Zirkulation in die Konsumtion. An ihre Stelle tritt ihre Wertform – das Geld. Die zweite Zirkulationsphase durchläuft die Ware nicht in ihrer natürlichen sondern in ihrer Geldform.

Die Kontinuität der Bewegung fällt damit ganz auf die Seite des Geldes, und dieselbe Bewegung, die für die Ware zwei entgegengesetzte Prozesse einschließt, schließt als Bewegung des

Geldes stets denselben Prozess ein, seinen Stellenwechsel mit stets anderen Waren. Das Resultat der Warenzirkulation, nämlich Ersatz einer Ware durch eine andere, erscheint daher nicht durch ihren eigenen Formwechsel bewirkt, sondern durch die Funktion des Geldes als Zirkulationsmittel, welches die an und für sich bewegungslosen Waren zirkuliert. Das Geld entfernt die Waren beständig aus der Zirkulation und tritt beständig an ihre Stelle; auf diese Weise entfernt es sich ständig weiter von seinem Ausgangspunkt.

Obgleich die Geldbewegung nur Ausdruck der Warenzirkulation ist, scheint das Gegenteil der Fall zu sein, die Warenzirkulation erscheint als das Resultat der Geldbewegung. Dem Geld kommt nur die Funktion des Zirkulationsmittels zu, weil es der verselbständigte Wert der Waren ist. Seine Bewegung als Zirkulationsmittel ist daher in der Tat nur die Bewegung der Waren, während diese ihre Form ändern.

Jede Ware bei ihrem ersten Formwechsel, fällt aus der Zirkulation heraus, in die stets neue Ware eintritt. Das Geld dagegen hält sich ständig in der Zirkulationssphäre auf und treibt sich in ihr herum. Es erhebt sich also die Frage, wie viel Geld diese Sphäre absorbiert.

Da Geld und Waren sich immer leiblich gegenüberstehen, steht fest, dass die für die Zirkulation erforderliche Masse an Zirkulationsmittel bereits durch die Preissumme der Waren bestimmt ist. In der Tat stellt das Geld nur reell die in der Preissumme der Waren bereits ideell ausgedrückte Goldsumme dar. Die Gleichheit dieser Summen versteht sich daher von selbst.

Wir wissen jedoch, dass bei gleichbleibenden Werten der Waren ihre Preise sich mit dem Wert des Goldes ändern, verhältnismäßig steigen, wenn er fällt, und fallen, wenn er steigt. Wenn nun auf ein derartiges Steigen oder Fallen des Goldwertes die Preissumme der Waren steigt oder fällt, muss die Ware des zirkulierenden Geldes im gleichen Ausmaß steigen oder fallen. Der Wechsel in der Masse der Zirkulationsmittel entspringt hier allerdings dem Geld selbst, aber nicht aus seiner Funktion als Zirkulationsmittel, sondern aus seiner Funktion als Wertmaß. Zuerst wechselt der Preis der Waren umgekehrt wie der Wert des Geldes und dann wechselt die Masse der Zirkulationsmittel direkt wie der Preis der Waren.

Ganz dasselbe würde sich ereignen, wenn zum Beispiel nicht der Wert des Goldes sänke, sondern das Gold als Wertmaß durch Silber ersetzt würde, oder wenn nicht der Wert des Silbers stiege, sondern das Gold es aus der Funktion des Wertmaßes verdrängen würde. In beiden Fällen hätte sich der Wert des Geldmaterials, dass heißt der Wert der Ware, die als Wertmaß funktioniert, verändert, ebenso der Preis der Waren, der ihren Wert in Geld ausdrückt, ebenso die Masse des zirkulierenden Geldes, das zur Realisierung der Preise dient.

Betrachten wir nun den Wert des Goldes als gegeben und nehmen wir ferner an, der Preis jeder Ware sei gegeben, dann hängt die Summe der Preise von der Masse der zirkulierenden Waren ab. Wenn die Masse der Waren konstant bleibt, flutet die Masse des zirkulierenden Geldes auf und ab mit den Preisschwankungen der Waren. Sie steigt und fällt, weil die Preissumme der Waren infolge der Preisänderung zunimmt oder abnimmt.

Die Geschwindigkeit dieses Geldumlauf s spiegelt die Geschwindigkeit des Formwechsels der Waren wider, das kontinuierliche Ineinandergreifen der Metamorphosenreihen, die Hast des gesellschaftlichen Stoffwechsels, das rasche Verschwinden der Waren aus der Zirkulationssphäre und ihr ebenso schneller Ersatz durch neue Waren. Umgekehrt erscheint in der Verlangsamung des Geldumlaufs die Trennung dieser beiden Prozesse in isolierte gegensätzliche Phasen, die Stockung des Formwechsels und daher des gesellschaftlichen Stoffwechsels...

Das Gesamtquantum des in einem gegebenen Zeitabschnitt als Zirkulationsmittel funktionierenden Geldes ist einerseits bestimmt durch die Preissumme der zirkulierenden Waren und andererseits durch die Schnelligkeit, mit der die gegensätzlichen Phasen der Metamorphose einander folgen.

Die drei Faktoren: Preisbewegung, zirkulierende Warenmasse und Umlaufsgeschwindigkeit des Geldes, – sind alle veränderlich. Daher wird die zu realisierende Preissumme und infolgedessen die Masse des Zirkulationsmittels, die von dieser Summe abhängt, mit den zahlreichen Variationen dieser drei Faktoren in der Kombination wechseln.

Aus der Funktion des Geldes als Zirkulationsmittel entspringt seine Münzgestalt. Der in dem Preis oder Geldnamen der Waren vorgestellte Gewichtsteil Gold muss ihnen in der Zirkulation als Goldstück oder Münze mit einem gegebenen Namen gegenübertreten. Wie die Feststellung des Maßstabes der Preise, fällt das Geschäft der Münzung dem Staat anheim. Im Umlauf verschleißen die Münzen, die einen mehr, die anderen weniger. Name und Substanz, Nominalgewicht und Realgewicht beginnen ihren Scheidungsprozess. Gleichnamige Münzen werden im Wert verschieden, weil sie im Gewicht verschieden sind. Diese Tatsache enthält latent die Möglichkeit, Metallmünzen durch Zeichen aus anderem Material oder durch Symbole, die dem gleichen Zweck wie Münzen dienen, zu, ersetzen. Die Scheidemünze erscheint neben dem Gold zur Zahlung von Bruchteilen der kleinsten Goldmünze.

Der Metallgehalt der Silber- und Kupferzeichen ist willkürlich durch Gesetz bestimmt. Im Umlauf verschleißen sie noch schneller als Goldmünzen. Daher können relativ wertlose Dinge, wie Papiernoten, an ihrer Statt als Münzen dienen. Es handelt sich hier nur um Staatspapiergeld mit Zwangskurs.

Es kann nun jemand fragen, warum Gold durch wertlose Zeichen ersetzt werden kann. Es ist aber nur so ersetzbar, soweit es ausschließlich als Münze oder als Zirkulationsmittel funktioniert. Jedes Geldstück ist nur bloße Münze oder Zirkulationsmittel, solange es tatsächlich zirkuliert. Die Minimalmasse des Goldes bleibt beständig in der Zirkulationssphäre, funktioniert fortwährend als Zirkulationsmittel und existiert ausschließlich für diesen Zweck. Ihre Bewegung stellt daher nur das fortwährende Ineinanderumschlagen der entgegengesetzten Phasen der Metamorphose W - G - W dar, worin den Waren ihre Wertgestalt gegenübertritt, um sofort wieder zu verschwinden.

Die selbständige Existenz des Tauschwertes der Ware ist hier nur eine flüchtige Erscheinung. Sofort wird die Ware wieder durch eine andere ersetzt. Daher genügt in diesem Prozess, in dem das Geld beständig von Hand zu Hand geht, die bloß symbolische Existenz des Geldes. Seine funktionelle Existenz absorbiert sozusagen seine materielle. Da es ein verschwindender objektiver Reflex der Warenpreise ist, dient es nur als Zeichen seiner selbst und kann daher durch ein Zeichen ersetzt werden. Etwas ist jedoch erforderlich: diesem Zeichen muss objektive gesellschaftliche Gültigkeit eigen sein und diese erhält das Papiersymbol durch den Zwangskurs.

c) Geld

Sobald die Metamorphosenreihe unterbrochen, der Verkauf nicht durch nachfolgenden Kauf ergänzt wird, verwandelt sich das Geld in einen Schatz. Die Schatzbildung dient verschiedenen Zwecken in der Ökonomie der metallischen Zirkulation. Damit die wirklich umlaufende Geldmasse die Absorbierungskraft der Zirkulation stets befriedigen kann, muss das in einem Land befindliche Gold- und Silberquantum größer sein als das in Münzfunktion begriffene. Diese Bedingung wird erfüllt durch die Schatzform des Geldes. Die Reserven dienen als Abfuhr- und Zufuhrkanäle des zirkulierenden Geldes, welches auf diese Weise seine Ufer nie überflutet.

Die Entwicklung des Geldes als Zahlungsmittel macht die Geldakkumulation für die Verfallstermine geschuldeter Summen notwendig. Während die Schatzbildung als selbständige Bereicherungsform mit dem Fortschritt der bürgerlichen Gesellschaft verschwindet, wächst sie in der Form von Reservefonds der Zahlungsmittel.

Das Kreditgeld entspringt unmittelbar aus der Funktion des Geldes als Zahlungsmittel, indem Schuldscheine für die gekauften Waren zur Übertragung dieser Schulden an andere zirkulieren.

Wenn die Warenproduktion sich genügend ausgedehnt hat, beginnt das Geld als Zahlungsmittel über die Sphäre der Warenzirkulation hinaus zu dienen. Es wird die allgemeine Ware der Kontrakte. Renten, Steuern usw. verwandeln sich aus Naturallieferungen in Geldzahlungen.

Mit dem Austritt aus der heimischen Zirkulationssphäre streift das Geld die dort angenommenen Lokalformen von Maßstab der Preise, Münze, Zeichen und Wertsymbol ab und kehrt zu seiner ursprünglichen Barrenform der edlen Metalle zurück. Im Welthandel wird der Wert der Waren so ausgedrückt, dass er allgemein anerkannt werden kann. Hier tritt ihnen daher selbständige Wertgestalt auch als Weltgeld gegenüber. Erst auf dem Weltmarkt erhält das Geld im vollen Umfang den Charakter einer Ware, deren Naturalform auch die unmittelbare gesellschaftliche Inkarnation der menschlichen Arbeit in abstracto ist.

II. Die Verwandlung von Geld in Kapital

4. Umwandlung von Geld in Kapital

a) Die allgemeine Formel des Kapitals

Die Warenzirkulation ist der Ausgangspunkt des Kapitals. Warenproduktion und die entwickeltere Warenzirkulation, Handel genannt, bilden die historischen Voraussetzungen, unter denen Kapital entsteht. Welthandel und Weltmarkt eröffneten im 16. Jahrhundert die moderne Lebensgeschichte des Kapitals. Historisch tritt das Kapital dem Grundeigentum überall zunächst in der Form von Geld gegenüber als Kaufmannskapital und Wucherkapital. Jedoch bedarf es nicht des Rückblicks, selbst heute betritt jedes neue Kapital in erster Instanz die Bühne, dass heißt den Markt, Warenmarkt, Arbeitsmarkt oder Geldmarkt, immer noch als Geld, Geld das sich durch bestimmte Prozesse in Kapital verwandeln soll. Geld als Geld und Geld als Kapital unterscheiden sich zunächst nur durch ihre verschiedene Zirkulationsform. Die einfachste Form der Warenzirkulation ist W - G - W, Verwandlung der Waren in Geld und Rückverwandlung des Geldes in Waren, verkaufen um zu kaufen. Aber neben dieser Form finden wir eine zweite spezifisch verschiedene Form: G - W - G, Verwandlung des Geldes in Waren und Rückverwandlung der Waren in Geld, kaufen um zu verkaufen. Geld, das in der letzten Art zirkuliert, verwandelt sich in Kapital, wird Kapital und ist schon seiner Bestimmung nach Kapital.

In der ersten Phase G - W, Kauf, wird das Geld in eine Ware verwandelt. In der zweiten Phase W - G, Verkauf, wird die Ware in Geld zurückverwandelt. Das Resultat, worin die Phasen des Prozesses verschwinden, ist der Austausch von Geld gegen Geld, G - G.

Der Kreislauf G - W - G wäre absurd und inhaltslos, hätte man die Ansicht, auf diese Weise zwei gleiche Summen Geld auszutauschen.

In der Zirkulation W - G - W wird das Geld schließlich in Ware verwandelt, die als Gebrauchswert dient. Das Geld ist also endgültig ausgegeben. Die Zirkulation G - W - G beginnt dagegen mit Geld und endet mit Geld. Ihr treibendes Motiv und bestimmter Zweck ist daher der Tauschwert selbst. Eine Geldsumme kann sich von der anderen Geldsumme nur durch ihre Größe unterscheiden. Der Prozess G - W - G schuldet seinen Charakter und seine Tendenz also keinem qualitativen Unterschied seiner Extreme, sondern nur ihrer quantitativen Verschiedenheit.

Die exakte Form dieses Prozesses ist daher G - W - G', wo G' = G + ΔG, [delta-G] dass heißt gleich der ursprünglich vorgeschossenen Geldsumme plus Zuwachs. Diesen Zuwachs oder Überschuss über den ursprünglichen Wert nenne ich »Mehrwert«. Der ursprünglich vorgeschossene Wert erhält sich daher nicht nur in der Zirkulation, sondern setzt einen Mehrwert zu oder dehnt sich aus. Und diese Bewegung verwandelt ihn in Kapital.

Die einfache Warenzirkulation - der Verkauf für den Kauf - dient als Mittel für einen außerhalb der Zirkulation liegenden Zweck, nämlich die Befriedigung von Bedürfnissen. Die Zirkulation des Geldes als Kapital ist dagegen Selbstzweck; denn die Ausdehnung des Wertes findet nur innerhalb dieser stets erneuerten Bewegung statt. Die Zirkulation des Kapitals hat daher keine Grenzen. Als bewusster Träger dieser Bewegung wird der Geldbesitzer Kapitalist. Seine Person oder vielmehr seine Tasche ist der Ausgangspunkt und der Rückkehrpunkt des Geldes. Die Ausdehnung des Wertes, welches die objektive Basis oder die Hauptursache der Zirkulation ist, wird sein subjektives Ziel und nur soweit wachsend Aneignung des abstrakten Reichtums das allein treibende Motiv seiner Operationen ist, funktioniert er als Kapitalist oder personifiziertes mit Willen und Bewusstsein begabtes Kapital. Der rastlos niemals endende Prozess des Profitmachens ist sein einziges Ziel. Dieser absolute Bereicherungstrieb, diese leidenschaftliche Jagd nach Tauschwert ist dem Kapitalisten mit dem Schatzbildner gemein, aber während der Schatzbildner lediglich ein verrückt gewordener Kapitalist ist, ist der Kapitalist der rationelle Schatzbildner. Die rastlose Vermehrung des Wertes, die der Schatzbildner anstrebt, indem er das Geld vor der Zirkulation zu retten sucht, wird von dem klügeren Kapitalisten erreicht, indem er es stets von neuem in die Zirkulation wirft.

Der Wert als Kapital kommt also aus der Zirkulation, geht wieder in sie ein, erhält und vervielfältigt sich in ihr, kehrt vergrößert aus ihr zurück und beginnt denselben Kreislauf stets von neuem. G - G', geldheckendes Geld lautet die Beschreibung des Kapitals im Munde seiner ersten Dolmetscher, der Merkantilisten.

In der Tat also ist G - W - G' die allgemeine Formel des Kapitals, wie es unmittelbar in der Zirkulationssphäre erscheint.

b) Kauf und Verkauf der Arbeitskraft

Die Änderung des Wertes des Geldes, das sich in Kapital verwandeln soll, kann nicht im Geld selbst stattfinden, denn als Kauf- oder Zahlungsmittel realisiert es nur den Preis der Waren, die es kauft oder bezahlt, und als hartes Geld ist es erstarrter, der sich niemals ändert. Ebenso wenig kann die Veränderung dem Wiederverkauf der Waren entspringen, denn dieser Akt verwandelt die Ware bloß aus der Naturalform zurück in die Geldform. Die Veränderung entspringt dem Gebrauchswert der Ware, dass heißt aus ihrem Verbrauch.

Um aus dem Verbrauch einer Ware Wert herauszuziehen, müsste unser Geldbesitzer so glücklich sein, auf dem Markt eine Ware zu finden, deren Gebrauchswert die eigentümliche Beschaffenheit besäße, Wertquelle zu sein, deren wirkliche Konsumtion also selbst Verkörperung von Arbeit und infolgedessen Wertschöpfung wäre.

Der Geldbesitzer findet auf dem Markt eine solche besondere Ware - das Arbeitsvermögen oder die Arbeitskraft. Hierunter verstehen wir den Inbegriff der geistigen und physischen Fähigkeiten, die in dem Menschen existieren, und die er in Bewegung setzt, so oft er Gebrauchswerte irgendeiner Art produziert. Die Arbeitskraft kann nur auf dem Markt als Ware erscheinen, sofern sie von ihrem Besitzer feilgeboten wird. Damit die Arbeitskraft als Ware verkauft werden kann, muss ihr Besitzer frei über sie verfügen können. Er und der Geldbesitzer begegnen sich auf dem Markt und sie verhandeln miteinander auf der Basis gleicher Rechte, mit dem einzigen Unterschied, dass der eine Käufer und der andere Verkäufer ist; beide sind daher in den Augen des Gesetzes gleich. Die Fortdauer dieses Verhältnisses erheischt, dass der Eigentümer der Arbeitskraft sie nur für eine bestimmte Zeitdauer verkauft. Verkauft er sie ein für allemal, würde er sich selbst verkaufen, sich selbst aus einem freien Menschen in einen Sklaven vom Eigentümer einer Ware in eine Ware verwandeln. Er muss sich beständig zu seiner Arbeitskraft als seinem Eigentum und daher seiner eigenen Ware verhalten. Das kann er nur dadurch tun, dass er sie dem Käufer nur für eine bestimmte Zeitperiode zur Verfügung stellt, also nicht durch ihre Veräußerung auf sein Eigentum an ihr verzichtet.

Damit also der Geldbesitzer die Arbeitskraft auf dem Markt als Ware vorfindet, ist es notwendig, dass ihr Besitzer, statt Waren verkaufen zu können, in denen sich seine Arbeit vergegenständlicht hat, vielmehr seine Arbeitskraft selbst als Ware feilbieten muss.

Zur Verwandlung von Geld in Kapital muss der Geldbesitzer also den freien Arbeiter auf dem Markt vorfinden, frei in dem Doppelsinn, dass er als freie Person über seine Arbeitskraft als seine Ware verfügt, dass er anderseits andere Waren nicht zu verkaufen hat, los und ledig, frei ist von allen zur Verwirklichung seiner Arbeitskraft nötigen Produktionsmitteln.

Diese eigentümliche Ware Arbeitskraft hat gleich allen anderen Waren einen Wert. Wie wird dieser Wert bestimmt? Der Wert der Arbeitskraft wird wie der jeder anderen Ware durch die zur Produktion, also auch zur Reproduktion, dieses besonderen Artikels notwendige Arbeitszeit bestimmt.

Die Arbeitskraft existiert nur als Anlage des lebenden Individuums. Ihre Produktion setzt also seine Existenz voraus. Die Existenz des Individuums gegeben, besteht die Produktion der

Arbeitskraft in seiner eigenen Reproduktion oder Erhaltung. Zu seiner Erhaltung bedarf das lebendige Individuum einer bestimmten Quantität von Lebensmitteln.

Die zur Produktion der Arbeitskraft notwendige Arbeitszeit reduziert sich also zu der für die Produktion dieser Lebensmittel notwendigen Arbeitszeit. Mit anderen Worten, der Wert der Arbeitskraft ist der Wert der zur Erhaltung des Arbeiters notwendigen Lebensmittel. Seine Lebensmittel müssen daher hinreichen, ihn in seinem normalen Zustand als arbeitendes Individuum zu erhalten. Seine natürlichen Bedürfnisse, wie Nahrung, Kleidung, Heizung und Wohnung, sind je nach den klimatischen und anderen physikalischen Bedingungen eines Landes verschieden. Andererseits ist der Umfang seiner sog. notwendigen Bedürfnisse, wie auch die Art ihrer Befriedigung, selbst ein Produkt historischer Entwicklung und großenteils von der Kulturstufe eines Landes abhängig. Für ein bestimmtes Land, zu einer bestimmten Periode ist jedoch die Durchschnittsquantität der für den Arbeiter notwendigen Lebensmittel praktisch bekannt.

Die eigentümliche Natur dieser spezifischen Ware, der Arbeitskraft, bringt es mit sich, dass mit Abschluss des Vertrages zwischen Käufer und Verkäufer ihr Gebrauchswert nicht sofort in die Hand des Käufers übergeht. Ihr Gebrauchswert besteht in der nachträglichen Kraftäußerung, in der Konsumtion der Arbeitskraft. In allen Ländern kapitalistischer Produktionsweise wird die Arbeitskraft erst bezahlt, nachdem sie bereits während des im Vertrag festgesetzten Termines ausgeübt wurde, zum Beispiel Ende jeder Woche. Überall schießt daher der Arbeiter dem Kapitalisten den Gebrauchswert der Arbeitskraft vor; er gibt überall dem Kapitalisten Kredit.

Die Konsumtion der Arbeitskraft ist zugleich die Produktion von Waren und Mehrwert. Die Konsumtion der Arbeitskraft vollzieht sich wie im Falle jeder anderen Ware außerhalb des Marktes oder der Zirkulationssphäre, innerhalb der verborgenen Stätte der Produktion.

III. Die Produktion des absoluten Mehrwertes

5. Arbeitsprozess und Verwertungsprozess

a) Arbeitsprozess

Der Kapitalist kauft Arbeitskraft, um sie zu gebrauchen. Der Gebrauch der Arbeitskraft ist die Arbeit selbst. Der Käufer der Arbeitskraft konsumiert sie, indem er ihren Verkäufer arbeiten lässt.

Arbeit ist zunächst ein Prozess, an dem Mensch und Natur beteiligt sind, ein Prozess, worin der Mensch seinen Stoffwechsel mit der Natur durch seine eigene Tat vermittelt, regelt und kontrolliert.

Wir unterstellen die Arbeit in einer Form, die sie als ausschließlich menschlich stempelt. Eine Spinne verrichtet Operationen, die denen des Webers ähneln und eine Biene beschämt durch den Bau ihrer Wachszellen manchen menschlichen Baumeister. Was aber den schlechtesten Baumeister vor der besten Biene auszeichnet, ist, dass er seinen Bau im Kopf baut, bevor er ihn in Wirklichkeit errichtet. Am Ende des Arbeitsprozesses erhalten wir ein Resultat, das beim Beginn derselben schon in der Vorstellung des Arbeiters vorhanden war. Er bewirkt nicht nur eine Formänderung des Materials, an dem er arbeitet, sondern er verwirklicht zugleich seinen Zweck, der die Art und Weise seines Tuns bestimmt und dem er seinen Willen unterordnen muss.

Die einfachen Momente des Arbeitsprozesses sind

1. die persönliche Tätigkeit des Menschen, dass heißt die Arbeit selbst
2. der Gegenstand dieser Arbeit und
3. die Arbeitsmittel.

Alles Rohmaterial ist Arbeitsgegenstand, aber nicht jeder Arbeitsgegenstand ist Rohmaterial; er kann nur zu Rohmaterial werden, nachdem er bereits eine durch Arbeit bewirkte Veränderung erfahren hat, zum Beispiel das Holz, das gefällt worden ist.

Mit Ausnahme der extraktiven Industrie, die ihren Arbeitsgegenstand in der Natur vorfindet, wie Bergbau, Jagd, Fischfang usw., behandeln alle Industriezweige Rohmaterial, das bereits durch Arbeit filtrierter Gegenstand, also selbst schon Arbeitsprodukt ist.

Das Arbeitsmittel ist ein Ding oder ein Komplex von Dingen, die der Arbeiter zwischen sich und den Arbeitsgegenstand schiebt und die ihm als Leiter seiner Tätigkeit dienen. Er benutzt die mechanischen, physikalischen, chemischen Eigenschaften der Dinge, um andere Dinge seinem Willen zu unterwerfen. Sobald der Arbeitsprozess nur einigermaßen entwickelt ist, bedarf er bereits bearbeiteter Arbeitsmittel. Nicht was gemacht wird, sondern wie, mit welchen Arbeitsmitteln gemacht wird, unterscheidet die ökonomischen Epochen.

Im Arbeitsprozess bewirkt also die Tätigkeit des Menschen mit Hilfe der Arbeitsmittel eine von vornherein bezweckte Veränderung des Arbeitsmaterials. Der Prozess erlischt im Produkt; das letztere ist ein Gebrauchswert. Die Arbeit hat sich mit ihrem Gegenstand verbunden; sie ist materialisiert und der Gegenstand ist verarbeitet. Der Arbeiter hat gesponnen und das Produkt ist ein Gespinst.

Betrachten wir den ganzen Prozess vom Standpunkt seines Resultates, des Produktes, aus, so erscheinen sowohl Arbeitsmittel als auch Arbeitsgegenstand als Produktionsmittel und die Arbeit selbst als produktive Arbeit.

Ob ein Gebrauchswert als Rohmaterial, als Arbeitsmittel oder als Produkt anzusehen ist, hängt ganz und gar von seiner Funktion im Arbeitsprozess, von der Stelle, die er in ihm einnimmt.

Der Kapitalist kauft auf dem offenen Markt die zum Arbeitsprozess notwendigen Faktoren, die gegenständlichen Faktoren oder die Produktionsmittel sowie den subjektiven Faktor, die Arbeitskraft. Dann setzt er sich daran, die von ihm gekaufte Ware, die Arbeitskraft zu konsumieren, indem er den Arbeiter, die Verkörperung jener Arbeitskraft, die Produktionsmittel durch seine Arbeit konsumieren lässt.

Der Arbeitsprozess, wie er als Konsumtionsprozess der Arbeitskraft durch den Kapitalisten vorgeht, zeigt zwei charakteristische Erscheinungen: Erstens arbeitet der Arbeiter unter der Kontrolle des Kapitalisten, dem seine Arbeit gehört; zweitens ist das Produkt Eigentum des Kapitalisten und nicht des Arbeiters, des unmittelbaren Produzenten. Durch den Kauf der Arbeitskraft hat der Kapitalist die Arbeit als lebendigen Gärungsstoff den leblosen Bestandteilen des Produktes einverleibt. Von seinem Standpunkt ist der Arbeitsprozess nur die Konsumtion der von ihm gekauften Ware Arbeitskraft, aber diese Konsumtion kann nur verwirklicht werden, wenn die Arbeitskraft mit Produktionsmitteln versehen wird.

b) Verwertungsprozess

Das Ziel des Kapitalisten ist es, nicht nur einen Gebrauchswert zu produzieren, sondern eine Ware, und nicht nur Gebrauchswert, sondern Wert, und nicht nur Wert, sondern auch Mehrwert.

Wie die Waren selbst gleichzeitig Gebrauchswerte und Werte sind, so muss ihr Produktionsprozess zugleich Arbeitsprozess und Wertbildungsprozess sein.

Wird der Prozess der Wertbildung nicht über den Punkt hinausgetragen, an dem der Wert, den der Kapitalist für die Arbeitskraft bezahlt, durch ein genaues Äquivalent ersetzt wird, dann handelt es sich einfach um einen Wertbildungsprozess; wird er jedoch über diesen Punkt hinaus fortgesetzt, dann handelt es sich um einen Mehrwertbildungsprozess.

Der Tageswert der Arbeitskraft beträgt zum Beispiel 3 Shilling, weil die täglich zur Produktion der Arbeitskraft erforderlichen Lebensmittel einen halben Arbeitstag kosten. Der Wert der Arbeitskraft und der Wert, den diese Arbeitskraft erzeugt, sind zwei ganz verschiedene Größen. Diese Wertdifferenz hatte der Kapitalist im Auge, als er die Arbeitskraft kaufte. Ihre nützliche Eigenschaft, Garn oder Stiefel zu machen, war für ihn nur eine unerlässliche Bedingung, weil Arbeit in einer nützlichen Form verausgabt werden muss, um Wert zu erzeugen.

Was ihn aber wirklich beeinflusste, war der besondere Gebrauchswert dieser Ware, nämlich nicht nur Quelle von Wert zu sein, sondern von mehr Wert als sie selbst hat. Dies ist der besondere Dienst, den der Kapitalist von der Arbeitskraft erwartet, und er verfährt dabei gemäß den »ewigen Gesetzen« des Warenaustausches. Der Verkäufer der Arbeitskraft, wie der Verkäufer jeder anderen Ware, realisiert ihren Tauschwert und veräußert ihren Gebrauchswert. Der Gebrauchswert der Arbeitskraft oder, mit anderen Worten, die Arbeit, gehört nach ihrem Verkauf ebenso wenig ihrem Verkäufer, wie der Gebrauchswert des verkauften Öls dem Ölhändler.

Der Geldeigentümer hat den Tageswert der Arbeitskraft bezahlt: ihm gehört daher ihr Gebrauch während des Tages, die Tagesarbeit. Der Umstand, dass die tägliche Erhaltung der Arbeitskraft nur einen halben Arbeitstag kostet, obgleich diese Arbeitskraft einen ganzen Tag arbeiten kann, dass daher der Wert, den ihr Gebrauch während eines Tages schafft, doppelt so groß ist als ihr Tageswert, ist ein besonderes Glück für den Käufer, aber durchaus kein Unrecht gegen den Verkäufer.

Der Arbeiter findet daher in der Werkstatt die nötigen Produktionsmittel nicht nur für sechs sondern für zwölf Stunden. Der Kapitalist zahlte als Käufer jede Ware zu ihrem vollen Wert, Baumwolle, Spindel und Arbeitskraft. Äquivalent wurde gegen Äquivalent ausgetauscht. Dann tat er, was jeder Käufer von Waren tut; er konsumierte ihren Gebrauchswert. Die Konsumtion der Arbeitskraft, die zugleich den Produktionsprozess der Ware darstellte, ergab ein Produkt. Der Kapitalist, früher Käufer, kehrt nun als Verkäufer von Waren auf den Markt zurück. Er zieht drei Shilling mehr aus der Zirkulation heraus, als er ursprünglich in sie hineingeworfen hat. Diese Verwandlung von Geld in Kapital geht innerhalb der Zirkulationssphäre vor sich und auch nicht. Durch die Vermittlung der Zirkulation, weil bedingt durch den Kauf der Arbeitskraft auf dem Markt, und nicht in der Zirkulation, weil sie nur eine Vorstufe der Produktion des Mehrwertes ist, die sich vollkommen in der Produktionssphäre abspielt. Indem der Kapitalist Geld in Waren verwandelt, die als stoffliche Elemente eines neuen Produktes oder als Faktoren des Arbeitsprozesses dienen, indem er ihrer toten Gegenständlichkeit lebendige Arbeit einverleibt, verwandelt er Wert, vergangene, materialisierte und tote Arbeit in Kapital, in wertschwangeren Wert.

Als Wertbildungsprozess betrachtet, stellt derselbe Arbeitsprozess sich nur von seiner quantitativen Seite dar. Es handelt sich hier nur noch um die Zeit, welche der Arbeiter benötigt, um die Arbeit zu tun, um die Dauer, während deren die Arbeitskraft nützlich verausgabt wird. Ob in den Produktionsmitteln zuvor enthalten oder zum ersten Mal während des Prozesses durch die Arbeitskraft zugesetzt, die Arbeit zählt in jedem Fall nur nach ihrem Zeitmaß.

Sie zählt jedoch nur, soweit die zur Produktion des Artikels verbrauchte Zeit unter den gegebenen gesellschaftlichen Umständen notwendig ist. Die Folgen hieraus sind verschieden. Erstens muss die Arbeitskraft unter normalen Bedingungen funktionieren. Wenn die Spinnmaschine das herrschende Arbeitsmittel für die Spinnerei ist, so wäre es absurd, dem Spinner ein Spinnrad in die Hand zu geben. Auch die Baumwolle darf nicht solcher Schund sein, dass bei der Verarbeitung Extraabfall entsteht, sondern muss von normaler Qualität sein. Ob die materiellen Faktoren des Prozesses von normaler Qualität sind oder nicht, hängt allein von dem Kapitalisten ab. Außerdem muss die Arbeitskraft selbst von durchschnittlicher Güte sein. In dem Fach, in dem sie arbeitet, muss sie das herrschende Durchschnittsmaß von Geschick, Fertigkeit und Schnelligkeit besitzen, und sie muss in dem gewöhnlichen Durchschnittsmaß der Anstrengung und dem üblichen Grad der Intensität angewandt werden; darüber wacht der Kapitalist sorgfältig. Er hat die Arbeitskraft für eine bestimmte Zeitdauer gekauft und besteht auf seinen Rechten. Er will nicht bestohlen werden. Endlich ist jede verschwenderische Konsumtion des Rohmaterials oder der Arbeitsmittel streng verboten.

Als Einheit von Arbeitsprozess und Wertbildungsprozess betrachtet, ist der Produktionsprozess ein Produktionsprozess von Waren; als Einheit von Arbeitsprozess und Mehrwertbildungsprozess betrachtet, ist er kapitalistischer Produktionsprozess, die kapitalistische Form der Warenproduktion.

Für die Schaffung von Mehrwert ist es durchaus gleichgültig, ob die vom Kapitalisten angeeignete Arbeit einfache, ungelernte Durchschnittsarbeit oder kompliziertere Arbeit ist. Jede Arbeit von höherem oder komplizierterem Charakter als Durchschnittsarbeit bedeutet die Verausgabung einer teueren Arbeitskraft, in die höhere Bildungskosten eingegangen sind, einer Arbeitskraft, deren Produktion mehr Zeit und Arbeit gekostet und die daher einen höheren Wert als ungelernte oder einfache Arbeitskraft hat.

Ihre Konsumtion ist daher Arbeit höherer Klasse, Arbeit, die in denselben Zeiträumen verhältnismäßig höhere Werte erzeugt als ungelernte Arbeit. Der Mehrwert resultiert nur aus einem quantitativen Arbeitsüberschuss, aus der Verlängerung ein und desselben Arbeitsprozesses

6. Konstantes Kapital und variables Kapital

Die verschiedenen Faktoren des Arbeitsprozesses nehmen verschiedenen Anteil an der Bildung des Produktenwertes. Der Arbeiter setzt dem Arbeitsgegenstand neuen Wert zu durch die Ausgabe eines bestimmten Quantums zusätzlicher Arbeit. Andererseits finden wir die Werte der verbrauchten Produktionsmittel wieder als wesentliche Bestandteile des Wertes des Produktes, zum Beispiel die Werte von Baumwolle und Spindel im Garnwert. Der Wert der Produktionsmittel wird also durch seine Übertragung in das Produkt erhalten. Die Übertragung geschieht während der Verwandlung der Produktionsmittel in Produkt, im Arbeitsprozess. Sie wird durch Arbeit vermittelt; aber wie?

Da der Zusatz von neuem Wert zum Arbeitsgegenstand und die Erhaltung der alten Werte im Produkt zwei ganz verschiedene Resultate sind, die der Arbeiter gleichzeitig hervorbringt während einer Operation, kann diese zweifache Natur des Resultates nur durch die zweifache Natur der Arbeit selbst erklärt werden. In derselben Zeit muss sie in einer Eigenschaft Wert erzeugen und in einer anderen Eigenschaft Wert erhalten oder übertragen.

In ihrer abstrakten allgemeinen Eigenschaft, als Verausgabung menschlicher Arbeitskraft, setzt die Arbeit des Spinnens dem Wert der Baumwolle und der Spindel Neuwert zu; andererseits, in ihrer besonderen Eigenschaft, als konkreter, nützlicher Prozess, überträgt die gleiche Spinnarbeit den Wert der Produktionsmittel auf das Produkt und erhält so ihren Wert im Produkt. Daher das zweifache Resultat in derselben Zeit.

Solange die Produktionsbedingungen gleichbleiben, erhält und überträgt der Arbeiter mehr Wert, je mehr Wert er durch neue Arbeit zusetzt, aber dies geschieht nur, weil sein Zusatz von Neuwert unter gleichbleibenden Bedingungen vor sich ging, die von seiner Arbeit unabhängig sind. Allerdings kann in gewissem Sinn gesagt werden, dass der Arbeiter stets in derselben Proportion alte Werte erhält, worin er Neuwert zusetzt.

In dem Arbeitsprozess übertragen die Produktionsmittel ihren Wert auf das Produkt nur, soweit sie ihren Gebrauchswert sowie ihren Tauschwert verlieren. Sie geben an das Produkt nur soviel Wert ab, als sie selbst als Produktionsmittel verlieren. Das Maximum des Wertverlustes, den sie im Produktionsprozess erleiden können, ist offenbar begrenzt durch die ursprüngliche Wertgröße, mit dem sie in den Arbeitsprozess eingetreten sind, daher können die Produktionsmittel dem Produkt nie mehr Wert zusetzen, als sie unabhängig vom Arbeitsprozess, dem sie dienen, besitzen.

Das gleiche Produktionsmittel nimmt als ganzes am Arbeitsprozess teil, während es als Element der Wertbildung nur stückweise eingeht. Andererseits kann ein Produktionsmittel als ganzes an der Bildung des Wertes teilnehmen, während es nur stückweise in den Arbeitsprozess eingeht.

Im Wert des Produktes erscheint der Wert der Produktionsmittel wieder, aber streng genommen ist, dies keine Reproduktion des Wertes. Was produziert wurde, ist ein neuer Gebrauchswert, in dem der alte Austauschwert wieder erscheint.

Der Überschuss des Gesamtwertes des Produktes über die Wertsumme seiner wesentlichen Bestandteile ist der Überschuss des verwerteten Kapitals über den ursprünglich vorgeschossenen Kapitalwert. Produktionsmittel auf der einen Seite und Arbeitskraft auf der anderen Seite sind nur die verschiedenen Existenzformen, die der ursprüngliche Kapitalwert annahm, als er aus Geld in die verschiedenen Faktoren des Arbeitsprozesses umgewandelt wurde.

Der Teil des Kapitals, der sich in Produktionsmitteln, dass heißt in Rohmaterial, Hilfsmaterial und Arbeitsmittel, darstellt, erfährt in dem Produktionsprozess keine quantitative Wertänderung. Ich nenne ihn daher konstanten Kapitalteil oder kürzer, konstantes Kapital.

Andererseits erfährt der Teil des Kapitals, der sich in Arbeitskraft darstellt, in dem Produktionsprozess eine Wertveränderung. Er produziert sowohl das Äquivalent seines eigenen Wertes als auch ein Überschuss, einen Mehrwert der selbst wechseln, größer oder kleiner sein kann, je nach den Umständen. Dieser Teil des Kapitals wird fortgesetzt von einer konstanten in eine variable Größe umgewandelt. Ich nenne ihn daher den variablen Teil des Kapitals oder kurz, variables Kapital.

Dieselben Bestandteile des Kapitals, die sich vom Standpunkt des Arbeitsprozesses als objektive und subjektive Faktoren unterscheiden, als Produktionsmittel und Arbeitskraft, unterscheiden sich vom Standpunkt des Mehrwertbildungsprozesses als konstantes und variables Kapital.

7. Die Rate des Mehrwertes

a) Der Exploitationsgrad der Arbeitskraft

Der Mehrwert, den C, das vorgeschossene Kapital, im Produktionsprozess erzeugt hat, oder, mit anderen Worten, die Verwertung des vorgeschossenen Kapitalwertes C, stellt sich zunächst dar als Überschuss des Wertes des Produktes über den Wert seiner wesentlichen Elemente. Wir haben gesehen, dass der Arbeiter, während eines Abschnittes des Arbeitsprozesses nur den Wert seiner Arbeitskraft produziert, dass heißt den Wert seiner Lebensmittel. Da nun aber seine Arbeit einen Teil des Systems bildet, das auf gesellschaftlicher Teilung der Arbeit beruht, produziert er nicht direkt seine Lebensmittel; er produziert vielmehr eine besondere Ware, zum Beispiel Garn, dessen Wert gleich dem Wert seiner Lebensmittel oder gleich dem Geld ist, womit er sie kaufen kann.

Der Teil seines Arbeitstages, den er hierzu braucht, wird größer oder kleiner sein, je nach dem Wert seiner durchschnittlichen täglichen Lebensmittel, oder, was dasselbe heißt, je nach der zu ihrer Produktion durchschnittlich erforderlichen Arbeitszeit.

Den Teil des Arbeitstages, worin diese Reproduktion stattfindet, nenne ich »notwendige« Arbeitszeit, und die Arbeit, die während dieser Zeit verausgabt wird, nenne ich »notwendige« Arbeit. Notwendig für den Arbeiter, weil unabhängig von der besonderen gesellschaftlichen Form seiner Arbeit; notwendig für das Kapital und seine Welt, weil das beständige Dasein des Arbeiters ihre Basis.

Während der zweiten Periode des Arbeitsprozesses, die der Arbeiter über die Grenzen der »notwendigen« Arbeit hinausschanzt, arbeitet der Arbeiter, er verausgabt Arbeitskraft, aber erzeugt keinen Wert für sich selbst. Er erzeugt Mehrwert, der für den Kapitalisten den ganzen Reiz einer Schöpfung aus dem Nichts hat.

Diesen Teil des Arbeitstages nenne ich Surplusarbeitszeit, und die Arbeit, die während dieser Zeit verausgabt wird: Mehrarbeit. So entscheidend es für die Erkenntnis des Wertes ist; ihn als bloße Gerinnung von Arbeitszeit, als materialisierte Arbeit zu begreifen, so entscheidend ist es für das Verständnis des Mehrwertes, ihn als bloße Gerinnung der Surplusarbeitszeit, als materialisierte Mehrarbeit zu begreifen.

Der wesentliche Unterschied zwischen den verschiedenen ökonomischen Formen der Gesellschaft, zum Beispiel zwischen einer Gesellschaft, die auf Sklavenarbeit beruht und einer, die auf Lohnarbeit basiert, liegt nur in der Form, in der diese Mehrarbeit dem unmittelbaren Produzenten, dem Arbeiter, abgepresst wird.

Da einerseits der Wert dieser Arbeitskraft den notwendigen Teil des Arbeitstages bestimmt, und da andererseits der Mehrwert durch den überschüssigen Teil des Arbeitstages bestimmt wird, so folgt, dass, der Mehrwert sich zum variablen Kapital verhält wie die Mehrarbeit zur notwendigen Arbeit oder, mit anderen Worten, die Rate des Mehrwertes

$$\frac{m}{v} = \frac{\text{Mehrarbeit}}{\text{notwendige Arbeit}}$$

Beide Proportionen, m/v und Mehrarbeit/notwendige Arbeit, drücken dasselbe Verhältnis auf verschiedene Art aus, das eine Mal durch Bezug auf materialisierte, vergegenständlichte Arbeit, das andere Mal durch Bezug auf lebendige, flüssige Arbeit.

Die Rate des Mehrwertes [dass heißt das Verhältnis des Mehrwertes zum variablen Kapital oder die Rate des Mehrwertes] ist daher der exakte Ausdruck für den Grad der Ausbeutung der Arbeitskraft durch das Kapital oder des Arbeiters durch den Kapitalisten.

Die Methode zur Berechnung der Mehrwertrate ist also kurz folgende: Wir nehmen den Gesamtwert des Produktes und setzen den darin nur wiedererscheinenden konstanten Kapitalteil gleich Null. Die übrigbleibende Wertsumme ist das einzige im Produktionsprozess der Ware wirklich erzeugte Wertprodukt. Ist der Mehrwert gegeben, so müssen wir ihn nur von diesem Wertprodukt abziehen, um das variable Kapital zu finden. Wir tun das Umgekehrte, wenn letzteres gegeben ist, und wir den Mehrwert finden müssen. Sind beide gegeben, so haben wir nur die Schlussoperation zu verrichten, dass heißt m/v, das Verhältnis von Mehrwert zum variablen Kapital zu berechnen.

b) Darstellung des Produktenwertes in proportionellen Teilen des Produkts

Ein Beispiel zeigt uns, wie der Kapitalist Geld in Kapital verwandelt. Das Produkt eines 12-stündigen Arbeitstages sind 20 Pfund Garn zum Wert von 30 Shilling. Nicht weniger als 8/10 dieses Wertes oder 24 Shilling sind gebildet durch den nur wiedererscheinenden Wert der Produktionsmittel (20 Pfund Baumwolle zu 20 Shilling und aufgebrauchte Spindel usw. zu 4 Shilling) oder bestehen aus konstantem Kapital. Die übrigen 2/10 oder 6 Shilling sind der während des Spinnprozesses entstandene Neuwert, wovon eine Hälfte den Tageswert der Arbeitskraft ersetzt oder das variable Kapital, und die andere Hälfte einen Mehrwert von 3 Shilling bildet.

Der Gesamtwert der 20 Pfund Garn setzt sich also folgendermaßen zusammen:

Garnwert von 30 Shilling = 24 Shilling konstantes + 3 Shilling variables Kapital + 3 Shilling Mehrwert.

Da dieser Gesamtwert in dem Gesamtprodukt von 20 Pfund Garn enthalten ist, müssen auch die verschiedenen Werteelemente in proportionellen Teilen des Produktes darstellbar sein.

Da zwölf Arbeitsstunden des Spinners sich in sechs Shilling verkörpern, sind im Garnwert von 30 Shilling 60 Arbeitsstunden verkörpert. Und diese Arbeitszeitmengen existieren in der

Tat in 20 Pfund Garn; denn in 8/10 oder 16 Pfund sind 48 Arbeitsstunden materialisiert, die vor dem Beginn des Spinnprozesses für die Produktionsmittel verausgabt wurden, und in den übrigen 2/10 oder vier Pfund sind die zwölf Stunden materialisiert, die während des Prozesses selbst gearbeitet wurden.

Früher sahen wir, dass der Garnwert gleich der Summe des in seiner Produktion erzeugten Neuwertes plus des in seinen Produktionsmitteln vorher bestehenden Wertes ist. Jetzt wurde gezeigt, wie die verschiedenen Bestandteile des Produktenwertes, die sich funktionell voneinander unterscheiden, in proportionellen Teilen des Produktes selbst darstellbar sind.

Diese Zerlegung des Produktes in verschiedene Teile, von denen ein Teil nur die in den Produktionsmitteln enthaltene Arbeit oder das konstante Kapital, ein anderer nur die im Produktionsprozess zugesetzte notwendige Arbeit oder das variable Kapital und ein letzter Teil die in dem gleichen Prozess verausgabte Mehrarbeit oder den Mehrwert darstellt, ist ebenso einfach wie wichtig. wie wir später bei ihrer Anwendung auf komplizierte und bisher ungelöste Probleme sehen werden.

Den Teil des Produktes, worin sich der Mehrwert darstellt, nennen wir »Mehrprodukt«. Die Größe des Mehrproduktes wird nicht bestimmt durch sein Verhältnis zum Rest des Gesamtproduktes, sondern zu dem Teil des Produktes, der die notwendige Arbeit verkörpert. Da die Produktion des Mehrwertes der bestimmende Zweck der kapitalistischen Produktion ist, ist es klar, dass die Größe des Reichtums eines Menschen oder einer Nation nicht an der absoluten produzierten Menge, sondern an der relativen Größe des Mehrproduktes gemessen werden müsste.

8. Der Arbeitstag

a) Die Grenzen des Arbeitstages

Die Summe der notwendigen Arbeit und der Mehrarbeit, dass heißt der Zeitabschnitte, worin der Arbeiter den Wert seiner

Arbeitskraft ersetzt und den Mehrwert produziert, bildet die tatsächliche Arbeitszeit, das heißt den Arbeitstag.

Der Arbeitstag ist keine konstante, sondern eine variable Größe. Einer seiner Teile ist sicherlich die zur Reproduktion seiner Arbeitskraft erforderliche Arbeitszeit, aber seine Gesamtgröße wechselt mit der Dauer der Mehrarbeit. Der Arbeitstag ist daher bestimmbar, aber an und für sich unbestimmt.

Die Minimalgrenze ist indessen nicht bestimmbar. Andererseits hat der Arbeitstag eine Maximalgrenze. Er kann über einen gewissen Punkt hinaus nicht verlängert werden. Während der 24 Stunden eines natürlichen Tages kann der Mensch nur ein bestimmtes Quantum seiner Lebenskraft verausgaben. Während eines Teiles des Tages muss diese Kraft ruhen, schlafen; während eines anderen Teiles muss der Mensch andere physische Bedürfnisse befriedigen.

Neben diesen rein physischen Grenzen stößt die Verlängerung des Arbeitstages auf moralische Schranken. Der Arbeiter benötigt Zeit, um seine geistigen und sozialen Bedürfnisse zu befriedigen, deren Umfang und Anzahl durch den allgemeinen Kulturzustand bestimmt sind. Die Variation des Arbeitstages bewegt sich daher innerhalb physischer und sozialer Schranken. Beide Schranken sind aber sehr elastischer Natur und erlauben den größten Spielraum.

Der Kapitalist hat die Arbeitskraft zu ihrem Tageswert gekauft. Ihm gehört ihr Gebrauchswert während eines Arbeitstages. Er hat also das Recht erlangt, den Arbeiter während eines Tages für sich arbeiten zu lassen. Aber was ist ein Arbeitstag?

Der Kapitalist hat seine eigene Ansicht über die notwendige Grenze eines Arbeitstages. Als Kapitalist ist er nur personifiziertes Kapital. Seine Seele ist die Seele des Kapitals. Das Kapital hat aber einen einzigen Lebenstrieb, den Trieb, sich zu verwerten, Mehrwert zu erzeugen, mit seinem konstanten Teil, den Produktionsmitteln, die größtmögliche Masse Mehrarbeit einzusaugen. Kapital ist tote Arbeit, die, vampirgleich, nur durch das Einsaugen lebendiger Arbeit lebt und die um so mehr lebt, je mehr lebendige Arbeit sie einsaugt. Die Zeit, während deren der Arbeiter arbeitet, ist die Zeit, während deren der Kapitalist die von ihm gekaufte Arbeitskraft konsumiert. Konsumiert der Arbeiter seine disponible Zeit für sich selbst, so bestiehlt er den Kapitalisten. Der Kapitalist beruft sich dann auf das Gesetz des Warenaustausches. Er, wie jeder andere Käufer, sucht den größtmöglichen Nutzen aus dem Gebrauchswert seiner Ware herauszuziehen.

Plötzlich aber erhebt sich die Stimme des Arbeiters: Die Ware, die ich dir verkauft habe, unterscheidet sich von anderen Waren dadurch, dass ihr Gebrauch Wert erzeugt, und zwar einen Wert, der größer als ihr eigener ist. Dies war der Grund, warum du sie kauftest. Was auf deiner Seite als Verwertung von Kapital erscheint, ist auf meiner Seite extra Verausgabung von Arbeitskraft. Du und ich kennen auf dem Markt nur ein Gesetz, das des Warenaustausches. Und der Konsum der Ware gehört nicht dem Verkäufer, sondern dem Käufer. Dir gehört daher der Gebrauch meiner täglichen Arbeitskraft. Aber vermittels des Preises, den du täglich für sie zahlst, muss ich fähig sein, sie täglich zu reproduzieren und wieder zu verkaufen. Ich will wie ein vernünftiger, sparsamer Eigentümer mit meinem einzigen Vermögen, der Arbeitskraft, haushalten und mich jeder tollen Verschwendung derselben enthalten. Ich will täglich nur soviel von ihr ausgeben, in Arbeit umsetzen, als sich mit ihrer Normaldauer und ihrer gesunden Entwicklung verträgt. Durch maßlose Verlängerung des Arbeitstages kannst du in einem Tag ein größeres Quantum meiner Arbeitskraft verbrauchen, als ich in drei Tagen ersetzen kann. Was du so an Arbeit gewinnst, verliere ich an Arbeitssubstanz. Die Benutzung meiner Arbeitskraft und die Beraubung derselben sind ganz verschiedene Dinge. Wenn die Durchschnittszeit, die ein Arbeiter bei vernünftigem Arbeitsmaß leben kann, 30 Jahre beträgt, dann ist der Wert meiner Arbeitskraft, den du mir einen Tag in den anderen zahlst $1/365 \times 30$ oder $1/10950$ ihres Gesamtwertes. Konsumierst du sie aber in zehn Jahren, so zahlst du mir täglich $1/10950$ statt $1/3650$ ihres Gesamtwertes, also nur ein Drittel ihres täglichen Wertes und du beraubst mich daher jeden Tag um zwei Drittel des Wertes meiner Ware. Du bezahlst mir die Arbeitskraft eines Tages, während du die Arbeitskraft von drei Tagen verbrauchst. Das ist wider unseren Vertrag und das Gesetz des Austausches. Ich verlange einen Arbeitstag von normaler Länge, und ich verlange ihn ohne Appell an dein Herz. Du kannst ein Musterbürger sein, aber das Ding, das du mir gegenüber repräsentierst, hat kein Herz in der Brust.

Man sieht: abgesehen von außerordentlich elastischen Schranken, ergibt sich aus der Natur des Warenaustausches selbst keine Grenze des Arbeitstages und der Mehrarbeit. Der Kapitalist behauptet sein Recht als, Käufer, wenn er den Arbeitstag so lang wie möglich und aus einem Arbeitstag, wenn möglich, zwei zu machen versucht. Andererseits schließt, die eigentümliche Natur der verkauften Ware eine Grenze ihres Konsums durch den Käufer ein, und der Arbeiter behauptet sein Recht als Verkäufer, wenn er den Arbeitstag auf eine bestimmte Normalgröße beschränken will. Hier ergibt sich also eine Antimonie, Recht gegen Recht, beide gleichmäßig durch das Gesetz des Austausches besiegelt. Zwischen gleichen Rechten entscheidet die Gewalt. So stellt sich in der Geschichte der kapitalistischen Produktion die Bestimmung des Arbeitstages als Ergebnis eines Kampfes dar, eines Kampfes zwischen der Klasse der Kapitalisten und der Arbeiterklasse.

b) Der Heißhunger nach Mehrarbeit

Das Kapital hat die Mehrarbeit nicht erfunden. Überall, wo ein Teil der Gesellschaft das Monopol der Produktionsmittel besitzt, muss der Arbeiter, frei oder unfrei, der zu seiner Selbsterhaltung notwendigen Arbeitszeit extra Arbeitszeit zusetzen, um die Lebensmittel für den Eigentümer der Produktionsmittel zu produzieren, ob dieser Eigentümer nun atheniensischer Edelmann, etruskischer Theokrat, römischer Bürger, normannischer Baron, amerikanischer Sklaveneigentümer, walachischer Bojar, moderner Großgrundbesitzer oder Kapitalist ist. Indes ist klar, dass, wenn in einer ökonomischen Gesellschaftsformation nicht der Tauschwert, sondern der Gebrauchswert des Produktes vorwiegt, die Mehrarbeit durch einen engeren oder weiteren Kreis von Bedürfnissen beschränkt ist, aber kein schrankenloses Bedürfnis nach Mehrarbeit aus dem Charakter der Produktion selbst entspringt. Entsetzlich wird im Altertum

Überarbeit daher nur dann, wo es gilt, den Tauschwert in seiner selbständigen, spezifischen Geldform zu gewinnen, in der Produktion von Gold und Silber. Zwangsmäßiges Tod-Arbeiten ist hier die Form der Überarbeit.

Sobald aber Völker, deren Produktion sich noch in den niedrigeren Formen der Sklavenarbeit, Fronarbeit usw. bewegt, hineingezogen werden in einen durch die kapitalistische Produktionsweise beherrschten Weltmarkt, der den Verkauf ihrer Produkte ins Ausland zum vorwiegenden Interesse entwickelt, wird den barbarischen Greueln der Sklaverei, der Leibeigenschaft usw. der zivilisierte Gräuel der Überarbeit aufgepfropft. Daher bewahrte die Negerarbeit in den südlichen Staaten der amerikanischen Union ihren patriarchalischen Charakter, solange die Produktion hauptsächlich auf den unmittelbaren örtlichen Bedarf gerichtet war. In dem Grad aber, wie der Baumwollexport zum Lebensinteresse dieser Staaten wurde, wurde die Überarbeitung des Negers, manchmal die Konsumtion seines Lebens in sieben Arbeitsjahren, Faktor eines berechneten und berechnenden Systems.

Nichts ist von diesem Gesichtspunkt aus charakteristischer als die Bezeichnung der (englischen) Arbeiter, die volle Zeiten arbeiten, als »Voll-Zeitler« und der Kinder unter 13, die nur sechs Stunden arbeiten dürfen, als »Halb-Zeitler«. Der Arbeiter ist hier nichts als personifizierte Arbeitszeit. Alle individuellen Unterscheidungen gehen auf in der Unterscheidung von »Voll-Zeitlern« und »Halb-Zeitlern«. Arbeit während aller 24 Stunden des Tages sich anzueignen, ist der immanente Trieb der kapitalistischen Produktion.

c) Der Kampf um den Normalarbeitstag

»Was ist ein Arbeitstag? Wie groß ist die Zeit, während deren das Kapital die Arbeitskraft, deren Tageswert es zahlt, konsumieren darf? Wie weit kann der Arbeitstag verlängert werden über die zur Reproduktion der Arbeitskraft selbst notwendige Arbeitszeit?« Man hat gesehen, dass das Kapital auf diese Fragen antwortet: der Arbeitstag zählt volle 24 Stunden, abzüglich der wenigen Ruhestunden, ohne welche die Arbeitskraft den weiteren Dienst absolut verweigert. Es versteht sich von selbst, dass der Arbeiter sein ganzes Leben lang nichts als Arbeitskraft ist, dass daher alle seine disponible Zeit von Natur und Rechts wegen Arbeitszeit ist und daher der Ausdehnung des Kapitals angehört. Zeit zu geistiger Entwicklung, zur Erfüllung sozialer Funktionen und geselligem Verkehr, zum freien Spiel seiner körperlichen und geistigen Kräfte, sogar die Ruhezeit des Sonntags – Unsinn!

In seinem blinden Trieb, seinem Werwolfhunger nach Mehrarbeit, überrennt das Kapital nicht nur die Moral, sondern sogar die rein physischen Maximalschranken des Arbeitstages. Es usurpiert die Zeit für Wachstum, Entwicklung und gesunde Erhaltung des Körpers. Es raubt die Zeit, die für die Konsumtion von frischer Luft und Sonnenlicht notwendig ist. Es feilscht um die Essenszeit und verleibt sie womöglich dem Produktionsprozess selbst ein, so dass dem Arbeiter als bloßem Produktionsmittel Nahrung zugesetzt wird, wie dem Dampfkessel Kohle und der Maschinerie Schmiere. Den gesunden Schlaf zur Sammlung, Erneuerung und Erfrischung der körperlichen Kräfte reduziert er auf gerade so viele Stunden, als die Wiederbelebung eines absolut erschöpften Organismus unentbehrlich macht.

Nicht die normale Erhaltung der Arbeitskraft bestimmt die Grenzen des Arbeitstages, sondern die größte täglich mögliche Verausgabung von Arbeitskraft, wie zwangsmäßig und schmerzhaft sie auch immer sein mag, bestimmt die Grenze für die Ruhezeit des Arbeiters. Das Kapital fragt nicht nach der Lebensdauer der Arbeitskraft. Was es interessiert, ist einzig und allein das Maximum an Arbeitskraft, das in einem Arbeitstag flüssig gemacht werden kann. Es erreicht dieses Ziel durch Verkürzung der Lebensdauer des Arbeiters, wie ein habgieriger Landwirt gesteigerten Bodenertrag durch Beraubung der Bodenfruchtbarkeit erreicht.

Die kapitalistische Produktionsweise (im wesentlichen Produktion von Mehrarbeit, Einsaugung von Mehrarbeit) produziert also durch Verlängerung des Arbeitstages nicht nur die Verkümmerung der menschlichen Arbeitskraft, indem sie diese ihrer normalen, moralischen und physischen Entwicklungs- und Betätigungsbedingungen beraubt; sie produziert auch die vorzeitige Erschöpfung und den Tod dieser Arbeitskraft selbst. Sie verlängert die Produktionszeit des Arbeiters während einer gegebenen Zeit durch Verkürzung seiner Lebenszeit.

Es kostet Jahrhunderte, bis der »freie« Arbeiter dank der Entwicklung der kapitalistischen Produktionsweise sich freiwillig dazu versteht, das heißt durch gesellschaftliche Bedingungen gezwungen ist, seine ganze aktive Lebenszeit, ja seine Arbeitsfähigkeit, selbst für den Preis seiner Lebensmittel zu verkaufen.

Was im 19. Jahrhundert zum Beispiel im Staate Massachusetts als Staatsschranke der Arbeit von Kindern unter zwölf Jahren proklamiert ist, war in England noch Mitte des 17. Jahrhunderts der normale Arbeitstag erwachsener Handwerker, robuster Ackerknechte und Grobschmiede.

Die Festsetzung eines normalen Arbeitstages ist das Ergebnis jahrhundertelanger Kämpfe zwischen Kapitalist und Arbeiter.

Das erste »Arbeitergesetz« (unter Eduard III, 1349) fand seinen unmittelbaren Vorwand (nicht seine Ursache) in der großen Pest, die das Volk derart dezimierte, dass ein Tory-Schriftsteller sagt:

„Die Schwierigkeit, Leute zu vernünftigen Bedingungen zur Arbeit zu bekommen, wurde unerträglich."

Daher wurden vernünftige Löhne sowohl als auch die Grenzen des Arbeitstages durch Gesetz festgelegt. Nachdem das Kapital Jahrhunderte gebraucht hat, um den Arbeitstag bis zu seiner Maximalgrenze und dann über diese hinaus bis zu den Grenzen des natürlichen Tages von zwölf Stunden auszudehnen, erfolgte nun, nach der Geburt der modernen Industrie im letzten Drittel des 18. Jahrhunderts, eine lawinenartige Überstürzung. Jede Schranke von Sitte und Natur, Alter und Geschlecht, Tag und Nacht wurde niedergerissen. Das Kapital feierte seine Orgien.

Sobald die vom Produktionslärm übertölpelte Arbeiterklasse zur Besinnung kam, begann ihr Widerstand, zunächst im Geburtsland der großen Industrie, in England. 30 Jahre lang jedoch blieben die Konzessionen, welche die Arbeiterklasse erobern konnte, rein nominell. Das Parlament ließ zwischen 1802 und 1833 fünf Arbeitsgesetze durchgehen, aber es war schlau genug, nicht einen Penny für ihre Durchführung, für die erforderlichen Beamten usw. zu bewilligen. Sie blieben toter Buchstabe. Tatsache ist, dass vor dem Gesetz von 1833 Kinder und junge Leute die ganze Nacht, den ganzen Tag oder beides nach Belieben arbeiten mussten.

Der normale Arbeitstag der modernen Industrie datiert erst seit dem Fabrikgesetz von 1833. Nichts charakterisiert den Geist des Kapitals besser als die Geschichte der englischen Fabrikgesetze von 1833 bis 1864.

Das Gesetz von 1833 erklärt den gewöhnlichen Fabrikarbeitstag von halb sechs morgens bis halb neun abends und während dieser Arbeitszeit von 15 Stunden, ist es rechtmäßig, junge Leute zwischen 13 und 18 Jahren zu jeder Tageszeit zu beschäftigen, vorausgesetzt, dass kein junger Mensch mehr als zwölf Stunden an einem Tage arbeitet, außer in gewissen besonders vorgesehenen Fällen.

Die Gesetzgeber waren soweit davon entfernt, die Freiheit des Kapitals, die erwachsene Arbeitskraft auszubeuten, oder wie sie es nannten, „die Freiheit der Arbeit" anzutasten, dass sie ein besonderes System ausheckten zur Verhinderung so übermäßiger Folgen der Fabrikgesetze.

„Das große Übel des augenblicklich herrschenden Fabriksystems", heißt es im ersten Bericht des Zentralausschusses der Kommission. vom 25. Juni 1833, „besteht darin, dass es die Notwendigkeit schafft, die Kinderarbeit zur Länge des Arbeitstages der Erwachsenen auszudehnen. Die einzige Abhilfe für dieses Übel, außer der Begrenzung der Erwachsenenarbeit, was ein größeres Übel als das zu beseitigende erzeugen würde, scheint der Plan zu sein, in doppelten Kinderschichten zu arbeiten..."

Dieser Plan wurde unter der Bezeichnung Ablösungssystem durchgeführt.

Nachdem die Fabrikanten alle während der letzten 22 Jahre erlassenen Gesetze betreffs Kinderarbeit in der schamlosesten Weise ignoriert hatten, verfügte das Parlament, dass nach dem 1. März 1834 kein Kind unter elf, nach dem 1. März 1835 kein Kind unter zwölf und nach dem 1. März 1836 kein Kind unter 13 Jahren länger als acht Stunden in einer Fabrik arbeiten dürfte. Dasselbe Parlament, das aus Zartsinn für die Fabrikanten Kinder unter 13 Jahren noch jahrelang dazu verdammte, 72 Stunden in der Woche in der Fabrikhölle zu arbeiten, verbot andererseits den Pflanzern von Anfang an, einen Negersklaven länger als 45 Stunden in der Woche arbeiten zu lassen.

Die Jahre 1846 und 1847 sind in der ökonomischen Geschichte Englands Epoche machend: Die Korngesetze und die Zölle auf Baumwolle und anderes Rohmaterial wurden abgeschafft; Freihandel wurde zum Leitsatz der Gesetzgebung erklärt, in einem Wort, die Ankunft des Tausendjährigen Reiches. Andererseits erreichten in denselben Jahren die Chartistenbewegung und die 10-Stunden-Agitation ihren Höhepunkt. Das 10-Stunden-Gesetz wurde am 1. Mai 1848 in Kraft gesetzt. Zum besseren Verständnis müssen wir uns daran erinnern, dass keines der Fabrikgesetze von 1833, 1844 und 1847 den Arbeitstag des männlichen Arbeiters über 18 Jahre begrenzte, und dass seit 1833 der 15-Stunden-Tag von 5.30 Uhr morgens bis 8.30 Uhr abends der gesetzmäßige »Tag« blieb, in dessen Grenzen zunächst die 12-Stunden- und später die 10-Stunden-Arbeit für junge Leute und Frauen nach den vorgeschriebenen Bedingungen ausgeführt werden musste.

Die Leidenschaft des Kapitals nach unbegrenzter und rücksichtsloser Ausdehnung des Arbeitstages wurde zuerst befriedigt in den Industrien, die am frühesten durch Wasserkraft, Dampf und Maschinen umgestaltet wurden, dass heißt in der Baumwoll-, Woll-, Flachs- und Seidenspinnerei und -weberei. Die Änderungen in der Produktionsweise und die entsprechend veränderten sozialen Verhältnisse der Produzenten verursachten zuerst die maßlose Ausschreitung und riefen dann die gesellschaftliche Kontrolle hervor, die den Arbeitstag gesetzlich begrenzt. Diese Kontrolle erscheint während der ersten Hälfte des 19. Jahrhunderts bloß als Ausnahmegesetzgebung.

Die Geschichte der Regulierung des Arbeitstages in einigen Produktionszweigen und der fortdauernde Kampf um solche Regulierung beweist, dass der vereinzelte Arbeiter, der Arbeiter als »freier« Verkäufer seiner Arbeitskraft, ohne Widerstand unterliegt, sobald die kapitalistische Produktion eine gewisse Stufe erreicht hat. Die Schaffung eines normalen Arbeitstages ist daher das Produkt eines langwierigen, mehr oder weniger verborgenen Bürgerkrieges zwischen der Kapitalisten- und der Arbeiterklasse. Die englischen Fabrikarbeiter waren nicht nur die Vorkämpfer der englischen, sondern der modernen Arbeiterklasse überhaupt, wie auch ihre Theoretiker die ersten waren, die der Kapitaltheorie den Fehdehandschuh hinwarfen.

Frankreich hinkt langsam hinter England her. Die Februarrevolution war notwendig, um das 12-Stunden-Gesetz in die Welt zu setzen, das noch unzureichender als das englische Original ist. Trotzdem hat die französische revolutionäre Methode ihre besonderen Vorzüge.

In den Vereinigten Staaten von Nordamerika blieb jede selbständige Arbeiterbewegung gelähmt, so lange die Sklaverei einen Teil der Republik verunstaltete. Die Arbeit in der weißen Haut kann sich nicht emanzipieren, wo sie in schwarzer Haut gebrandmarkt wird. Aus dem Tod der Sklaverei entspross sofort neues Leben. Die erste Frucht des Bürgerkrieges war die 8-Stunden-Bewegung, die mit Siebenmeilenstiefeln vom Atlantik bis zum Pazifik, von Neuengland bis Kalifornien lief.

Zum »Schutz« gegen »die Schlange ihrer Qualen« müssen die Arbeiter ihre Köpfe zusammenstecken und als Klasse den Erlass eines Gesetzes erzwingen, das sie selbst daran hindert, sich durch freiwilligen Vertrag mit dem Kapital in Sklaverei und Tod zu verkaufen. An Stelle des hochtrabenden Verzeichnisses der „unveräußerlichen Menschenrechte" tritt die bescheidene Magna Charta eines gesetzlich begrenzten Arbeitstages.

9. Rate und Masse des Mehrwertes

Mit der Rate ist zugleich die Masse des Mehrwertes gegeben, die der einzelne Arbeiter dem Kapitalisten während einer bestimmten Zeitperiode liefert. Beträgt zum Beispiel die notwendige Arbeit täglich sechs Stunden, ausgedrückt in einem Quantum Gold = 3 Shilling, dann sind drei Shilling der Tageswert einer Arbeitskraft oder der im Kauf einer Arbeitskraft vorgeschossene Kapitalwert. Ist ferner die Rate des Mehrwertes 100 Prozent, dann produziert dieses variable Kapital [das variable Kapital ist der Geldausdruck für den Gesamtwert aller Arbeitskräfte, die der Kapitalist gleichzeitig verwendet] von drei Shilling eine Masse Mehrwert von 3 Shilling oder der Arbeiter liefert täglich eine Masse Mehrarbeit von 6 Stunden.

Die Masse des produzierten Mehrwertes ist gleich der Größe des vorgeschossenen variablen Kapitals multipliziert mit der Rate des Mehrwertes; mit anderen Worten, sie wird bestimmt durch das zusammengesetzte Verhältnis zwischen der Anzahl der gleichzeitig durch denselben Kapitalisten ausgebeuteten Arbeitskräfte und dem Grad der Ausbeutung jeder einzelnen Arbeitskraft.

In der Produktion einer bestimmten Masse Mehrwert kann daher die Abnahme des einen Faktors durch Zunahme des anderen ersetzt werden. Verminderung des variablen Kapitals ist also ausgleichbar durch proportionelle Erhöhung im Exploitationsgrad der Arbeitskraft oder die Abnahme der Anzahl der beschäftigten Arbeiter durch proportionelle Verlängerung des Arbeitstages. Innerhalb gewisser Grenzen ist daher die Versorgung mit vom Kapital ausbeutbarer Arbeit unabhängig von der Versorgung mit Arbeitern. Andererseits, ein Fallen der Rate des Mehrwertes lässt die Masse des produzierten Mehrwertes unverändert, wenn die Größe des variablen Kapitals oder die Anzahl der beschäftigten Arbeiter im gleichen Verhältnis steigt.

Indes hat der Ersatz der Arbeiterzahl oder der Größe des variablen Kapitals durch eine Erhöhung der Rate des Mehrwertes oder Verlängerung des Arbeitstages unüberspringbare Schranken. Die absolute Grenze des durchschnittlichen Arbeitstages

– der von Natur aus immer weniger als 24 Stunden beträgt – bildet eine Schranke für den Ersatz von vermindertem variablen Kapital durch eine höhere Mehrwertrate oder von verringerter Anzahl der ausgebeuteten Arbeiter durch einen höheren Ausbeutungsgrad der Arbeitskraft.

Die von verschiedenen Kapitalen produzierten Massen von Wert und Mehrwert verhalten sich bei gegebenem Wert und gleichgroßem Ausbeutungsgrad der Arbeitskraft direkt wie die Größen der variablen Bestandteile dieser Kapitale, dass heißt ihrer in lebendige Arbeitskraft umgewandelten Bestandteile.

Nicht jede Geld- oder Wertsumme kann nach Belieben in Kapital umgewandelt werden. Zu dieser Umwandlung muss ein bestimmtes Minimum an Geld oder Tauschwert in der Hand des einzelnen Geld- oder Wareneigentümers vorausgesetzt werden. Das Minimum an variablem Kapital ist der Kostenpreis der einzelnen Arbeitskraft, die Tag für Tag zur Produktion des Mehrwertes beschäftigt wird.

Wäre dieser Arbeiter im Besitze seiner eigenen Produktionsmittel und begnügte er sich, als Arbeiter zu leben, so brauchte er nicht über die zur Reproduktion seiner Lebensmittel notwendige Arbeitszeit, sagen wir acht Stunden täglich, hinaus zu arbeiten. Er brauchte also auch nur Produktionsmittel für acht Stunden Arbeit. Der Kapitalist dagegen, der ihn außer diesen acht Stunden zum Beispiel vier Stunden Mehrarbeit verrichten lässt, benötigt eine zusätzliche Geldsumme zur Beschaffung der zusätzlichen Produktionsmittel. Unter unserer Annahme jedoch müsste er zwei Arbeiter beschäftigen, um von dem täglich angeeigneten Mehrwert seine notwendigen Bedürfnisse befriedigen zu können. In diesem Fall wäre der bloße Lebensunterhalt Zweck seiner Produktion und nicht die Vermehrung des Reichtums; das letztere ist aber in der kapitalistischen Produktionsweise eingeschlossen. Damit er nur doppelt so gut wie ein gewöhnlicher Arbeiter lebe und die Hälfte des produzierten Mehrwertes in Kapital zurück verwandele, müsste er zugleich mit der Arbeiterzahl das Minimum des vorgeschossenen Kapitals um das Achtfache steigern. Allerdings kann er selbst arbeiten, dass heißt direkt am Produktionsprozess teilnehmen, aber dann ist er nur Mittelding zwischen einem Kapitalisten und einem Arbeiter, ein »kleiner Meister«. Eine gewisse Produktionsstufe verlangt aber, dass der Kapitalist die ganze Zeit, während deren er als Kapitalist, das heißt als personifiziertes Kapital funktioniert, zur Aneignung und daher Kontrolle fremder Arbeit und zum Verkauf der Produkte dieser Arbeit verwenden kann.

Innerhalb des Produktionsprozesses erwarb das Kapital, wie wir gesehen haben, das Kommando über die Arbeit. Der Kapitalist passt auf, dass der Arbeiter seine Arbeit regelmäßig und mit dem gehörigen Grad von Intensität verrichtet.

Das Kapital entwickelte sich ferner zu einem Zwangsverhältnis, welches die arbeitende Klasse zwingt, mehr Arbeit zu verrichten, als der enge Umkreis ihrer eigenen Lebensbedürfnisse vorschreibt. Als Produzent fremder Arbeitsamkeit, als Auspumper von Mehrarbeit und Ausbeuter der Arbeitskraft übergipfelt es an Energie, Maßlosigkeit und Wirksamkeit alle früheren auf direkter Zwangsarbeit beruhenden Produktionssysteme.

Heute ist es nicht mehr der Arbeiter, der die Produktionsmittel anwendet, sondern es sind die Produktionsmittel, die den Arbeiter anwenden. Anstatt von ihm als stoffliche Elemente seiner produktiven Tätigkeit verzehrt zu werden, verzehren sie ihn als Ferment ihres eigenen Lebensprozesses, und der Lebensprozess des Kapitals besteht nur in seiner Bewegung als sich ständig ausdehnender, ständig multiplizierender Wert.

IV. Die Produktion des relativen Mehrwertes

10. Begriff des relativen Mehrwertes

Bisher haben wir bei der Behandlung des Mehrwertes, der sich aus der einfachen Verlängerung des Arbeitstages ergibt, eine gegebene und unveränderliche Produktionsweise unterstellt. Wenn aber Mehrwert durch Umwandlung notwendiger Arbeit in Mehrarbeit produziert werden soll, genügt es keineswegs, dass das Kapital den Arbeitsprozess in der historisch überlieferten Form übernimmt und dann einfach seine Dauer verlängert. Es muss die technischen und sozialen Bedingungen des Arbeitsprozesses, die Produktionsweise selbst umwälzen, um die Produktivkraft der Arbeit zu erhöhen. Nur durch die Erhöhung der Produktivkraft kann der Wert der Arbeitskraft zum Sinken gebracht und der Teil des Arbeitstages, der für die Reproduktion dieses Wertes notwendig ist, gekürzt werden.

Den durch Verlängerung des Arbeitstages produzierten Mehrwert nenne ich absoluten Mehrwert. Den Mehrwert dagegen, der durch Verkürzung der notwendigen Arbeitszeit und entsprechenden Veränderung im Größenverhältnis der beiden Bestandteile des Arbeitstages entspringt, nenne ich relativen Mehrwert.

In der kapitalistischen Produktion stellt die Verkürzung des Arbeitstages keineswegs das Ziel dar, wenn durch Erhöhung der Produktivität Arbeit gespart wird. Es wird lediglich auf eine Verkürzung der Arbeitszeit hingezielt, die zur Produktion einer bestimmten Warenmenge erforderlich ist.

Der Kapitalist, der die verbesserte Produktionsmethode anwendet, eignet sich einen größeren Teil des Arbeitstages für die Mehrarbeit an als die übrigen Kapitalisten in demselben Geschäft. Anderseits verschwindet aber dieser Extramehrwert, sobald die neue Produktionsmethode sich verallgemeinert und infolgedessen die Differenz zwischen dem individuellen Wert der verbilligten Ware und ihrem gesellschaftlichen Wert verschwindet.

Dasselbe Gesetz der Wertbestimmung durch die Arbeitszeit, das dem Kapitalisten, der die neue Produktionsmethode anwendet, in der Form fühlbar wird, dass er seine Waren unter ihrem gesellschaftlichen Wert verkaufen kann, treibt als Zwangsgesetz der Konkurrenz seine Konkurrenten zur Einführung der neuen Methode.

Um ein Sinken des Wertes der Arbeitskraft zu bewirken, muss eine Erhöhung der Produktivität der Arbeit in den Industriezweigen erfolgen, deren Produkte den Wert der Arbeitskraft bestimmen, also zur Klasse der gewohnheitsmäßigen Lebensmittel gehören oder diese ersetzen können. Der Wert der Waren steht im umgekehrten Verhältnis zur Produktivität der Arbeit. Ebenso der Wert der Arbeitskraft, weil er von den Waren abhängt.

Dagegen ist der relative Mehrwert direkt proportional der Produktivität der Arbeit, steigt und fällt mit ihr. Eine verbilligte Ware verursacht natürlich nur ein pro tanto Sinken des Wertes der Arbeitskraft, ein Sinken, das dem Ausmaß der Anwendung dieser Ware in der Reproduktion der Arbeitskraft proportional ist.

11. Kooperation

Das Zusammenarbeiten einer größeren Anzahl Arbeiter zur selben Zeit, an demselben Ort (oder, wenn man will, auf demselben Arbeitsgebiet), zur Produktion derselben Warensorte, unter dem Kommando desselben Kapitalisten, bildet historisch und begrifflich den Ausgangspunkt der kapitalistischen Produktion.

Arbeiten zahlreiche Arbeiter in demselben oder in verschiedenen aber zusammenhängenden Arbeitsprozessen Seite an Seite, so sagt man von ihnen, sie kooperieren oder sie arbeiten in Kooperation.

In jeder Industrie weicht der individuelle Arbeiter vom Durchschnittsarbeiter ab. Diese individuellen Abweichungen oder »Fehler«, wie sie in der Mathematik auch genannt werden, heben sich gegenseitig auf und verschwinden, wenn man eine größere Anzahl Arbeiter zusammen beschäftigt.

Selbst bei gleichbleibender Arbeitsweise bewirkt die gleichzeitige Beschäftigung einer großen Anzahl Arbeiter eine Revolution in den materiellen Bedingungen des Arbeitsprozesses (verglichen mit der Arbeit in der Werkstatt des Handwerkers). Baulichkeiten, in denen sie arbeiten, Lager für Rohmaterial, Geräte, die gleichzeitig oder nacheinander von den Arbeitern gebraucht werden, kurz, ein Teil der Produktionsmittel wird jetzt gemeinsam im Arbeitsprozess konsumiert. Einerseits wird der Tauschwert dieser Produktionsmittel nicht erhöht; denn der Tauschwert einer Ware steigt nicht, wenn ihr Gebrauchswert gründlicher und mit größerem Vorteil konsumiert wird.

Andererseits werden sie gemeinsam und daher in größerem Umfange benutzt als vorher. Ein Raum, in dem 20 Weber mit ihren 20 Webstühlen arbeiten, muss größer sein als der Raum eines unabhängigen Webers mit zwei Gesellen. Aber die Herstellung einer Werkstatt für 20 Personen kostet weniger Arbeit als die von zehn Werkstätten für je zwei Personen; so wächst der Wert der zum gemeinsamen Gebrauch in größerem Umfang konzentrierten Produktionsmittel nicht in direktem Verhältnis zu ihrem Umfang und ihrem vergrößerten Nutzeffekt. Gemeinsam konsumiert, geben sie an jedes einzelne Produkt einen kleineren Teil ihres Wertes ab, weil der Gesamtwert sich auf eine größere Masse von Produkten verteilt. Hierdurch sinkt ein Wertbestandteil des konstanten Kapitals, also proportional zu seiner Größe auch der Gesamtwert der Ware. Die Wirkung ist dieselbe, als ob die Produktionsmittel billiger hergestellt würden.

Gerade so wie die Angriffskraft einer Schwadron Kavallerie oder die Verteidigungskraft eines Infanterieregimentes sich wesentlich von der Summe der Angriffs- oder Verteidigungskräfte der einzelnen Kavallerie- oder Infanteriesoldaten unterscheidet, so unterscheidet sich die Gesamtsumme der mechanischen

Kräfte, die von einzelnen Arbeitern ausgeübt wird, von der gesellschaftlichen Kraft, wenn viele Hände gleichzeitig an derselben ungeteilten Operation zusammenwirken. Es handelt sich hier nicht nur um eine Erhöhung der Produktivkraft des einzelnen vermittels der Kooperation, sondern um die Schöpfung einer neuen Kraft, nämlich der Kollektivkraft.

Neben der neuen Kraft, die aus der Fusion vieler Kräfte in eine einzige entsteht, erzeugt der bloße gesellschaftliche Kontakt in den meisten Industrien einen Wetteifer und einen Antrieb der Lebensgeister, die die Wirksamkeit jedes einzelnen Arbeiters erhöhen. Daher werden ein Dutzend zusammenarbeitende Personen in ihrem Kollektivarbeitstag von 144 Stunden weit mehr produzieren als zwölf vereinzelte Arbeiter, von denen jeder zwölf Stunden arbeitet, oder mehr als ein Mann, der zwölf Tage hintereinander arbeitet. Der Grund hierfür liegt darin, dass der Mensch, wenn nicht, wie Aristoteles behauptet, ein politisches, so doch auf alle Fälle ein geselliges Tier ist.

Obgleich eine Anzahl Arbeiter gleichzeitig bei der gleichen Art Arbeit beschäftigt sein kann, kann doch die Arbeit jedes einzelnen, als Teil der Kollektivarbeit einer bestimmten Phase des Arbeitsprozesses entsprechen, die der Gegenstand ihrer Arbeit durchläuft, und infolge der Kooperation rascher durchläuft.

Wenn zum Beispiel Maurer eine Reihe bilden, um Steine vom Fuße eines Gestells zu seiner Spitze zu bringen, so tut jeder dasselbe, trotzdem bilden ihre einzelnen Tätigkeiten einen Teil der Gesamtoperation; sie bilden besondere Phasen, die jeder Stein durchlaufen muss; und so werden die Steine durch die 24 Hände der Reihe schneller hinaufgetragen, als wenn jeder einzelne Mann mit seiner Last getrennt die Leiter hinauf- und herabsteigen würde. Der gleiche Gegenstand wird in kürzerer Zeit über die gleiche Entfernung getragen. Noch einmal, eine Arbeitsverbindung findet statt, sobald zum Beispiel ein Gebäude von verschiedenen Seiten gleichzeitig in die Hand genommen wird; auch hier verrichten die Maurer die gleiche Art Arbeit.

Bei komplizierter Arbeit erlaubt die bloße Zahl zusammenarbeitender Menschen, dass die verschiedenen Operationen auf verschiedene Leute verteilt und infolgedessen gleichzeitig ausgeführt werden können. Die zur Herstellung des Gesamtprodukts nötige Arbeitszeit wird hierdurch verkürzt.

Einerseits erlaubt die Kooperation, dass die Arbeit über einen ausgedehnten Raum hinweg ausgeführt werden kann; sie wird daher für gewisse Arbeitsprozesse unentbehrlich. Andererseits ermöglicht sie räumlich eine Verkleinerung des Arbeitsfeldes durch das Zusammenrücken verschiedener Arbeitsprozesse und die Konzentration der Produktionsmittel, wodurch eine Anzahl nutzloser Ausgaben beseitigt werden.

Verglichen mit einer gleich großen Summe vereinzelter individueller Arbeitstage produziert der kombinierte Arbeitstag mehr Gebrauchswert und vermindert die zur Herstellung eines Gegenstandes notwendige Arbeitszeit. Ob im gegebenen Fall die gesteigerte Produktivkraft erzielt wird, weil verschiedene Operationen gleichzeitig verrichtet werden oder weil die Produktionsmittel durch ihren gemeinschaftlichen Gebrauch ökonomisiert werden oder aus einem anderen Grunde, unter allen Umständen ist die spezifische Produktivkraft des kombinierten Arbeitstages gesellschaftliche Produktivkraft der Arbeit oder Produktivkraft gesellschaftlicher Arbeit. Sie entspringt aus der Kooperation selbst. Im planmäßigen Zusammenwirken mit anderen streift der Arbeiter seine individuellen Schranken ab und entwickelt sein Gattungsvermögen.

Die Anzahl der kooperierenden Arbeiter, oder die Stufenleiter der Kooperation, hängt zunächst ab von der Größe des Kapitals, das der einzelne Kapitalist im Ankauf von Arbeitskraft auslegen kann.

Und wie mit dem variablen, so verhält es sich mit dem konstanten Kapital. Konzentration großer Massen von Produktionsmitteln in der Hang einzelner Kapitalisten ist also materielle Bedingung für die Kooperation der Lohnarbeiter, und das Ausmaß der Kooperation oder die Stufenleiter der Produktion hängt von dem Umfang dieser Konzentration ab.

Der Befehl des Kapitalisten auf dem Produktionsfeld wird jetzt so unentbehrlich wie der Befehl des Generals auf dem Schlachtfeld. Alle gemeinschaftliche Arbeit auf größerem Maßstab bedarf mehr oder weniger einer Leitung, welche die Harmonie der individuellen Tätigkeiten sichert und die allgemeinen Funktionen vollzieht, die aus der Tätigkeit des kombinierten Organismus im Unterschied zur Tätigkeit seiner einzelnen Organe entspringen. Ein einzelner Violinspieler ist sein eigener Dirigent, ein Orchester bedarf eines besonderen Dirigenten. Diese Funktion der Leitung, der Überwachung und der Vermittlung wird zur Funktion des Kapitals, sobald die unter seiner Kontrolle stehende Arbeit kooperativ wird. Als Funktion des Kapitals erhält die Funktion der Leitung besonderer Charaktermale.

Der Zusammenhang ihrer verschiedenen Arbeiten erscheint den Arbeitern ideell als vorgefasster Plan des Kapitalisten und praktisch als Autorität des Kapitalisten, als Macht eines fremden Willens, der ihre Tätigkeit seinem Zweck unterwirft.

Mit der Anzahl der gleichzeitig beschäftigten Arbeiter wächst auch ihr Widerstand gegen die Herrschaft des Kapitals und hiermit die Notwendigkeit für das Kapital, diesen Widerstand durch Gegendruck zu überwinden. Die Leitung des Kapitalisten ist nicht nur eine aus der Natur des gesellschaftlichen Arbeitsprozesses entspringende und ihm angehörige besondere Funktion, sondern gleichzeitig eine Funktion der Ausbeutung des gesellschaftlichen Arbeitsprozesses und daher bedingt durch den unvermeidlichen Gegensatz zwischen dem Ausbeuter und dem lebendigen Rohmaterial seiner Ausbeutung. Ebenso wächst mit dem Umfang der Produktionsmittel, die dem Lohnarbeiter als fremdes Eigentum gegenüberstehen, die Notwendigkeit der Kontrolle über deren sachgemäße Verwendung.

Wenn die kapitalistische Leitung dem Inhalt nach zwieschlächtig ist, wegen der zwieschlächtigen Natur des Produktionsprozesses selbst, welcher einerseits gesellschaftlicher Arbeitsprozess zur Herstellung eines Produktes, andererseits Verwertungsprozess des Kapitals ist, so ist sie der Form nach despotisch.

Sobald das Kapital jene Minimalgröße erreicht hat, womit die eigentliche kapitalistische Produktion erst beginnt, tritt der Kapitalist die Funktion unmittelbarer und beständiger Überwachung der einzelnen Arbeiter und Arbeitergruppen an eine besondere Art Lohnarbeiter ab. Wie eine wirkliche Armee bedarf eine industrielle Armee von Arbeitern Offiziere (Leiter) und Unteroffiziere (Vorarbeiter, Aufsichtsführende), die während des Arbeitsprozesses im Namen des Kapitals kommandieren.

Der Kapitalist ist nicht Kapitalist, weil er industrieller Leiter ist, sondern er wird im Gegenteil industrieller Leiter, weil er Kapitalist ist. Der Oberbefehl in der Industrie ist ein Attribut des Kapitals, so wie zur Feudalzeit der Oberbefehl in Krieg und Gericht Attribut des Grundeigentums war.

Die Produktivkraft, die der Arbeiter als kooperierender Arbeiter entwickelt, ist Produktivkraft des Kapitals. Die gesellschaftliche Produktivkraft der Arbeiter entwickelt sich unentgeltlich, sobald die Arbeiter unter bestimmte Bedingungen gestellt sind, und das Kapital stellt sie unter diese Bedingungen. Weil diese Kraft dem Kapital nichts kostet, und weil sie andererseits vom Arbeiter selbst nicht entwickelt wird, bevor seine Arbeit dem Kapital gehört, erscheint diese Kraft dem Kapital von Natur aus gegeben – als seine immanente Produktivkraft.

Die Kooperation im Arbeitsprozess, wie wir sie im Anfang der menschlichen Entwicklung finden, beruht einerseits auf dem Gemeineigentum an den Produktionsmitteln, andererseits darauf, dass das einzelne Individuum sich von der Nabelschnur des Stammes oder des Gemeinwesens noch ebenso wenig losgerissen hat, wie die Biene vom Bienenstock. Diese beiden Charakteristiken unterscheiden die Kooperation von der kapitalistischen Kooperation. Die sporadische Anwendung der Kooperation in großem Umfang in der antiken Welt, im Mittelalter und in den modernen Kolonien beruht auf unmittelbaren Herrschafts- und Knechtschaftsverhältnissen, hauptsächlich auf Sklaverei. Die kapitalistische Form setzt dagegen von vornherein den freien Lohnarbeiter voraus, der seine Arbeitskraft dem Kapital verkauft. Historisch entwickelte sich diese Form jedoch im Gegensatz zur Bauernwirtschaft und zum unabhängigen Handwerksbetrieb. Ihnen gegenüber erscheint die kapitalistische Kooperation nicht als besondere historische Form der Kooperation, sondern die Kooperation selbst erscheint als eine dem kapitalistischen Produktionsprozess eigentümliche und ihn spezifisch unterscheidende historische Form.

Die Kooperation ist die erste Änderung, welche der wirkliche Arbeitsprozess durch seine Subsumtion unter das Kapital erfährt. Diese Änderung geht naturwüchsig vor sich. Die gleichzeitige Beschäftigung einer großen Anzahl Lohnarbeiter in demselben Arbeitsprozess bildet den Ausgangspunkt der kapitalistischen Produktion und ist ein notwendiger Begleitumstand.

12. Teilung der Arbeit und Manufaktur

a) Doppelter Ursprung der Manufaktur

Die auf Teilung der Arbeit beruhende Kooperation erhält ihre klassische Gestalt in der Manufaktur. Sie ist die charakteristische Form des kapitalistischen Produktionsprozesses, die während der eigentlichen Manufakturperiode vorherrscht. Diese Periode währt ungefähr von der Mitte des 16. bis zum letzten Drittel des 18. Jahrhunderts.

Die Manufaktur entspringt auf doppelte Weise: Entweder werden Arbeiter von verschiedenartigen, selbständigen Handwerken, durch deren Hände ein bestimmtes Produkt bis zu seiner Vollendung laufen muss, in einer Werkstatt unter der Kontrolle eines einzigen Kapitalisten vereinigt. Eine Kutsche zum Beispiel war das Produkt der Arbeiten einer großen Anzahl unabhängiger Handwerker wie Stellmacher, Sattler, Schneider, Schlosser Lackierer, Vergolder usw. Die Kutschenmanufaktur vereinigt alle diese verschiedenen Handwerker in einem Haus. Man kann eine Kutsche zwar nicht vergolden, bevor sie gemacht ist, werden aber viele Rutschen gleichzeitig gemacht, so kann ein Teil beständig vergoldet werden. Bald trat eine weitere wesentliche Veränderung ein. Der Schneider, Schlosser, Gürtler usw., der nur im Kutschenmachen beschäftigt war, verlor nach und nach die Fähigkeit, sein altes Handwerk in seiner ganzen Ausdehnung zu betreiben.

Die Manufaktur entsteht aber auch auf genau entgegengesetzte Weise - nämlich, ein Kapitalist beschäftigt gleichzeitig in einer Werkstatt eine Anzahl Handwerker, die alle dasselbe oder dieselbe Art Arbeit tun. Bald aber wird die Arbeit unter ihnen aufgeteilt. Statt die verschiedenen Operationen nacheinander von demselben Handwerker verrichten zu lassen, werden sie voneinander gelöst, jede Operation wird einem anderen Handwerker zugewiesen. Aus dem individuellen Produkt eines selbständigen Handwerkers wird die Ware zum gesellschaftlichen Produkt eines Vereins von Handwerkern. Diese ausgebildete Form produziert Artikel, die Schritt für Schritt verbundene Entwicklungsphasen, eine Reihe von Prozessen, durchlaufen, wie der Draht in der Nadelherstellung, der die Hände von 72 und manchmal von 92 verschiedenen Teilarbeitern passiert, während der zünftige Nadler alle diese Operationen verrichtete.

Die Ursprungsweise der Manufaktur, ihre Herausbildung aus dem Handwerk, ist also zwieschlächtig. Einerseits geht sie von der Vereinigung verschiedener selbständiger Handwerker aus, die bis zu dem Punkt verunselbständigt und spezialisiert werden, wo sie nur noch einander ergänzende Teiloperationen im Produktionsprozess einer Ware bilden. Andererseits geht sie von der Kooperation gleichartiger Handwerker aus, zersetzt dieses Handwerk in seine verschiedenen Teiloperationen und isoliert und verselbständigt diese bis zu dem Punkt, wo jede zur ausschließlichen Funktion eines besonderen Arbeiters wird. Einerseits führt die Manufaktur daher Teilung der Arbeiter in einem Produktionsprozess ein oder entwickelt sie weiter, andererseits vereinigt sie früher getrennte Handwerke. Welches aber immer ihr besonderer Ausgangspunkt gewesen sein mag, ihre Schlussgestalt ist immer dieselbe – ein Produktivmechanismus, dessen Teile Menschen sind.

Zusammengesetzt oder einfach, die Arbeit bleibt zunächst handwerksmäßig und ist daher abhängig von Kraft, Geschicklichkeit, Schnelligkeit und Sicherheit des Einzelarbeiters in der Handhabung seiner Werkzeuge. Das Handwerk bleibt die

Grundlage. Diese enge technische Grundlage schließt eine wirklich wissenschaftliche Analyse des Produktionsprozesses aus, da jeder Teilprozess, den das Produkt durchmacht, mit der Hand ausführbar, und in seiner Weise ein selbständiges Handwerk bilden muss. Eben weil das handwerksmäßige Geschick so die Grundlage des Produktionsprozesses bleibt, wird jeder Arbeiter ausschließlich einer Teilfunktion angeeignet und seine Arbeitskraft für den Rest seines Lebens in das Organ dieser Teilfunktion verwandelt.

b) Der Teilarbeiter und sein Werkzeug

Es ist klar, dass ein Arbeiter, der lebenslänglich ein und dieselbe einfache Operation verrichtet, seinen ganzen Körper in ihr automatisches spezialisiertes Organ verwandelt. Infolge dessen braucht er hierfür weniger Zeit als der Handwerker, der eine ganze Reihe von Operationen nacheinander verrichtet. Der Kollektivarbeiter besteht aber aus lauter solchen spezialisierten Teilarbeitern. Im Vergleich zum selbständigen Handwerk wird daher mehr in einer bestimmten Zeit produziert oder die Produktivkraft der Arbeit gesteigert.

Außerdem vervollkommnet sich die Methode der Teilarbeit, nachdem sie zur ausschließlichen Funktion einer Person geworden ist. Die stets Wiederholung derselben beschränkten Tätigkeit und die Konzentration der Aufmerksamkeit auf diese Tätigkeit lehren den Arbeiter, erfahrungsgemäß den gewünschten Nutzeffekt mit geringstem Kraftaufwand zu erreichen. Da aber immer verschiedene Arbeitergenerationen gleichzeitig zusammenarbeiten, befestigen, häufen und übertragen sich die so gewonnenen technischen Kunstgriffe.

Die Manufaktur produziert in der Tat die Geschicklichkeit des Teilarbeiters, indem sie die natürlich entwickelte Sonderung der Gewerbe, die sie in der Gesellschaft vorfand, im Inneren der Werkstatt reproduziert und systematisch zum Extrem treibt. Andererseits entspricht die Verwandlung der Teilarbeit in den Lebensberuf eines Menschen der Tendenz früherer Gesellschaften, die Gewerbe erblich zu machen, sie entweder in Kasten zu versteinern oder in Zünfte zu verknöchern.

Ein Handwerker, der die verschiedenen Teilarbeiten in der Produktion eines Artikels nacheinander ausführt, muss bald den Platz, bald die Werkzeuge wechseln. Der Übergang von einer Operation zur anderen unterbricht den Fluss seiner Arbeit und bildet gewissermaßen Löcher in seinem Arbeitstag. Diese Löcher verengen sich, sobald er den ganzen Tag ein und dieselbe Operation verrichtet, sie verschwindet in dem Maße, wie der Wechsel seiner Operation abnimmt. Die sich ergebende gesteigerte Produktivität ist entweder der zunehmenden Ausgabe von Arbeitskraft in einem gegebenen Zeitraum zuzuschreiben – dass heißt einer gesteigerten Arbeitsintensität, – oder einer Abnahme des unproduktiven Verzehrs von Arbeitskraft.

Die Produktivität der Arbeit hängt nicht nur von der Tüchtigkeit des Arbeiters ab, sondern auch von der Vervollkommnung seiner Werkzeuge. Veränderungen der vorher für verschiedene Zwecke verwendeten Geräte werden notwendig. Die Richtung dieser Veränderung wird bestimmt durch die Schwierigkeiten, die man infolge unveränderter Geräteformen erlebt hat.

Die Manufaktur wird charakterisiert durch die Veränderung der Arbeitsinstrumente – eine Veränderung, wobei Geräte einer bestimmten Sorte feste Formen für jede besondere Anwendung erhalten, und durch die Spezialisierung dieser Instrumente, wodurch jedes solches Sonderinstrument nur in der Hand spezifischer Teilarbeiter in seinem ganzen Umfang wirkt.

c) Die beiden Grundformen der Manufaktur

Soweit die Manufaktur zunächst zerstreute Handwerke vereinigt, vermindert sie die räumliche Trennung zwischen den verschiedenen Produktionsphasen. Die Zeit des Überganges eines Produkts aus einem Stadium in das andere wird verkürzt, ebenso die Arbeit, welche diese Übergänge vermittelt. Im Vergleich zum Handwerk wird so Produktivkraft gewonnen. Andererseits bedingt die Teilung der Arbeit eine Isolierung der verschiedenen Produktionsphasen und ihre Unabhängigkeit voneinander. Die Herstellung und Erhaltung des Zusammenhanges zwischen den isolierten Funktionen erfordert den beständigen Transport des Artikels von einer Hand in die andere und aus einem Prozess in den anderen. Vom Standpunkt der modernen mechanischen Industrie tritt diese Forderung als charakteristischer und kostspieliger Nachteil der Manufaktur hervor.

Da das Teilprodukt jedes Teilarbeiters zugleich nur eine besondere Entwicklungsstufe desselben Artikels ist, liefert jeder Arbeiter oder jede Arbeitergruppe einer anderen Arbeitergruppe ihr Rohmaterial. Das Arbeitsresultat des einen bildet den Ausgangspunkt für die Arbeit des anderen. Der eine Arbeiter beschäftigt daher unmittelbar den anderen. Die notwendige Arbeitszeit zur Erreichung des gewünschten Nutzens in jedem Teilprozess wird erfahrungsmäßig festgestellt, und der Gesamtmechanismus der Manufaktur beruht auf der Voraussetzung, dass in gegebener Arbeitszeit ein gegebenes Resultat erzielt wird. Nur unter dieser Voraussetzung können die verschiedenen, einander ergänzenden Arbeitsprozesse ununterbrochen, gleichzeitig und nebeneinander fortgehen.

Diese unmittelbare Abhängigkeit der Arbeiten und daher der Arbeiter voneinander zwingt jeden einzelnen, nur die notwendige Zeit zu seiner Funktion zu verwenden, und so wird eine ganz andere Kontinuität, Gleichförmigkeit, Regelmäßigkeit, Ordnung und sogar Intensität der Arbeit erzeugt als im unabhängigen Handwerk oder selbst in der einfachen Kooperation Die Regel, dass auf eine Ware nur die zu ihrer Produktion gesellschaftlich notwendige Arbeitszeit verwandt wird, erscheint bei der Warenproduktion überhaupt als bloße Wirkung der Konkurrenz, weil, oberflächlich ausgedrückt, jeder einzelne Produzent die, Ware zu ihrem Marktpreis verkaufen muss. In der Manufaktur dagegen wird die Lieferung eines, gegebenen Produktenquantums in gegebener Zeit technisches Gesetz des Produktionsprozesses selbst.

Die Teilung der Arbeit in der Manufaktur vereinfacht und vermannigfacht nicht nur die qualitativ verschiedenen Teile des gesellschaftlichen Kollektivarbeiters, sondern erzeugt auch ein mathematisch festes Verhältnis für den quantitativen Umfang dieser Teile – dass heißt für die relative Arbeiterzahl oder relative Größe der Arbeitergruppe in jeder Teiloperation. Sie entwickelt mit der qualitativen Gliederung eine quantitative Regel und Proportionalität des gesellschaftlichen Arbeitsprozesses.

In der Manufakturperiode wurde früh das Prinzip der Verminderung der zur Warenproduktion notwendigen Arbeitszeit bewusst formuliert: und hier und da entwickelte sich der Gebrauch von Maschinen, namentlich für gewisse einfache erste Prozesse, die in großem Umfang und mit großem Kraftaufwand auszuführen sind. Im Großen und Ganzen jedoch spielten die Maschinen jene Nebenrolle, die Adam Smith ihnen neben den Teilung der Arbeit zuweist.

Der aus der Vereinigung vieler Teilarbeiter gebildete Kollektivarbeiter bleibt der Mechanismus, der für die Manufakturperiode charakteristisch ist. Die verschiedenen Operationen, die der Produzent einer Ware abwechselnd verrichtet und die sich während des fortschreitenden Arbeitsprozesses verschlingen, nehmen ihn verschiedenartig in Anspruch. In einer Operation muss er mehr Kraft entwickeln, in der anderen mehr Geschicklichkeit und in der dritten mehr Aufmerksamkeit, und dasselbe Individuum besitzt diese Eigenschaften nicht in gleichem Grad. Nachdem die Manufaktur die verschiedenen Operationen getrennt, verselbständigt und isoliert hat, werden die Arbeiter entsprechend ihrer vorwiegenden Eigenschaften geteilt, klassifiziert und eingruppiert. Bilden einerseits ihre Natureigensonderheiten die Grundlage, worauf die Teilung der Arbeit aufgebaut wird, so entwickelt die Manufaktur, einmal eingeführt, in ihnen neue Kräfte, die von Natur aus nur für begrenzte und besondere Funktionen passen. Der Kollektivarbeiter besitzt jetzt alle zur Produktion notwendigen Eigenschaften in gleich hohem Grade und verausgabt sie aufs ökonomischste, indem er alle seine Organe, die aus einzelnen Arbeitern oder Arbeitergruppen bestehen, ausschließlich zu ihren Sonderfunktionen verwendet. Die Einseitigkeit und die Unvollkommenheit des Teilarbeiters werden zu seiner Vollkommenheit, wenn er zum Teil des Kollektivarbeiters wird. Die Gewohnheit einer einseitigen Funktion verwandelt ihn in ein sicher wirkendes Instrument, während der Zusammenhang des Gesamtmechanismus ihn zwingt, mit der Regelmäßigkeit eines Maschinenteiles zu arbeiten. Da der Kollektivarbeiter sowohl einfache als auch zusammengesetzte, sowohl hohe als auch niedrige Funktionen hat, erfordern seine Glieder, die einzelnen Arbeitskräfte, verschiedene Grade der Ausbildung, und sie haben daher auch verschiedenen Wert. Die Manufaktur entwickelt also eine Hierarchie der Arbeitskräfte, der eine Stufenleiter der Arbeitslöhne entspricht.

Weiter erzeugt die Manufaktur in jedem Handwerk, das sie ergreift, eine Klasse sogenannter ungelernter Arbeiter, die der Handwerksbetrieb streng ausschloss. Wenn sie die einseitige Spezialität auf Kosten der ganzen Arbeitskapazität eines Menschen zur Vollendung entwickelt, beginnt sie auch den Mangel aller Entwicklung zu einer Spezialität zu machen. Neben die hierarchische Abstufung tritt die einfache Scheidung der Arbeiter in gelernte und ungelernte. Für die letzteren fallen die Erlernungskosten ganz weg, für die ersteren sinken sie im Vergleich zum Handwerker. Das Sinken des Wertes der Arbeitskraft, verursacht durch den Wegfall oder die Verminderung der Erlernungskosten, schließt unmittelbar Steigerung des Mehrwertes zugunsten des Kapitals ein; denn alles was die zur Reproduktion, der Arbeitskraft notwendige Arbeitszeit verkürzt, erweitert das Gebiet der Mehrarbeit.

d) Der kapitalistische Charakter der Manufaktur

Der aus vielen individuellen Teilarbeitern zusammengesetzte Arbeitskörper gehört dem Kapitalisten. Die aus der Kombination der Arbeiter entspringende Produktivkraft erscheint daher als Produktivkraft des Kapitals.

Wenn der Arbeiter ursprünglich seine Arbeitskraft an das Kapital verkauft, weil ihm die materiellen Mittel zur Produktion einer Ware fehlen, versagt dem zum Teilarbeiter verkrüppelten Arbeiter seine Arbeitskraft ihren Dienst, sobald sie nicht an das Kapital verkauft wird. Sie funktioniert nur noch in einem Zusammenhang, der erst nach ihrem Verkauf in der Werkstatt des Kapitalisten existiert. Unfähig geworden etwas Selbständiges zu machen, entwickelt der Manufakturarbeiter produktive Tätigkeit nur noch als Zubehör zur Werkstatt des Kapitalisten.

Um den Kollektivarbeiter und durch ihn das Kapital reich an gesellschaftlicher Produktivkraft zu machen, musste jeder Arbeiter arm an individueller Produktivkraft gemacht werden. Der Teilarbeiter produziert keine Ware. Das charakterisiert die manufakturmäßige Teilung der Arbeit und unterscheidet sie wesentlich von der Teilung der Arbeit im Innern der Gesellschaft. Erst das gemeinsame Produkt der Teilarbeiter verwandelt sich in Ware. Die Teilung der Arbeit im Innern der Gesellschaft ist vermittelt durch den Kauf und Verkauf der Produkte verschiedener Arbeitszweig; der Zusammenhang der Teilarbeiten in der Manufaktur dagegen durch den Verkauf verschiedener Arbeitskräfte an denselben Kapitalisten, der sie als kombinierte Arbeitskraft verwendet. Die manufakturmäßige Teilung der Arbeit unterstellt Konzentration der Produktionsmittel in der Hand eines Kapitalisten, die gesellschaftliche Teilung der Arbeit Zersplitterung der Produktionsmittel unter viele voneinander abhängige Warenproduzenten. Gesellschaftliche Teilung der Arbeit bestand längst vor der manufakturmäßigen Arbeitsteilung. Die Zunftgesetze jedoch verhinderten planmäßig durch Beschränkung der Gesellenzahl, die ein einzelner Zunftmeister beschäftigen durfte, seine Verwandlung in einen Kapitalisten. Ebenso konnte er Gesellen nur beschäftigen in dem Handwerk, in dem er selbst Meister war. Die Zunft wehrte eifersüchtig jeden Übergriff des Kaufmannskapitals ab, dieser einzig freien Form des Kapitals, die ihr gegenüberstand. Der Kaufmann konnte alle Waren kaufen, nur nicht die Arbeit als Ware. Er war nur geduldet als Verleger der Arbeitsprodukte. Riefen äußere Umstände eine fortschreitende Teilung der Arbeit hervor, so spalteten sich bestehende Zünfte oder lagerten sich neue Zünfte neben alte. Die Zunftorganisation schoss die manufakturmäßige Teilung der Arbeit aus. Der Arbeiter und sein Produktionsmittel bleiben eng miteinander verbunden, wie die Schnecke mit dem Schneckenhaus, und so fehlt die erste Grundlage der Manufaktur, die Verselbständigung der Produktionsmittel als Kapital gegenüber dem Arbeiter.

Die manufakturmäßige Teilung der Arbeit schafft erst die Bedingungen für die Herrschaft des Kapitals über die Arbeit. Wenn sie daher einerseits als historischer Fortschritt und als notwendige Entwicklungsphase im ökonomischen Bildungsprozess der Gesellschaft erscheint, so ist sie andererseits eine raffinierte und zivilisierte Ausbeutungsmethode. Jedoch während der ganzen Periode, in der die Manufaktur die herrschende Form der kapitalistischen Produktionsweise ist, stößt die volle Durchführung dieser Methode auf viele Hindernisse.

Obgleich die Manufaktur die einzelnen Operationen dem verschiedenen Grad von Reife, Kraft und Entwicklung ihrer lebendigen Arbeitsorgane anpasst und daher zu produktiver Ausbeutung von Weibern und Kindern drängt, scheitert diese Tendenz vielfach an den Gewohnheiten und dem Widerstand der männlichen Arbeiter.

Obgleich die Zersetzung der handwerksmäßigen Tätigkeit die Bildungskosten und daher den Wert der Arbeiter senkt, bleibt für schwierige Teilarbeit eine längere Lehrzeit nötig und wird auch da, wo sie überflüssig ist, eifersüchtig von den Arbeitern aufrechterhalten. Beständig ringt das Kapital mit der Insubordination der Arbeiter. Durch die ganze Manufakturperiode läuft die Klage über den Disziplinmangel der Arbeiter. Selbst wenn wir nicht Zeugnisse zeitgenössischer Schriftsteller hätten, die einfachen Tatsachen, dass es vom 16. Jahrhundert bis zur Epoche der großen Industrie dem Kapital misslingt, sich der ganzen verfügbaren Arbeitszeit der Manufakturarbeiter zu bemächtigen, dass die Manufakturen kurzlebig sind und mit der Ein- und Auswanderung der Arbeiter ihren Sitz in dem einen Land verlassen und in dem anderen aufschlagen, würden Bände sprechen.

Die Manufaktur konnte außerdem weder die gesellschaftliche Produktion in ihrem ganzen Umfang ergreifen noch in ihrer Tiefe umwälzen. Sie gipfelte als ökonomisches Kunstwerk auf der breiten Basis des städtischen Handwerks und der ländlichen Heimindustrie. Auf einem gewissen Entwicklungsgrad trat ihre enge technische Grundlage in Widerspruch mit den von ihr selbst geschaffenen Produktionsbedürfnissen.

Eines ihrer vollendetsten Gebilde jedoch war die Werkstatt zur Produktion der Arbeitsinstrumente selbst, einschließlich der bereits angewandten komplizierteren mechanischen Apparate.

Diese Werkstatt, das Produkt der manufakturmäßigen Teilung der Arbeit, produzierte seinerseits - Maschinen, und diese heben schließlich die handwerksmäßige Tätigkeit als das regelnde Prinzip der Produktion auf.

13. Maschinerie und moderne Industrie

a) Entwicklung der Maschinerie

John Stuart Mill sagt in seinen »Prinzipien der politischen Ökonomie: „Es ist fraglich, ob alle bisher gemachten mechanischen Erfindungen die Tagesmühe irgendeines menschlichen Wesens erleichtert haben."

Solches ist jedoch auch keineswegs der Zweck der kapitalistisch verwandten Maschinerie. Sie soll Waren verbilligen und den Teil des Arbeitstages, den der Arbeiter für die Reproduktion seiner Arbeitskraft braucht, verkürzen, um den anderen Teil des Arbeitstages, den er dem Kapitalisten umsonst gibt, zu verlängern. Sie ist Mittel zur Produktion von Mehrwert.

Die Umwälzung der Produktionsweise nimmt in der Manufaktur die Arbeitskraft zum Ausgangspunkt, in der modernen Industrie das Arbeitsmittel. Wir müssen also zunächst untersuchen, wie das Arbeitsmittel aus einem Werkzeug in eine Maschine verwandelt wird oder wodurch sich die Maschine vom Handwerksgerät unterscheidet.

Alle entwickelte Maschinerie besteht aus drei wesentlich verschiedenen Teilen, dem Bewegungsmechanismus, dem Transmissionsmechanismus und endlich der Werkzeug- oder Arbeitsmaschine. Der Bewegungsmechanismus setzt das Ganze in Bewegung. Der Transmissionsmechanismus regelt die Bewegung, ändert, wo es nötig ist, ihre Form (zum Beispiel von der geradlinigen zur kreisförmigen) und verteilt und überträgt sie auf die Arbeitsmaschinen. Die Werkzeug- oder Arbeitsmaschine ist der Teil der Maschinerie, wovon die industrielle Revolution des 19. Jahrhunderts ausging. Bis zum heutigen Tag bildet sie den Ausgangspunkt, so oft ein Handwerksbetrieb oder ein

Manufakturbetrieb in eine mit Maschinen betriebene Industrie übergeht.

Bei näherer Untersuchung der eigentlichen Arbeitsmaschine finden wir in der Regel, wenn auch oft in sehr veränderter Form, die Apparate und Werkzeuge wieder, womit der Handwerker oder Manufakturarbeiter arbeitete, aber anstatt als Werkzeuge des Menschen jetzt als Werkzeuge eines Mechanismus oder als mechanische Werkzeuge. Entweder ist die ganze Maschine nur eine mehr oder weniger geänderte Ausgabe eines alten Handwerkergerätes, wie zum Beispiel der Kraftwebstuhl, oder die Arbeitsteile, die in den Rahmen der Maschine eingepasst wurden, sind alte Bekannte, wie Spindeln in der Spinnmaschine, Nadeln in der Strumpfwebmaschine, Sägen in der Sägemaschine und Messer in der Hackmaschine.

Von dem Augenblick an, in dem das eigentliche Werkzeug dem Menschen weggenommen und in einen Mechanismus eingepasst wird, wird die Maschine zum bloßen Gerät. Der Unterschied kommt einem sofort zum Bewusstsein, selbst in den Fällen, wo der Mensch die erste Bewegungskraft bleibt. Die Instrumentenzahl, die er selbst gleichzeitig benutzen kann, wird durch die Zahl seiner eigenen natürlichen Produktionsinstrumente, dass heißt die Zahl seiner Körperorgane, begrenzt.

In Deutschland versuchte man es zuerst, einen Spinner an zwei Spinnrädern arbeiten zu lassen, dass heißt man wollte ihn gleichzeitig mit beiden Händen und beiden Füßen arbeiten lassen. Das war zu anstrengend. Später wurde ein Tretspinnrad mit zwei Spindeln erfunden, aber die Spinnvirtuosen, die zwei Fäden auf einmal spinnen konnten, waren fast so selten wie Menschen mit zwei Köpfen. Anderseits spann die Jenny, schon zur Zeit ihrer Erfindung, mit 12 bis 18 Spindeln, und die Strumpfwebmaschine strickt mit vielen tausend Nadeln auf einmal. Die Werkzeugzahl, die eine Maschine gleichzeitig zum Arbeiten bringen kann, ist vom ersten Augenblick an frei von den organischen Schranken, die für die Werkzeuge eines Handwerkers bestehen.

Die Erweiterung des Umfanges der Arbeitsmaschine und der Zahl ihrer gleichzeitig operierenden Werkzeuge bedingt einen massiveren Triebmechanismus, und dieser Mechanismus benötigt eine mächtigere Triebkraft als die menschliche, um den Widerstand zu überwinden. Erst mit der Erfindung von Watt's zweiter sogenannter doppeltätigen Dampfmaschine war ein erster Motor gefunden, der seine eigene Kraft durch die Konsumtion von Wasser und Kohle erzeugt, und dessen Kraft vollkommen unter der Kontrolle des Menschen steht, der beweglich und ein Mittel der Bewegung ist, die städtisch und nicht ländlich ist, wie es das Wasserrad war, und es erlaubt, die Produktion in Städten zu konzentrieren statt sie, wie das Wasserrad, hier über das Land zu zerstreuen. Die Größe von Watt's Genie zeigt sich in der Spezifikation des Patentes, das er sich im April 1784 geben ließ. In dieser Spezifikation wird seine Dampfmaschine nicht als eine Erfindung für einen bestimmten Zweck beschrieben, sondern als ein universell anwendbares Mittel in der mechanischen Industrie.

Der Bewegungsmechanismus wächst mit der Zahl der gleichzeitig zu bewegenden Maschinen und der Übertragungsmechanismus wird ein sich weit ausdehnender Apparat. Wir gehen nun dazu über, die Kooperation vieler Maschinen gleicher Art von einem Maschinensystem zu unterscheiden. In dem einen Fall wird das Produkt vollständig von einer einzigen Maschine hergestellt. Ob diese nun eine bloße Reproduktion eines komplizierten Handwerkszeuges oder eine Kombination verschiedener einfacher durch die Manufaktur spezialisierter Geräte ist, in der Fabrik erscheint in jedem Fall die einfache Kooperation wieder, und diese Kooperation erscheint uns zunächst als räumliche Zusammendrängung gleichartiger und gleichzeitig wirkender Maschinen.

Ein eigentliches Maschinensystem tritt aber erst an die Stelle der einzelnen selbständigen Maschine, wo der Arbeitsgegenstand eine zusammenhängende Reihe verschiedener Stufenprozesse durchläuft, die von einer Kette verschiedenartiger, aber einander ergänzender Maschinen ausgeführt werden. Hier haben wir wieder die der Manufaktur eigentümliche Teilung der Arbeit, aber jetzt als Kombination von Teilmaschinen.

Die Kollektivmaschine, jetzt ein organisiertes System von verschiedenartigen einzelnen Maschinen und von Gruppen derselben, wird um so vollkommener, je kontinuierlicher ihr Prozess, das heißt mit je weniger Unterbrechung das Rohmaterial von seiner ersten Phase zu seiner letzten übergeht, mit anderen Worten, je mehr also statt der Menschenhand der Mechanismus selbst es von einer Produktionsphase in die andere fördert.

In der Manufaktur ist die Isolierung jedes Teilprozesses durch die Natur der Arbeitsteilung bedingt, aber in der voll entwickelten Fabrik herrscht dagegen die Kontinuität dieser Prozesse.

Sobald eine Maschine ohne menschliche Hilfe alle Bewegungen ausführt, die zur Bearbeitung des Rohmaterials notwendig sind, und lediglich menschlicher Wartung bedarf, haben wir ein automatisches System der Maschinerie.

Die entwickeltste Produktionsform durch Maschinen ist ein organisiertes Maschinensystem, das seine Bewegung durch einen Transmissionsmechanismus von einem Zentralautomaten erhält. An die Stelle der einzelnen Maschine tritt hier ein mechanisches Ungeheuer, dessen Leib ganze Fabriken füllt, und dessen dämonische Kraft, zunächst versteckt durch die fast feierlich gemessenen Bewegungen seiner Riesenglieder, schließlich im fieberhaft tollen Wirbeltanz seiner zahllosen Arbeitsorgane ausbricht.

Wie die einzelne Maschine zwergmäßig bleibt, solange sie nur durch Menschenkraft bewegt wird, wie das Maschinensystem sich nicht frei entwickeln konnte, bevor an die Stelle der früheren Triebkräfte – Tier, Wind, Wasser – die Dampfmaschine trat, ebenso war die moderne Industrie in ihrer ganzen Entwicklung gelähmt, solange ihr charakteristisches Produktionsmittel, die Maschine, persönlicher Kraft und Geschicklichkeit seine Existenz verdankte; denn solange blieb das Eindringen der Maschine in neue Produktionszweige bedingt durch das Anwachsen einer Kategorie von Arbeitern, die wegen der halb künstlerischen Natur ihres Berufes nur allmählich und nicht sprungweise vermehrt werden konnte.

Die moderne Industrie musste sich also ihres charakteristischen Produktionsmittels bemächtigen und Maschinen durch Maschinen produzieren. So erst stellte sie sich auf ihre eigenen Füße.

In der Manufaktur ist die Gliederung des gesellschaftlichen Arbeitsprozesses noch eine subjektive Kombination von Teilarbeiten. Die moderne Industrie besitzt dagegen einen ganz objektiven Produktionsorganismus, den der Arbeiter als fertige materielle Produktionsbedingung vorfindet. Die Maschinerie funktioniert nur durch vergesellschaftete oder gemeinsame Arbeit. Der kooperative Charakter des Arbeitsprozesses wird hier eine durch die Natur des Arbeitsmittels selbst diktierte technische Notwendigkeit.

b) Wertabgabe der Maschine an das Produkt

Gleich jedem anderen Bestandteil des konstanten Kapitals erzeugt die Maschine keinen neuen Wert, gibt aber ihren eigenen Wert an das Produkt ab, zu dessen Erzeugung sie dient. Die Maschine setzt dem Produkt soviel Wert zu, wie sie, im Durchschnitt durch ihre Abnutzung verliert. Die Proportion gegeben, worin die Maschine Wert auf das Produkt überträgt, hängt die Größe dieses Wertteils von dem Gesamtwert der Maschine ab. Je weniger Arbeit sie enthält, desto weniger Wert setzt sie dem Produkt zu. Je weniger Wert sie abgibt, desto produktiver ist sie, und desto mehr nähert sich ihr Dienst dem der Naturkräfte. Die Produktivität einer Maschine misst sich daher an dem Grad, worin sie menschliche Arbeitskraft ersetzt.

Ausschließlich als Mittel zur Verwohlfeilerung des Produktes betrachtet, ist die Grenze für den Gebrauch der Maschinerie darin gegeben, dass ihre eigene Produktion weniger Arbeit kostet, als ihre Anwendung Arbeit ersetzt. Für den Kapitalisten ist dieser Gebrauch jedoch noch enger begrenzt. Da er nicht die angewandte Arbeit bezahlt, sondern nur den Wert der angewandten Arbeitskraft, wird ihm der Maschinengebrauch begrenzt durch die Differenz zwischen dem Wert der Maschine und dem Wert der von ihr ersetzten Arbeitskraft.

c) Wirkungen des maschinenmäßigen Betriebes auf den Arbeiter

Frauen- und Kinderarbeit

Sofern die Maschinerie Muskelkraft entbehrlich macht, wird sie zum Mittel, Arbeiter mit geringerer Muskelkraft oder unreifer Körperentwicklung, aber größerer Geschmeidigkeit der Glieder zu beschäftigen. Frauen- und Kinderarbeit war daher das erste Wort der kapitalistischen Anwendung der Maschine.

Dieses gewaltige Ersatzmittel von Arbeit und Arbeiter verwandelte sich hinfort in ein Mittel, die Zahl der Lohnarbeiter zu vermehren durch Einreihung aller Mitglieder der Arbeiterfamilie, ohne Unterschied von Geschlecht und Alter, unter die unmittelbare Botmäßigkeit des Kapitals. Die Zwangsarbeit für den Kapitalisten drängte sich nicht nur an die Stelle des Kinderspiels, sondern auch an die der freien Arbeit im häuslichen Kreis.

Der Wert der Arbeitskraft war bestimmt nicht nur durch die zur Erhaltung des individuellen erwachsenen Arbeiters notwendige Arbeitszeit, sondern auch durch die Arbeitszeit, die zur Erhaltung der Arbeiterfamilie nötig war.

Indem die Maschinerie alle Glieder der Arbeiterfamilie auf den Arbeitsmarkt wirft, verteilt sie den Wert der Arbeitskraft des Mannes über seine ganze Familie. Sie entwertet daher seine Arbeitskraft. Damit eine Familie leben kann, müssen jetzt vier Leute nicht nur arbeiten, sondern Mehrarbeit für den Kapitalisten verausgaben. So sehen wir, dass die Maschinerie mit der Erweiterung des menschlichen Materials, dem eigensten Ausbeutungsfeld des Kapitals, zugleich den Grad der Ausbeutung erhöht.

Der Arbeiter verkaufte früher seine eigene Arbeitskraft, worüber er als formell freie Person verfügte. Jetzt verkauft er Frau und Kind. Er ist zum Sklavenhändler geworden.

„Meine Aufmerksamkeit", sagt zum Beispiel 1858 ein englischer Fabrikinspektor, „wurde auf eine Annonce in dem Lokalblatt einer der bedeutendsten Manufakturstädte meines Distrikts gelenkt: Benötigt 12 bis 20 Jungen, nicht jünger als was für 13 Jahre passieren kann usw. Die Phrase, 'was für 13 Jahre passieren kann', bezieht sich darauf, dass nach dem Fabrikgesetz Kinder unter 13 Jahren nur 6 Stunden arbeiten dürfen."

Wie aus einer offiziellen medizinischen Untersuchung im Jahre 1861 hervorgeht, ist die erhöhte Kindersterblichkeit in den englischen Industriebezirken hauptsächlich auf die außerhäusliche Beschäftigung der Mütter zurückzuführen und auf die daraus entspringende Vernachlässigung und Misshandlung der Kinder und nicht zuletzt auf die Entfremdung zwischen Mutter und Kind.

Die durch die kapitalistische Ausbeutung von Frauen und Kindern verursachte moralische Erniedrigung ist von F. Engels in seinem Werk »Lage der arbeitenden Klasse Englands« und anderen Schriftstellern erschöpfend behandelt worden, so dass ich sie an dieser Stelle nur zu erwähnen brauche.

Verlängerung des Arbeitstages

Wenn die Maschinerie das gewaltigste Mittel ist, die Produktivität der Arbeit zu steigern, dass heißt die zur Produktion einer Ware nötige Arbeitszeit zu verkürzen, wird sie in den Händen des Kapitals in den zuerst von ihr ergriffenen Industrien zum gewaltigsten Mittel, den Arbeitstag über alle naturgemäße Schranken hinaus zu verlängern.

Die aktive Lebenszeit einer Maschine ist abhängig von der Länge des Arbeitstages oder von der Dauer des täglichen Arbeitsprozesses, multipliziert mit der Anzahl der Tage, an denen sich der Arbeitsprozess wiederholt.

Der materielle Maschinenverschleiß ist doppelt. Der eine entsteht aus ihrem Gebrauch, wie Münzen sich beim Zirkulieren abnutzen, der andere aus ihrem Nichtgebrauch, wie ein Schwert rostet, das in der Scheide steckengelassen wird.

Neben dem materiellen unterliegt die Maschine aber auch einem sozusagen moralischen Verschleiß. Sie verliert Tauschwert entweder durch Maschinen derselben Konstruktion, die billiger produziert werden können, oder durch bessere Maschinen, die konkurrierend neben sie treten. In beiden Fällen ist ihr Wert bestimmt durch die zu ihrer eigenen Reproduktion oder zur Reproduktion der besseren Maschine notwendigen Arbeitszeit. Sie hat daher mehr oder weniger an Weil verloren. Je kürzer die Periode ist, worin ihr Gesamtwert reproduziert wird, desto geringer ist die Gefahr des moralischen Verschleißes; und je länger der Arbeitstag ist, um so kürzer jene Periode. Bei der ersten Einführung der Maschinerie folgen Schlag auf Schlag neue Methoden zu ihrer billigen Reproduktion und Verbesserungen, die nicht nur einzelne Teile, sondern ihre ganze Konstruktion ergreifen. In ihrer ersten Lebensperiode wirkt daher dies besondere Motiv zur Verlängerung des Arbeitstages am heftigsten.

Die Entwicklung des Fabriksystems bindet einen stets wachsenden Bestandteil des Kapitals in eine Form, worin es einerseits sich fortwährend selbst verwerten kann, andererseits Gebrauchswert und Tauschwert verliert, sobald sein Kontakt mit der lebendigen Arbeit unterbrochen wird. Die Maschinerie produziert relativen Mehrwert, nicht nur, indem sie die Arbeitskraft direkt entwertet und dieselbe indirekt durch Verbilligung der in ihre Reproduktion eingehenden Waren verbilligt, sondern auch, indem sie bei ihrer ersten sporadischen Einführung die vom Maschinenbesitzer verwandte Arbeit in Arbeit höheren Grades und größerer Wirksamkeit verwandelt, den gesellschaftlichen Wert des produzierten Artikels über seinen individuellen Wert erhöht und den Kapitalisten so befähigt, mit geringerem Wertteil des Tagesprodukts den Tageswert der Arbeitskraft zu ersetzen. Während dieser Übergangsperiode, worin der Maschinengebrauch eine Art Monopol bleibt, sind daher die Gewinne außerordentlich.

Mit der Verallgemeinerung der Maschinerie in einem Industriezweig sinkt der gesellschaftliche Wert des Produkts auf seinen individuellen Wert und es macht sich das Gesetz geltend, dass der Mehrwert nicht aus der Arbeitskraft entspringt, welche durch die Maschine ersetzt wurde, sondern aus der Arbeitskraft, welche an dieser Maschine beschäftigt ist.

Der Mehrwert entspringt nur aus dem variablen Teil des Kapitals und bei gegebener Länge des Arbeitstages wird die Rate des Mehrwertes bestimmt durch das Verhältnis, worin der Arbeitstag in notwendige Arbeit und Mehrarbeit zerfällt. Die Anzahl der gleichzeitig beschäftigten Arbeiter hängt ihrerseits ab von dem Verhältnis des variablen Teils des Kapitals zu dem konstanten. Es ist nun klar, dass der Maschinenbetrieb, wie immer er durch Steigerung der Produktivkraft der Arbeit die Mehrarbeit auf Kosten der notwendigen Arbeit ausdehne, dieses Resultat nur hervorbringt, indem er die Anzahl der von einem gegebenen Kapital beschäftigten Arbeiter vermindert. Er verwandelt einen Teil des Kapitals, der früher variabel war, das heißt sich in lebendige Arbeitskraft umsetzte, in Maschinen, also in konstantes Kapital, das keinen Mehrwert produziert. Es ist zum Beispiel unmöglich, aus zwei Arbeitern genau so viel Mehrwert herauszupressen wie aus 24. Wenn jeder der 24 Arbeiter auf zwölf Stunden nur eine Stunde Mehrarbeit liefert, liefern sie zusammen 24 Stunden Mehrarbeit, während die Gesamtarbeit der zwei Arbeiter nur 24 Stunden beträgt. Es liegt also in der Anwendung der Maschinerie zur Produktion von Mehrwert ein immanenter Widerspruch, indem sie von den beiden Faktoren des Mehrwertes, den ein Kapital von gegebener Größe liefert, den einen Faktor, die Rate des Mehrwertes, nur dadurch vergrößert, dass sie den anderen Faktor, die Arbeiterzahl, verkleinert. Dieser Widerspruch zeigt sich, sobald mit der Verallgemeinerung der Maschinerie in einem gegebenen Industriezweig der Wert der maschinenmäßig produzierten Ware zum regelnden Wert aller Waren derselben Art wird, und es ist dieser Widerspruch, der wiederum das Kapital zur gewaltsamen Verlängerung des Arbeitstages treibt, um die Abnahme in der relativen Anzahl der ausgebeuteten Arbeiter durch Zunahme nicht nur der relativen, sondern auch der absoluten Mehrarbeit zu kompensieren.

Wenn also die kapitalistische Anwendung der Maschinerie einerseits neue mächtige Motive zur maßlosen Verlängerung des Arbeitstages schafft und die Arbeitsweise selbst wie den Charakter des gesellschaftlichen Arbeitsorganismus in einer Art umwälzt, die den Widerstand gegen diese Tendenz bricht, produziert sie andererseits, teils durch Einstellung von dem Kapital früher unzugänglicher Schichten der Arbeiterklasse, teils durch Freisetzung der von der Maschine verdrängten Arbeiter eine überflüssige Arbeiterbevölkerung, die sich das Gesetz vom Kapital diktieren lassen muss.

Daher die merkwürdige Erscheinung in der modernen Geschichte der Industrie, dass die Maschine alle sittlichen und natürlichen Schranken des Arbeitstages über den Haufen wirft. Daher auch das ökonomische Paradoxon, dass das gewaltigste Mittel zur Verkürzung der Arbeitszeit zum unfehlbarsten Mittel wird, zusätzliche Lebenszeit des Arbeiters und seiner Familie zur Verfügung des Kapitalisten zwecks Vergrößerung des Wertes seines Kapitals zu stellen.

Intensivierung der Arbeit

Es ist selbstverständlich, dass mit dem Fortschritt des Maschinenwesens und der gehäuften Erfahrung einer besonderen Klasse von Maschinenarbeitern die Geschwindigkeit und die Intensität der Arbeit naturwüchsig zunehmen. So ging in England während eines halben Jahrhunderts die Verlängerung des Arbeitstages Hand in Hand mit der Steigerung der Intensität der Fabrikarbeit. Trotzdem muss unvermeidlich einmal der Punkt erreicht werden, wo Ausdehnung des Arbeitstages und Intensität der Arbeit sich gegenseitig ausschließen, so dass die Verlängerung des Arbeitstages nur mit niedrigerem Intensitätsgrad und umgekehrt ein erhöhter Intensitätsgrad nur mit Verkürzung des Arbeitstages verträglich bleibt. Sobald die allmählich anwachsende Empörung der Arbeiterklasse den Staat zwang, die Arbeitszeit gewaltsam zu verkürzen und zunächst der eigentlichen Fabrik einen Normalarbeitstag zu diktieren, von diesem Augenblick also, wo gesteigerte Produktion von Mehrwert durch Verlängerung des Arbeitstages ein für allemal abgeschnitten war, warf sich das Kapital mit aller Macht auf die Produktion von relativem Mehrwert durch beschleunigte Entwicklung des Maschinensystems.

Gleichzeitig fand eine Änderung in der Natur des relativen Mehrwertes statt. Die intensivere Stunde des zehnstündigen Arbeitstages enthält soviel oder mehr Arbeit, dass heißt verausgabte Arbeitskraft, als die porösere Stunde des zwölfstündigen Arbeitstages. Das Produkt der ersteren hat daher genau soviel oder mehr Wert als das Produkt der letzteren.

Wie wird die Arbeit intensiviert?

Die erste Wirkung des verkürzten Arbeitstages beruht auf dem selbstverständlichen Gesetz, dass die Wirksamkeit der Arbeitskraft in umgekehrtem Verhältnis zur Dauer ihrer Wirkung steht. Es wird daher innerhalb gewisser Grenzen am Grad ihrer Kraftäußerung gewonnen, was an ihrer Dauer verloren geht. Sobald die Verkürzung des Arbeitstages zwangsgesetzlich wird, wird die Maschine in der Hand des Kapitals zum objektiven und systematisch angewandten Mittel, mehr Arbeit in derselben Zeit herauszupressen. Es geschieht dies in doppelter Weise: durch erhöhte Geschwindigkeit der Maschinen und erweiterten Umfang der von einem Arbeiter zu überwachenden Maschinerie.

Verbesserte Konstruktion der Maschinerie ist teils notwendig zur Ausübung des größeren Druckes auf den Arbeiter, teils, weil die verkürzte Arbeitszeit den Kapitalisten zur strengsten Überwachung der Produktionskosten zwingt. Die Verbesserung der Dampfmaschine hat die Geschwindigkeit des Kolbens gesteigert und es gleichzeitig ermöglicht, durch bessere Kraftausnutzung mit derselben oder sogar noch kleineren Kohlenmenge mehr Maschinen mit derselben Dampfmaschine zu treiben. Die Verbesserungen des Übertragungsmechanismus haben die Reibung verringert, die Größe und das Gewicht der Welle zu einem beständig abnehmenden Minimum verkleinert. Schließlich haben die Verbesserungen der Arbeitsmaschinen ihre Geschwindigkeit und Wirksamkeit erhöht, wie bei dem modernen Kraftwebstuhl, während ihre Größe gleichzeitig verringert wurde, oder sie haben, während gleichzeitig die Größe ihrer Rahmenarbeit vergrößert wurde, das Ausmaß und die Zahl der arbeitenden Teile, wie bei den Spinnmaschinen, vergrößert, oder sie haben die Geschwindigkeit dieser Arbeitsteile durch kleine Änderungen erhöht.

Die Fabrikinspektoren haben bereits gestanden, dass die Verkürzung des Arbeitstages eine die Gesundheit der Arbeiter, also die Arbeitskraft selbst zerstörende Intensität der Arbeit hervorgerufen habe. Es unterliegt nicht dem geringsten Zweifel, dass die Tendenz des Kapitals, sobald ihm Verlängerung des Arbeitstages ein für allemal durch das Gesetz abgeschnitten ist, sich durch systematische Steigerung der Intensität der Arbeit gütlich zu tun und jede Verbesserung der Maschine in ein Mittel zu größerer Aussaugung der Arbeitskraft zu verkehren, bald wieder zu einem Wendepunkt treiben muss, wo abermalige Verkürzung der Arbeitszeit unvermeidlich wird. Unter den Fabrikarbeitern in Lancashire hat jetzt (1867) die Achtstundenagitation begonnen.

Die Fabrik

Mit dem Handwerkszeug geht auch die Geschicklichkeit des Arbeiters in seiner Handhabung auf die Maschine über. Die Leistungsfähigkeit des Werkzeuges ist emanzipiert von den persönlichen Schranken menschlicher Arbeitskraft. Damit ist die technische Grundlage, worauf die Arbeitsteilung in der Manufaktur beruht, aufgehoben. An die Stelle der sie charakterisierenden Hierarchie spezialisierter Arbeiter tritt daher in der automatischen Fabrik die Tendenz der Gleichmachung und Nivellierung der Arbeiten, welche die Gehilfen der Maschinen zu verrichten haben, an die Stelle der künstlich erzeugten Unterschiede der Teilarbeiter tritt der natürliche Unterschied von Alter und Geschlecht.

Aus der lebenslangen Spezialität, ein bestimmtes Werkzeug zu führen, wird die lebenslange Spezialität, einer Teilmaschine zu dienen. Die Maschinerie wird missbraucht, um den Arbeiter von seiner frühesten Kindheit an in den Teil einer Teilmaschine zu verwandeln.

In Manufaktur und Handwerk bedient sich der Arbeiter des Werkzeuges, in der Fabrik dient er der Maschine. Dort geht von ihm die Bewegung des Arbeitsmittels aus, dessen Bewegung er in der Fabrik zu folgen hat. In der Manufaktur bilden die Arbeiter Glieder eines lebendigen Mechanismus. In der Fabrik existiert ein toter Mechanismus unabhängig von den Arbeitern und sie werden ihm als lebendige Anhängsel einverleibt.

Während die Maschinenarbeit das Nervensystem aufs äußerste angreift, unterdrückt sie gleichzeitig das vielseitige Spiel der Muskeln und konfisziert alle freie körperliche und geistige Tätigkeit. Selbst die Erleichterung der Arbeit wird zu einer Tortur, da die Maschine den Arbeiter nicht von der Arbeit befreit, sondern die Arbeit allen Inhalts beraubt. Aller kapitalistischen Produktion ist es gemeinsam, dass nicht der Arbeiter die Arbeitsinstrumente, sondern die Arbeitsinstrumente den Arbeiter beschäftigen. Aber erst in der Fabrik erhält diese Umkehrung technisch handgreifliche Wirklichkeit. Durch seine Verwandlung in einen Automaten tritt das Arbeitsmittel während des Arbeitsprozesses selbst dem Arbeiter als Kapital gegenüber, als tote Arbeit, welche die lebendige Arbeitskraft beherrscht und auspumpt.

Die technische Unterordnung des Arbeiters unter den gleichförmigen Gang der Arbeitsmittel und die eigentümliche Zusammensetzung des Arbeitskörpers aus Individuen beider Geschlechter und verschiedenster Altersstufen schaffen eine kasernenmäßige Disziplin, die sich zum vollständigen Fabrikregime ausgebildet und die schon früher erwähnte Arbeit der Oberaufsicht, also zugleich die Teilung der Arbeiter in Handarbeiter und Arbeitsaufseher, in gemeine Industriesoldaten und Industrieunteroffiziere, völlig entwickelt. Der Fabrikkodex, worin das Kapital seine Autokratie über seine Arbeiter formuliert, ist nur die kapitalistische Karikatur der gesellschaftlichen Regelung des Arbeitsprozesses, welche nötig wird mit der Kooperation auf großer Stufenleiter und der Anwendung der Maschine. An der Stelle der Peitsche des Sklaventreibers tritt das Strafbuch des Aufsehers. Hat Fourier Unrecht, wenn er die Fabriken »gemilderte Bagnos« nennt?

d) Kampf zwischen Arbeiter und Maschine

Der Kampf zwischen Kapitalist und Lohnarbeiter beginnt mit dem Kapitalverhältnis selbst. Er tobt während der ganzen Manufakturperiode. Aber erst seit der Einführung der Maschinerie bekämpft der Arbeiter das Arbeitsmittel selbst, die materielle Verkörperung des Kapitals, Er revoltiert gegen diese besondere Form der Produktionsmittel als materielle Grundlage der kapitalistischen Produktionsweise.

Im 17. Jahrhundert erlebte fast ganz Europa Revolten der Arbeiter gegen den Bandwebstuhl. Eine von einem Holländer in der Nähe von London errichtete Windsägemühle erlag den Ausschreitungen der Bevölkerung. Everet hatte im Jahre 1758 kaum die erste von Wasserkraft getriebene Wollschneidemaschine aufgestellt, als sie auch schon von 100.000 Menschen, die arbeitslos geworden waren, angezündet wurde. Die ungeheure Maschinenzerstörung in englischen Manufakturbezirken während der ersten 15 Jahre des 19. Jahrhunderts, die als Ludditenbewegung bekannt wurde, gab den Regierungen einen Vorwand für die reaktionärsten Gewaltmaßnahmen. Es kostete die Arbeiter Zeit und Erfahrung, bis sie zwischen Maschinerie und ihrer Anwendung durch das Kapital unterscheiden lernten und ihre Angriffe nicht gegen die materiellen Produktionsmittel, sondern gegen die Art ihres Gebrauchs richteten.

Als Maschine wird das Arbeitsmittel sofort zum Konkurrenten des Arbeiters selbst. Wo die Maschine allmählich einen Industriezweig ergreift, produziert sie chronisches Elend in der mit ihr konkurrierenden Arbeiterschicht. Wo der Übergang rasch ist, wirkt sie akut und massenhaft. Das Arbeitsmittel erschlägt den Arbeiter. Dieser direkte Gegensatz erscheint am handgreiflichsten, so oft neueingeführte Maschinerie mit überliefertem Handwerks- oder Manufakturbetrieb konkurriert.

In der modernen Industrie haben die ständige Verbesserung der Maschinerie und die Entwicklung des automatischen Systems einen analogen Effekt. Wer hätte im Jahre 1860, dem Höhepunkt der englischen Baumwollindustrie, von den rasenden Verbesserungen der Maschinerie und der entsprechenden Entlassung der Arbeiter geträumt, die während der folgenden drei Jahre unter dem Stachel des amerikanischen Bürgerkrieges hervorgerufen wurden? Von 1861 bis 1868 vergrößerte sich die Anzahl der Spindeln um 1.612.541, während die Anzahl der Arbeiter um 50.505 abnahm.

Die Maschinerie ist die machtvollste Waffe zur Unterdrückung von Streiks und jener periodischen Revolten der Arbeiterklasse gegen die Autokratie des Kapitals. Die Dampfmaschine war von allem Anfang an ein Gegner der menschlichen Arbeitskraft, ein Gegner, der es dem Kapitalisten möglich machte, die wachsenden Ansprüche der Arbeiter, die das neugeborene Fabriksystem mit einer Krisis bedrohten, unberücksichtigt zu lassen. Man könnte eine ganze Geschichte über Erfindungen schreiben, die seit 1830 nur gemacht wurden, um den Kapitalisten mit Waffen gegen die Revolten der Arbeiterklasse zu versehen.

e) Verdrängung und Anziehung von Arbeitern durch den Maschinenbetrieb

Die von der kapitalistischen Anwendung der Maschinerie untrennbaren Widersprüche und Gegnerschaften existieren nicht als solche, da sie nicht aus der Maschinerie entstehen, sondern aus der kapitalistischen Anwendung! Es ist eine unzweifelhafte Tatsache, dass die Maschinerie an sich nicht verantwortlich ist für das »Freisetzen« der Arbeiter von ihren Existenzmitteln.

Entsprechend der steigenden Masse von Rohstoffen, Halbfabrikaten, Arbeitsinstrumenten usw., die der Maschinenbetrieb mit einer relativ kleinen Arbeiterzahl liefert, sondert sich die Bearbeitung dieser Rohstoffe und Halbfabrikate in zahllose Unterarten, wächst also die Mannigfaltigkeit der gesellschaftlichen Produktionszweige. Das Fabriksystem treibt die gesellschaftliche Teilung der Arbeit ungleich weiter als die Manufaktur, weil es die Produktivkraft der von ihm ergriffenen Gewerbe in weit höherem Masse vermehrt.

Das unmittelbare Resultat der Maschinerie ist, den Mehrwert und die Produktenmasse, worin Mehrwert verkörpert ist, zu steigern. Und da die Substanz, wovon die Kapitalistenklasse samt Anhang zehrt, reichlicher wird, vergrößern sich auch die Gesellschaftsschichten. Ihr wachsender Reichtum und die relativ verkleinerte Anzahl der zur Produktion der notwendigen Lebensmittel erforderlichen Arbeiter erzeugen mit neuen Luxusbedürfnissen zugleich die Mittel zu ihrer Befriedigung. Ein größerer Teil des gesellschaftlichen Produkts verwandelt sich in Surplusprodukt, und ein größerer Teil des Surplusprodukts wird in verfeinerten und vermannigfachten Formen für die Konsumtion geliefert. Mit anderen Worten, die Luxusproduktion wächst. Endlich erlaubt die außerordentlich erhöhte Produktivkraft der modernen Industrie, begleitet, wie sie ist, von intensiv und extensiv gesteigerter Ausbeutung der Arbeitskraft in allen übrigen Produktionssphären, einen stets größeren Teil der Arbeiterklasse unproduktiv zu verwenden und so die alten Hausklaven unter dem Namen der dienenden Klasse in stets wachsendem Ausmaß zu reproduzieren.

Die Vermehrung der Produktions- und Lebensmittel bei relativ abnehmender Arbeiterzahl verursacht eine größere Nachfrage nach Arbeit in Industriezweigen, deren Produkte, wie Kanäle, Warendocks, Tunnels, Brücken usw., nur in ferner Zukunft Früchte tragen. Es bilden sich ganz neue Produktionszweige und daher neue Arbeitsgebiete als direktes Resultat des Maschinenwesens oder der ihm entsprechenden allgemeinen industriellen Umwälzung.

Solange sich das Fabriksystem in einem gegebenen Industriezweig auf Kosten des alten Handwerks oder der Manufaktur ausbreitet, ist sein Erfolg so sicher wie der Erfolg einer mit Hinterladern versehenen Armee gegen eine Armee von Bogenschützen. Diese erste Periode, während deren die Maschine ihr Aktionsfeld erobert, ist infolge des außerordentlichen Profits, den sie zu erzeugen hilft, von entscheidender Bedeutung. Sobald jedoch das Fabriksystem eine gewisse Fußbreite und einen bestimmten Reifegrad erreicht hat, und besonders sobald seine technische Basis, die Maschinerie, selbst durch Maschinerie erzeugt wird, sobald die Kohle- und Eisenerzeugung, die Metallindustrien und die Transportmittel revolutioniert worden sind, kurz, sobald die allgemeinen für die Produktion durch das moderne industrielle System erforderlichen Bedingungen sich gefestigt haben, erhält diese Produktionsart eine Elastizität, eine Fähigkeit für plötzliche sprunghafte Ausdehnung, die kein Hindernis kennt, außer der Versorgung mit Rohmaterial und der Beschränktheit des Absatzmarktes. Einerseits bewirkt die Maschinerie eine Steigerung der Rohmaterialversorgung. Andererseits liefert die Billigkeit der durch Maschinerie erzeugten Artikel und die verbesserten Transport- und Nachrichtenmittel die Waffen zur Eroberung ausländischer Märkte. In allen Ländern, in denen die moderne Industrie Wurzel gefasst hat, gibt sie durch die ständige »Überzähligmachung« von Arbeitern einen Antrieb zum Auswandern und zum Kolonisieren fremder Länder, die hierdurch in Niederlassungen für die Erzeugung von Rohmaterial des Mutterlandes verwandelt werden. Es entsteht eine neue internationale Arbeitsteilung, die sich den Erfordernissen der Hauptzentren der modernen Industrie anpasst und einen Teil des Erdballes in ein hauptsächlich landwirtschaftliches Produktionsgebiet zur Versorgung des anderen Teiles verwandelt. Diese Entwicklung hängt mit Umwälzungen in der Landwirtschaft zusammen, die wir hier nicht weiter untersuchen brauchen.

Die ungeheure, stoßweise Ausdehnbarkeit des Fabriksystems und seine Abhängigkeit vom Weltmarkt erzeugen notwendig fieberhafte Produktion und darauffolgende Überfüllung der Märkte, mit deren Kontraktion Lähmung eintritt. Das Leben der modernen Industrie verwandelt sich in eine Reihenfolge von Perioden mittlerer Lebendigkeit, Prosperitäten, Überproduktion, Krise und Stagnation. Die Unsicherheit und Unstetigkeit, denen der Maschinenbetrieb die Beschäftigung und damit die Lebenslage des Arbeiters unterwirft, werden normal mit diesem Periodenwechsel des industriellen Zyklus. Die Zeiten der Prosperität abgerechnet, rast zwischen den Kapitalisten heftigster Kampf um ihren Anteil am Markt.

Das Anwachsen der Anzahl der Fabrikarbeiter ist bedingt durch ein proportionell viel rascheres Wachsen des in den Fabriken angelegten Gesamtkapitals. Dieser Prozess vollzieht sich aber nur innerhalb der Ebbe- und Flutperioden des industriellen Zyklus von Prosperität und Krise. Er wird zudem stets unterbrochen durch den technischen Fortschritt, der Arbeiter bald virtuell ersetzt, bald faktisch verdrängt. Dieser qualitative Wechsel in der mechanischen Industrie entfernt beständig Arbeiter aus der Fabrik oder verschließt ihr Tor dem neuen Rekrutenstrom, während die bloße quantitative Ausdehnung der Fabriken neben den Herausgeworfenen frische Kontingente verschlingt. Die Arbeiter werden so fortwährend abgestoßen und angezogen, hin- und hergeschleudert.

f) Revolutionierung von Handwerk und Hausarbeit durch die moderne Industrie

Die Produktion in allen anderen Industriezweigen dehnt sich mit der Entwicklung des Fabrikwesens nicht nur aus, sondern ändert ihren Charakter. Dies gilt nicht nur für alle auf großer Stufenleiter kombinierter Produktion, ob sie Maschinerie anwende oder nicht, sondern auch für die sogenannte Heimindustrie, ob ausgeübt in den Privatwohnungen der Arbeiter oder in kleinen Werkstätten. Diese moderne sogenannte Heimindustrie hat mit der altmodischen Heimindustrie, die die Existenz des unabhängigen städtischen Handwerks, selbständige Bauernwirtschaft und vor allem ein Wohnhaus für den Arbeiter und seine Familie voraussetzt, nichts gemein als den Namen. Diese Heimindustrie ist jetzt verwandelt in die auswärtige Abteilung der Fabrik, der Manufaktur oder des Warenhauses, Neben den Fabrikarbeitern, Manufakturarbeitern und Handwerkern, die es in großen Massen auf einen Fleck zusammendrängt und direkt kommandiert, bewegt das Kapital durch unsichtbare Fäden eine andere Armee in den großen Städten und über das flache Land verstreuter Heimarbeiter.

Die durch das Fabriksystem erst systematisch ausgebildete Ökonomisierung der Produktionsmittel, von vornherein zugleich rücksichtsloseste Verschwendung der Arbeitskraft und Raub an den normalen Voraussetzungen der Arbeitsfunktion - kehrt jetzt ihre vernichtende und menschenmörderische Seite um so mehr heraus, je weniger in einem Industriezweig die gesellschaftliche Produktivkraft der Arbeit und die technische Grundlage kombinierter Arbeitsprozesse entwickelt sind.

Die Ausbeutung in der Heimarbeit ist schamloser, weil die Widerstandsfähigkeit der Arbeiter mit ihrer Zersplitterung abnimmt, weil eine ganze Reihe räuberischer Parasiten sich zwischen den eigentlichen Arbeitgeber und den Arbeiter drängen, weil die Heimarbeit überall mit Maschinenbetrieben oder wenigstens Manufakturbetrieben desselben Produktionszweiges, weil die Armut dem Heimarbeiter Raum, Licht, Ventilation usw. raubt und endlich, weil in dieser letzten Zufluchtsstätte der durch die moderne Industrie und Landwirtschaft »überzählig« Gemachten die Konkurrenz der Arbeiter untereinander das höchste Maß erreicht.

g) Fabrikgesetzgebung

Die Fabrikgesetzgebung, diese erste bewusste und planmäßige Reaktion der Gesellschaft auf die spontane Entwicklung ihres Produktionsprozesses, ist ebenso sehr ein notwendiges Produkt der modernen Industrie; wie Baumwollgarn und der elektrische Telegraph.

Solange die Fabrikgesetzgebung nur die Arbeit in Fabriken und Manufakturbetrieben regelt, erscheint sie als bloße Einmischung in die Ausbeutungsrechte des Kapitals. Jede Regulierung der sogenannten »Heimarbeit« stellt sich dagegen sofort als direkter Eingriff in die elterliche Autorität dar, wovor das zartfühlende englische Parlament lange zurückschreckte. Die Gewalt der Tatsachen zwang jedoch, endlich anzuerkennen, dass die moderne Industrie mit der ökonomischen Grundlage des alten Familienwesens und der ihr entsprechenden Familienarbeit auch die alten Familienverhältnisse selbst auflöst. Das Recht der Kinder musste proklamiert werden.

Die Notwendigkeit, das Fabrikgesetz aus einem Ausnahmegesetz für mechanische Spinnereien und Webereien in ein Gesetz umzuwandeln, das die gesellschaftliche Produktion als Ganzes betraf, entsprang der geschichtlichen Entwicklung der modernen Industrie. Durch die moderne Industrie wird die überlieferte Gestalt von Manufaktur, Handwerk und Hausarbeit gänzlich umgewälzt. Handwerk und Manufakturarbeit geht beständig an die Fabriken über, während die Heimarbeit in Jammerhöhlen stattfindet, wo die tollsten Ungeheuerlichkeiten der kapitalistischen Ausbeutung ihr freies Spiel trieben. Zwei Umstände gaben jedoch zuletzt den Ausschlag: erstens die wiederholte Erfahrung, dass das Kapital, sobald es sich der Staatskontrolle an einem Punkt unterworfen sieht, sich an anderen Stellen um so maßloser entschädigt; zweitens der Schrei der Kapitalisten selbst nach Gleichheit der Konkurrenzbedingungen, dass heißt nach gleichen Einschränkungen der Arbeitsausbeutung.

Wenn die Verallgemeinerung der Fabrikgesetzgebung als physisches und geistiges Schutzmittel der Arbeiterklasse unvermeidlich geworden ist, beschleunigt sie andererseits die Verwandlung zahlreicher zerstreuter kleiner Betriebe in Industrien mit kombinierten Arbeitsprozessen auf großer Stufenleiter, sie beschleunigt also die Konzentration des Kapitals und die Alleinherrschaft des Fabriksystems. Sie zerstört alle altertümlichen und Übergangsformen, wohinter sich die Herrschaft des Kapitals noch teilweise versteckt, und ersetzt sie durch seine direkte, unverhüllte Herrschaft.

Damit verallgemeinert sie auch den direkten Kampf gegen diese Herrschaft. Während sie in den individuellen Werkstätten Gleichförmigkeit, Regelmäßigkeit, Ordnung und Ökonomie erzwingt, vermehrt sie durch den ungeheuren Ansporn, den Schranke und Regel des Arbeitstages der Technik aufdrücken, die Anarchie und Katastrophen der kapitalistischen Produktion im großen und ganzen, die Intensität der Arbeit und die Konkurrenz der Maschinerie mit dem Arbeiter. Mit den Sphären des Kleinbetriebes und der Heimarbeit vernichtet sie die letzte Zufluchtsstätte der »überzähligen Bevölkerung« und damit das einzige bisherige Sicherheitsventil des ganzen gesellschaftlichen Mechanismus. Mit den materiellen Bedingungen und der gesellschaftlichen Kombination des Produktionsprozesses reift sie die Widersprüche und Gegensätze seiner kapitalistischen Form, daher gleichzeitig die Bildungselemente einer neuen und die Umwälzungsmomente der alten Gesellschaft.

h) Moderne Industrie und Landwirtschaft

Im Ackerbau ist der Gebrauch der Maschine großenteils frei von den physischen Nachteilen, die sich daraus für den Fabrikarbeiter ergeben, doch wirkt sie, hier noch intensiver und ohne Gegenstoß auf die »Überzähligmachung« der Arbeiter. In den Vereinigten Staaten von Nordamerika ersetzen zwar landwirtschaftliche Maschinen einstweilen nur potentiell Arbeiter, dass heißt sie erlauben dem Produzenten eine größere Fläche zu bebauen, verjagen aber nicht wirklich beschäftigte Arbeiter (wie in England).

In der Sphäre der Landwirtschaft wirkt die große Industrie insofern revolutionär, als sie den Bauern, das Bollwerk der alten Gesellschaft (an vielen Orten) vernichtet, und ihm den Lohnarbeiter unterschiebt. Die sozialen Gegensätze des Landes werden so denen der Stadt angeglichen. Ferner vermehrt die kapitalistische Produktionsweise mit dem stets wachsenden Übergewicht der städtischen Bevölkerung, die sie in großen Zentren zusammenwirft, die geschichtliche Bewegungskraft der Gesellschaft, zerstört allerdings gleichzeitig den Stoffwechsel zwischen Mensch und Erde sowohl wie die physische Gesundheit der Stadtarbeiter und das geistige Leben der Landarbeiter.

Es tritt zwar an die Stelle des traditionsgebundenen und irrationellen Betriebes (zunehmend) die bewusste, technologische Anwendung der Wissenschaft, aber in der Landwirtschaft wie in der Industrie erscheint die kapitalistische Umwandlung des Produktionsprozesses zugleich als Märtyrertum des Produzenten und die gesellschaftliche Organisation des Arbeitsprozesses als organisierte Unterdrückung seiner individuellen Lebendigkeit, Freiheit und Selbständigkeit. Die Zerstreuung der Landarbeiter über größere Gebiete bricht außerdem ihre Widerstandskraft, während Konzentration die der städtischen Arbeiter steigert. Wie in der städtischen Industrie wird in der modernen Agrikultur die gesteigerte Produktivität der Arbeit erkauft durch Verwüstung der Arbeitskraft selbst. Außerdem ist nicht jeder Fortschritt der kapitalistischen Agrikultur nur ein Fortschritt in der Kunst, den Arbeiter, sondern zugleich in der Kunst, den Boden zu berauben; jeder Fortschritt in Steigerung der Fruchtbarkeit des Bodens für eine gegebene Zeitfrist ist zugleich ein Fortschritt im Ruin der dauernden Quellen dieser Fruchtbarkeit. Je mehr ein Land von der modernen Industrie als der Basis seiner Entwicklung ausgeht, wie zum Beispiel die Vereinigten Staaten, desto rascher ist dieser Zerstörungsprozess. Die kapitalistische Produktion entwickelt daher nur die Technik und Kombination des gesellschaftlichen Produktionsprozesses, indem sie zugleich die Quellen allen Reichtums – die Erde und den Arbeiter – untergräbt.

V. Die Produktion des absoluten und relativen Mehrwertes

14. Absoluter und relativer Mehrwert

Mit dem kooperativen Charakter des Arbeitsprozesses erweitert sich notwendigerweise auch der Begriff der produktiven Arbeit und der ihres Trägers, des produktiven Arbeiters. Um produktiv zu arbeiten, ist es nun nicht mehr nötig, selbst Hand anzulegen; es genügt, Organ des Gesamtarbeiters zu sein, irgendeine seiner Unterfunktionen zu vollziehen. Andererseits aber verengt sich der Begriff der produktiven Arbeit. Nur der Arbeiter ist produktiv, der Mehrwert für den Kapitalisten produziert und so für die Ausdehnung des Kapitals arbeitet.

Der Begriff der produktiven Arbeit schließt daher keineswegs bloß ein Verhältnis zwischen Tätigkeit und Nutzeffekt, zwischen Arbeiter und Arbeitsprodukt ein, sondern auch ein spezifisch gesellschaftliches Verhältnis der Produktion, ein Verhältnis, das historisch entstanden ist und den Arbeiter zum direkten Erzeugnismittel von Mehrwert stempelt.

Die Verlängerung des Arbeitstages über den Punkt hinaus, wo der Arbeiter nur ein Äquivalent für den Wert seiner Arbeitskraft produziert hätte, und die Aneignung dieser Mehrarbeit durch das Kapital – das ist die Produktion des absoluten Mehrwertes. Sie bildet die allgemeine Grundlage des kapitalistischen Systems und den Ausgangspunkt der Produktion des relativen Mehrwertes. Um die Mehrarbeit zu verlängern, wird die notwendige Arbeit verkürzt durch Methoden, vermittels deren das Äquivalent des Arbeitslohns in weniger Zeit produziert wird. Die Produktion des absoluten Mehrwertes dreht sich nur um die Länge des Arbeitstages; die Produktion des relativen Mehrwertes revolutioniert durch und durch die technischen Prozesse der Arbeit.

Von gewissem Gesichtspunkt aus scheint der Unterschied zwischen absolutem und relativem Mehrwert illusorisch zu sein. Der relative Mehrwert ist absolut, denn er bedingt eine absolute Verlängerung des Arbeitstages über die zur Existenz des Arbeiters notwendige Arbeitszeit. Der absolute Mehrwert ist relativ, denn er bedingt eine Entwicklung der Arbeitsproduktivität, welche erlaubt, die notwendige Arbeitszeit auf einen Teil des Arbeitstages zu beschränken. Fasst man aber die Bewegung des Mehrwertes ins Auge, so verschwindet dieser Schein der Identität. Sobald die kapitalistische Produktionsweise einmal hergestellt und allgemeine Produktionsweise geworden ist, macht sich der Unterschied zwischen absolutem und relativem Mehrwert fühlbar.

Setzen wir voraus, dass die Arbeit nach ihrem Wert bezahlt wird, dann stehen wir vor dieser Alternative: Die Produktivität der Arbeit und ihren Normalgrad von Intensität gegeben, ist die Rate des Mehrwertes nur erhöhbar durch tatsächliche Verlängerung des Arbeitstages; andererseits, bei gegebener Grenze des Arbeitstages, ist die Rate des Mehrwertes nur erhöhbar durch relativen Größenwechsel seiner Bestandteile, dass heißt der notwendigen Arbeit und der Mehrarbeit, was seinerseits, soll der Lohn nicht unter den Wert der Arbeitskraft sinken, einen Wechsel in der Produktivität oder der Intensität der Arbeit voraussetzt.

Von der mehr oder minder entwickelten Gestalt der gesellschaftlichen Produktion abgesehen, bleibt die Produktivität der Arbeit an Naturbedingungen gebunden. Die Naturbedingungen zerfallen ökonomisch in zwei große Klassen: natürlichen Reichtum an Lebensmitteln, also Bodenfruchtbarkeit und natürlichen Reichtum an Arbeitsmitteln wie schiffbare Flüsse, Metalle, Kohle usw. Günstige Naturbedingungen lieferten jedoch immer nur die Möglichkeit, niemals die Wirklichkeit der Mehrarbeit, also des Mehrwertes oder des Mehrprodukts.

Die verschiedenen Naturbedingungen bewirken, dass dieselbe Quantität Arbeit in verschiedenen Ländern verschiedene Bedürfnisse befriedigt, dass also, unter sonst analogen Umständen, die notwendige Arbeitszeit verschieden ist. Diese Bedingungen wirken auf die Mehrarbeit nur als natürliche Grenzen, dass heißt durch die Bestimmung des Punktes, wo die Arbeit für andere beginnen kann. In demselben Masse aber, in dem die Industrie fortschreitet, weicht diese Naturschranke zurück.

15. Größenwechsel von Preis der Arbeitskraft und Mehrwert

Unter der Voraussetzung, dass die Waren zu ihrem Wert verkauft werden, dass weiter der Preis der Arbeitskraft gelegentlich über ihren Wert steigt, aber niemals unter ihn sinkt, sahen wir, dass die relative Größe des Mehrwertes und des Preises der Arbeitskraft durch drei Umstände bestimmt wird

1. durch die Länge des Arbeitstages oder die extensive Größe der Arbeit;
2. durch die normale Intensität der Arbeit oder ihre intensive Größe, womit eine gegebene Quantität Arbeit in einer gegebenen Zeit verbraucht wird;
3. durch die Produktivität der Arbeit.

Es ist ganz klar, das sehr verschiedene Kombinationen möglich sind.

Die hauptsächlichsten Kombinationen sind folgende:

I. Die Länge des Arbeitstages und die Intensität der Arbeit sind konstant. Die Produktivität der Arbeit ist veränderlich.
II. Der Arbeitstag ist konstant. Die Produktivität der Arbeit ist konstant. Die Intensität der Arbeit ist veränderlich.
III. Die Produktivität und Intensität der Arbeit sind konstant. Die Länge des Arbeitstages ist veränderlich.
IV. Gleichzeitige Veränderungen in Dauer, Produktivität und Intensität der Arbeit.

16. Verschiedene Formeln für die Rate des Mehrwertes

Die Rate des Mehrwertes wird durch die folgenden Formeln dargestellt:

I.

$$\frac{\text{Mehrwert (m)}}{\text{Variables Kapital (v)}} = \frac{\text{Mehrwert}}{\text{Wert der Arbeitskraft}} = \frac{\text{Mehrwert}}{\text{Notwendige Arbeit}}$$

Die beiden ersten Formeln stellen als Verhältnis von Werten das Verhältnis dar, das in der dritten Formel als Verhältnis von Zeiträumen, in denen diese Werte produziert wurden, dargestellt wird. Diese Formeln, die einander ergänzen, sind begrifflich korrekt.

In der klassischen politischen Ökonomie begegnen wir den folgenden abgeleiteten Formeln:

II.

$$\frac{\text{Mehrarbeit}}{\text{Arbeitstag}} = \frac{\text{Mehrwert}}{\text{Wert des Produkts}} = \frac{\text{Mehrprodukt}}{\text{Gesamtprodukt}}$$

Hier wird dasselbe Verhältnis ausgedrückt als Verhältnis der Arbeitszeiten, der Werte, in denen diese Arbeitszeiten verkörpert sind, und der Produkte, in denen diese Werte existieren.

In all diesen Formeln (II) ist der wirkliche Grad der Ausbeutung der Arbeit oder die Rate des Mehrwertes falsch ausgedrückt. Lassen wir den Arbeitstag zwölf Stunden sein; dann wird der wirkliche Grad der Ausbeutung der Arbeit, wenn man dieselben Voraussetzungen wie bei den früheren Beispielen macht, in den folgenden Proportionen dargestellt:

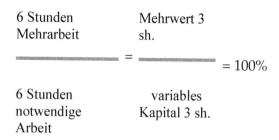

$$\frac{6 \text{ Stunden Mehrarbeit}}{6 \text{ Stunden notwendige Arbeit}} = \frac{\text{Mehrwert 3 sh.}}{\text{variables Kapital 3 sh.}} = 100\%$$

Aus der Formel II erhalten wir etwas ganz anderes:

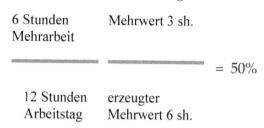

$$\frac{6 \text{ Stunden Mehrarbeit}}{12 \text{ Stunden Arbeitstag}} \quad \frac{\text{Mehrwert 3 sh.}}{\text{erzeugter Mehrwert 6 sh.}} = 50\%$$

Diese abgeleiteten Formeln drücken in Wirklichkeit nur das Verhältnis aus, in dem der Arbeitstag oder der durch ihn produzierte Wert zwischen Kapitalist und Arbeiter aufgeteilt wird. Müssten sie als direkte Ausdrücke des Grades der Selbstausdehnung des Kapitals behandelt werden, würde das folgende irrige Gesetz gelten: Mehrarbeit oder Mehrwert kann niemals 100 Prozent erreichen. Da die Mehrarbeit nur ein ohne Rest aufgehender Teil des Arbeitstages oder der Mehrwert nur ein ohne Rest aufgehender Teil des erzeugten Wertes ist, muss die Mehrarbeit notwendigerweise immer kleiner als der Arbeitstag oder der Mehrwert immer kleiner als der erzeugte Gesamtwert sein.

Das Verhältnis **Mehrarbeit/Arbeitstag** oder **Mehrwert/erzeugter Wert** kann daher niemals die Grenze von 100/100 erreichen und noch weniger steigen auf **(100 + x)/100**. Wohl aber die Rate des Mehrwertes, der wirkliche Grad der Ausbeutung der Arbeit.

Es besteht noch eine dritte Formel; sie lautet:

III.

$$\frac{\text{Mehrwert}}{\text{Wert der Arbeitskraft}} = \frac{\text{Mehrarbeit}}{\text{notwendige Arbeit}} = \frac{\text{unbezahlte Arbeit}}{\text{bezahlte Arbeit}}$$

Nach der früher gegebenen Erklärung kann man durch die Formel unbezahlte Arbeit/bezahlte Arbeit nicht zu dem Missverständnis verleitet werden, dass der Kapitalist für die Arbeit bezahlt und nicht für die Arbeitskraft. Der Kapitalist bezahlt den Wert der Arbeitskraft und erhält dafür die Verfügung über die lebendige Arbeitskraft selbst. Seine Nutznießung dieser Arbeitskraft zerfällt in zwei Perioden. Während der einen Periode produziert der Arbeiter nur einen Wert, der dem Wert seiner, Arbeitskraft gleich ist. So erhält der Kapitalist ein Produkt desselben Preises. Während der Periode der Mehrarbeit dagegen erzeugt die Nutznießung der Arbeitskraft für den Kapitalisten einen Wert, der ihm keinen Gegenwert kostet. In diesem Sinn kann Mehrarbeit unbezahlte Arbeit genannt werden.

Kapital ist daher nicht nur, wie Adam Smith sagt, Kommando über Arbeit. Es ist im wesentlichen Kommando über unbezahlte Arbeit. Jeder Mehrwert, in welcher Form (Profit, Zins oder Rente) er sich später kristallisieren mag, ist in der Substanz die Vergegenständlichung unbezahlter Arbeitszeit. Das Geheimnis der Selbstausdehnung des Kapitals löst sich selbst auf in der Verfügung, die es über eine bestimmte Quantität unbezahlter Arbeit anderer Leute hat.

VI. Der Arbeitslohn

17. Verwandlung von Wert respektive Preis der Arbeitskraft in Arbeitslohn

Auf der Oberfläche der bürgerlichen Gesellschaft erscheint der Lohn des Arbeiters als Preis der Arbeit, ein bestimmtes Quantum Geld, das für ein bestimmtes Quantum Arbeit bezahlt wird. Was dem Geldbesitzer direkt auf dem Markt gegenübertritt, ist also nicht die Arbeit, sondern der Arbeiter. Was der letztere verkauft, ist seine Arbeitskraft. Sobald seine Arbeit tatsächlich beginnt, hat sie bereits aufgehört, ihm zu gehören, kann also nicht mehr länger von ihm verkauft werden. Die Arbeit ist die Substanz und das immanente Maß der Werte, aber sie selbst hat keinen Wert.

Die Lohn-Form verwischt jede Spur der Teilung des Arbeitstages in notwendige Arbeit und Mehrarbeit, in bezahlte und unbezahlte Arbeit. Jede Arbeit erscheint als bezahlte Arbeit.

Bei der Sklavenarbeit erscheint selbst der Teil des Arbeitstages, den der Sklave nur benutzt, um den Wert seiner eigenen Existenzmittel zu ersetzen, indem er in der Tat nur für sich allein arbeitet, als Arbeit für seinen Herrn. Alle Sklavenarbeit erscheint als unbezahlte Arbeit. Bei der Lohnarbeit erscheint dagegen sogar die Mehrarbeit oder unbezahlte Arbeit als bezahlte Arbeit.

Stellen wir uns auf den Standpunkt eines Arbeiters, der für zwölf Stunden Arbeit, den Wert, der durch sechs Stunden Arbeit erzeugt wird, sagen wir drei Shilling, erhält. Für ihn ist in der Tat seine zwölf-stündige Arbeit das Mittel, drei Shilling zu kaufen. Der Wert seiner Arbeitskraft mag variieren mit dem Wert seiner gewohnheitsmäßigen Lebensmittel von drei auf vier Shilling oder von drei auf zwei Shilling, oder bei gleichbleibendem Wert der Arbeitskraft mag ihr Preis, infolge wechselnder Verhältnisse von Nachfrage und Angebot, auf vier Shilling steigen oder auf zwei Shilling fallen, er gibt stets zwölf Arbeitsstunden. Jeder Wechsel in der Größe des Äquivalents, das er erhält, erscheint ihm notwendigerweise als Wechsel im Wert oder Preis seiner zwölf Arbeitsstunden.

Nehmen wir andererseits den Kapitalisten. Er will soviel Arbeit wie möglich für so wenig Geld wie möglich. Praktisch interessiert ihn daher nur die Differenz zwischen dem Preis der Arbeitskraft und dem Wert, den ihre Funktion erzeugt. Aber er sucht alle Waren so billig wie nur möglich zu kaufen und erklärt sich überall seinen Profit aus der einfachen Prellerei, dem Kauf unter und dem Verkauf über dem Wert. Er kommt daher nicht zur Einsicht, dass, wenn so ein Ding, wie Wert der Arbeit, wirklich existierte und er diesen Wert wirklich zahlte, kein Kapital existieren, sein Geld sich nicht in Kapital verwandeln würde.

18. Der Zeitlohn

Der Verkauf der Arbeitskraft findet für eine bestimmte Zeitperiode statt. Die verwandelte Form, worin der Tageswert, Wochenwert usw. der Arbeitskraft sich selbst darstellt, ist daher die des Zeitlohnes, also des Tageslohnes usw.

Die Geldsumme, die der Arbeiter für seine Tagesarbeit oder seine Wochenarbeit erhält, bildet den Betrag seines nominellen oder dem Wert nach geschätzten Arbeitslohnes. Es ist aber klar, dass je nach Länge des Arbeitstages, also je nach der täglich von ihm gelieferten Quantität Arbeit, derselbe Tages- oder Wochenlohn einen sehr verschiedenen Preis der Arbeit darstellen kann.

Wir müssen daher bei dem Zeitlohn wieder unterscheiden zwischen Gesamtbetrag des Tages- oder Wochenlohnes usw. und dem Preis der Arbeit. Wie nun diesen Preis finden, das heißt den Geldwert einer gegebenen Quantität Arbeit?

Der durchschnittliche Preis der Arbeit ergibt sich, indem man den durchschnittlichen Tageswert der Arbeitskraft durch die durchschnittliche Stundenzahl des Arbeitstages dividiert. Der so gefundene Preis der Arbeitsstunde dient als Einheitsmaß für den Preis der Arbeit.

Der Tageslohn, Wochenlohn usw. kann derselbe bleiben, obgleich der Preis der Arbeit fortwährend fällt. Umgekehrt kann der Tageslohn oder Wochenlohn steigen, obgleich der Preis der Arbeit konstant bleibt oder sogar fällt. Als allgemeines Gesetz folgt, dass bei gegebener Quantität der Tages-, Wochenarbeit usw. der Tages- oder Wochenlohn vom Preis der Arbeit abhängt, der selbst variiert, entweder mit dem Wert der Arbeitskraft oder mit dem Unterschied zwischen ihrem Preis und ihrem Wert. Ist dagegen der Preis der Arbeit gegeben, so hängt der Tages- oder Wochenlohn von der Quantität der Tages- oder Wochenarbeit ab.

Wird der Stundenlohn in der Weise festgesetzt, dass der Kapitalist sich nicht zur Zahlung eines Tages- oder Wochenlohnes verpflichtet, sondern nur zur Zahlung der Arbeitsstunden, während deren es ihm beliebt, den Arbeiter zu beschäftigen, so kann er ihn unter der Zeit beschäftigen, die der Schätzung des Stundenlohnes oder der Maßeinheit des Preises der Arbeit ursprünglich zugrunde liegt.

Er kann jetzt ein bestimmtes Quantum Mehrarbeit aus dem Arbeiter herausschlagen, ohne ihm die zu seiner Selbsterhaltung notwendige Arbeitszeit einzuräumen. Er kann jede Regelmäßigkeit der Beschäftigung vernichten und ganz nach seiner eigenen Bequemlichkeit, Willkür und augenblicklichem Interesse die ungeheuerste Überarbeit mit relativer oder absoluter Arbeitslosigkeit abwechseln lassen. Er kann, unter dem Vorwand, »den normalen Preis der Arbeit« zu zahlen, den Arbeitstag ohne irgendwelche entsprechende Kompensation für den Arbeiter, anomal verlängern.

Bei wachsendem Tages- oder Wochenlohn kann der Preis der Arbeit nominell konstant bleiben und dennoch unter sein normales Niveau sinken. Dies findet jedes mal statt, sobald mit konstantem Preis der Arbeit (pro Stunde gerechnet) der Arbeitstag über seine gewohnheitsmäßige Dauer verlängert wird. Es ist allgemein bekannte Tatsache, dass, je länger der Arbeitstag in einem Industriezweig, umso niedriger der Arbeitslohn ist.

Dieselben Umstände, welche den Kapitalisten befähigen, den Arbeitstag auf die Dauer zu verlängern, befähigen ihn erst und zwingen ihn schließlich, den Arbeitspreis auch nominell zu senken, bis der Gesamtpreis der vermehrten Stundenzahl sinkt, also der Tages- oder Wochenlohn.

Diese Verfügung über anomale, das heißt das gesellschaftliche Durchschnittsniveau überfließende Quanta unbezahlter Arbeit, wird zum Konkurrenzmittel unter den Kapitalisten selbst. Ein Teil des Warenpreises besteht aus dem Preis der Arbeit. Der nicht gezahlte Teil des Arbeitspreises kann dem Käufer der Ware geschenkt werden. Dies ist der erste Schritt, wozu die Konkurrenz treibt. In dieser Weise bildet sich erst sporadisch und fixiert sich nach und nach ein anomal niedriger Verkaufspreis der Ware, der von dann an zur Grundlage kümmerlichen Arbeitslohnes wird, wie er ursprünglich das Produkt dieser Umstände war.

19. Der Stücklohn

Der Stücklohn ist nichts als die verwandelte Form des Zeitlohnes. Beim Zeitlohn misst sich die Arbeit an ihrer unmittelbaren Zeitdauer, beim Stücklohn am Produktenquantum worin Arbeit während bestimmter Zeitdauer sich verkörpert hat. Es handelt sich daher nicht um die Frage, den Stückwert an Hand der in ihm verkörperten Arbeitszeit zu messen, sondern umgekehrt um die Frage, die Arbeitszeit des Arbeiters an Hand der von ihm produzierten Stücke zu messen.

Der Stücklohn liefert dem Kapitalisten ein bestimmtes Maß für die Intensität der Arbeit. Nur die Arbeitszeit, die in einem vorher bestimmten und experimentell festgelegten Warenquantum verkörpert wird, zählt als gesellschaftlich notwendige Arbeitszeit und wird als solche bezahlt. Die Qualität der Arbeit wird hier durch das Werk selbst kontrolliert, das von durchschnittlicher Vollkommenheit sein muss, wenn der Stückpreis voll bezahlt werden soll. Von diesem Gesichtspunkt aus wird der Stücklohn die fruchtbarste Quelle von Lohnabzügen und kapitalistischer Prellerei.

Da Qualität und Intensität der Arbeit hier durch die Form des Lohnes selbst kontrolliert werden, macht sie einen großen Teil der Arbeitsaufsicht überflüssig. Der Stücklohn bildet daher die Grundlage der modernen »Heimarbeit«.

Beim Zeitlohn herrscht mit wenigen Ausnahmen gleicher Arbeitslohn für dieselbe Art Arbeit, während beim Stücklohn der Preis der Arbeitszeit zwar durch ein bestimmtes Produktenquantum gemessen ist, der Tages- oder Wochenlohn dagegen wechselt mit der individuellen. Verschiedenheit der Arbeiter, wovon der eine nur das Minimum des Produktes in einer gegebenen Zeit liefert, der andere den Durchschnitt, ein dritter mehr als den Durchschnitt. In Bezug auf die wirkliche Einnahme treten hier also große Differenzen ein, je nach dem verschiedenen Geschick, nach Kraft, Energie, Ausdauer usw. der individuellen Arbeiter. Dies ändert natürlich nichts an dem allgemeinen Verhältnis zwischen Kapital und Lohnarbeit. Erstens gleichen sich die individuellen Unterschiede für die Gesamtwerkstatt aus, so dass sie in einer bestimmten Arbeitszeit das Durchschnittsprodukt liefert und der gezahlte Gesamtlohn der Durchschnittslohn des Geschäftszweiges sein wird. Zweitens bleibt die Proportion zwischen Arbeitslohn und Mehrwert unverändert, da dem individuellen Lohn des einzelnen Arbeiters die von ihm individuell gelieferte Masse von Mehrwert entspricht. Aber der größere Spielraum, den der Stücklohn der Individualität bietet, strebt einerseits dahin, die Individualität und damit Freiheitsgefühl, Selbständigkeit und Selbstkontrolle der Arbeiter zu entwickeln, andererseits ihre Konkurrenz unter- und gegeneinander. Die Stückarbeit hat daher die Tendenz, mit der Erhebung individueller Arbeitslöhne über das Durchschnittsniveau dieses Niveau selbst zu senken.

Der Stücklohn ist die der kapitalistischen Produktionsweise entsprechendste Form des Arbeitslohnes. Ein größeres Aktionsfeld erobert er zuerst während der eigentlichen sogenannten Manufakturperiode. In der Sturm- und Drangperiode der modernen Industrie diente er als Hebel für die Verlängerung des Arbeitstages und die Senkung der Löhne. In den dem Fabrikgesetz unterworfenen Werkstätten wird Stücklohn allgemeine Regel, weil das Kapital dort den Arbeitstag nur noch intensiv ausweiten kann.

20. Nationale Verschiedenheit der Arbeitslöhne

In jedem Land besteht eine gewisse durchschnittliche Arbeitsintensität, unterhalb dieser Intensität braucht die Arbeit für die Produktion einer Ware mehr als die gesellschaftlich notwendige Zeit und rechnet daher nicht als Arbeit normaler Qualität. Nur der Intensitätsgrad über dem nationalen Durchschnitt wirkt in einem gegebenen Land auf das Wertmaß der bloßen Dauer der Arbeitszeit. Auf dem Weltmarkt, dessen integrale Teile die einzelnen Länder sind, ist dies nicht der Fall. Die Durchschnittsintensität der Arbeit wechselt von Land zu Land; sie ist hier größer und dort geringer. Diese nationalen Durchschnitte bilden eine Skala, deren Maßeinheit die Durchschnittseinheit der Weltarbeit ist. Die intensivere Nationalarbeit produziert daher, verglichen mit den weniger intensiven, in der gleichen Zeit mehr Wert, der sich in mehr Geld ausdrückt: Der relative Wert des Geldes wird in der Nation mit mehr entwickelter kapitalistischer Produktionsweise geringer sein als in der Nation mit geringer entwickelter. Daraus folgt, dass die Nominallöhne, das Äquivalent der Arbeitskraft ausgedrückt in Geld, in der ersten Nation auch höher sein werden als in der zweiten; das beweist aber nicht, dass dies auch für die Reallöhne gilt, das heißt für die Lebensmittel, die zur Verfügung des Arbeiters stehen.

VII. Der Akkumulationsprozess des Kapitals

Die Verwandlung einer Geldsumme in Produktionsmittel und Arbeitskraft ist die erste Bewegung, die das Wertquantum durchmacht, das als Kapital fungieren soll. Diese Verwandlung findet auf dem Markt, innerhalb der Zirkulationssphäre, statt. Die zweite Bewegung, der Produktionsprozess, ist abgeschlossen sobald die Produktionsmittel verwandelt sind in Waren, deren Wert den Wert ihrer Bestandteile übersteigt, also den Wert des ursprünglich vorgeschossenen Kapitals, vermehrt plus eines Mehrwerts enthält. Diese Waren müssen alsdann in die Sphäre der Zirkulation geworfen werden. Sie müssen verkauft werden, ihr Wert in Geld realisiert, dieses Geld von neuem in Kapital verwandelt werden und so stets von neuem. Diese Bewegung bildet die Zirkulation des Kapitals.

Die erste Bedingung der Akkumulation ist, dass der Kapitalist es fertig gebracht hat, seine Waren zu verkaufen und den größten Teil des so erhaltenen Geldes in Kapital rückzuverwandeln.

Der Kapitalist, der den Mehrwert produziert, dass heißt unbezahlte Arbeit unmittelbar aus den Arbeitern auspumpt und in Waren fixiert, ist zwar der erste Aneigner, aber keineswegs der letzte Eigentümer dieses Mehrwertes. Er hat ihn hinterher zu teilen mit Kapitalisten, die andere Funktionen haben. Der Mehrwert spaltet sich daher in verschiedene Teile. Seine Bruchstücke fallen verschiedenen Kategorien von Personen zu und erhalten verschiedene selbständige Formen wie Profit, Zins, Handelsgewinn, Grundrente usw. Wir betrachten hier zunächst den kapitalistischen Produzenten als Eigentümer des ganzen Mehrwertes, dass heißt als Repräsentanten aller seiner Teilhaber an der Beute.

21. Einfache Reproduktion

So wenig eine Gesellschaft aufhören kann zu konsumieren, so wenig kann sie aufhören zu produzieren. Daher, in dem beständigen Fluss seiner Erneuerung betrachtet, ist jeder gesellschaftliche Produktionsprozess zugleich Reproduktionsprozess.

Die Bedingungen der Produktion sind zugleich die Bedingungen der Reproduktion. Hat die Produktion kapitalistische Form, so auch die Reproduktion. Wie in der kapitalistischen Produktionsweise der Arbeitsprozess nur als Mittel für den Ausdehnungsprozess des Kapitals erscheint, so die Reproduktion nur als Mittel, den vorgeschossenen Wert als Kapital zu reproduzieren. Die ökonomische Charaktermaske des Kapitalisten hängt nur dadurch an einem Menschen fest, dass sein Geld fortwährend als Kapital funktioniert.

Die einfache Reproduktion ist eine bloße Wiederholung des Produktionsprozesses auf derselben Stufenleiter.

Als periodischer Wertzuwachs des vorgeschossenen Kapitals oder als periodische Frucht des Kapitals im Arbeitsprozess erhält der Mehrwert die Form einer aus dem Kapital fließenden Revenue. Wird diese Revenue ebenso periodisch verzehrt wie gewonnen, so findet einfache Reproduktion statt.

Der Wert des Kapitals, dividiert durch den jährlich konsumierten Mehrwert, gibt die Anzahl der Jahre oder Reproduktionsperioden, nach deren Verlauf das ursprünglich vorgeschossene Kapital durch den Kapitalisten konsumiert wurde und verschwunden ist. Nach Ablauf einer bestimmten Anzahl Jahre ist der Kapitalwert, den er jetzt besitzt, gleich der Summe des gesamten Mehrwertes, den er sich während dieser Jahre angeeignet hat, und der Gesamtwert, den er konsumierte, ist gleich dem seines ursprünglichen Kapitals, das heißt wenn der Kapitalist den Gegenwert seines vorgeschossenen Kapitals aufgezehrt hat; repräsentiert der Wert seines Kapitals nur noch den angeeigneten Mehrwert.

Die bloße Kontinuität des Produktionsprozesses oder die einfache Reproduktion verwandelt nach kürzerer oder längerer Zeit jedes Kapital notwendig in akkumuliertes Kapital oder kapitalisierten Mehrwert. Selbst wenn dieses Kapital ursprünglich persönlich erarbeitetes Eigentum seines Anwenders war, so wird es früher oder später ohne Äquivalent angeeigneter Wert oder Verkörperung, ob in Geldform oder anders, unbezahlter fremder Arbeit.

Um Geld in Kapital zu verwandeln, mussten hier Besitzer von Produktionsmitteln, dort Besitzer von nichts als Arbeitskraft; einander als Käufer und Verkäufer gegenübertreten. Was aber anfangs nur Ausgangspunkt war, wird später, dank der bloßen Kontinuität des Prozesses, dank der einfachen Reproduktion stets aufs neue produziert und verewigt. Einerseits verwandelt der Produktionsprozess fortwährend stofflichen Reichtum in Kapital, in Mittel, mehr Reichtum zu erzeugen, und in Genussmittel für den Kapitalisten. Andererseits kommt der Arbeiter beständig aus dem Prozess heraus, wie er in ihn eintrat, als Quelle des Reichtums, aber entblößt von allen Mitteln, diesen Reichtum für sich zu verwirklichen. Der Arbeiter produziert beständig Material, objektiven Reichtum, aber in der Form des Kapitals, einer ihm fremden, ihn beherrschenden und ausbeutenden Macht; der Kapitalist produziert ebenso beständig die Arbeitskraft in der Form einer subjektiven Reichtumsquelle, die von ihren Vergegenständlichungs- und Verwirklichungsmitteln getrennt ist, kurz, er produziert den Arbeiter als Lohnarbeiter.

Die Konsumtion des Arbeiters ist doppelter Art. Während des Produzierens konsumiert er durch seine Arbeit Produktionsmittel und verwandelt sie in Produkte, die von höherem Wert sind als das vorgeschossene Kapital. Dies ist seine produktive Konsumtion. Andererseits verwandelt der Arbeiter das ihm für seine Arbeitskraft bezahlte Geld in Lebensmittel: Dies ist seine individuelle Konsumtion. Die produktive und die individuelle Konsumtion des Arbeiters sind also total verschieden. In der ersten handelt er als bewegende Kraft des Kapitals und gehört dem Kapitalisten; in der zweiten gehört er sich selbst und verrichtet individuelle Lebensakte außerhalb des Produktionsprozesses. Das Resultat der einen ist das Leben des Kapitalisten, das der anderen ist das Leben des Arbeiters selbst.

Wenn der Kapitalist einen Teil seines Kapitals in Arbeitskraft umsetzt, erhöht er damit den Wert seines ganzen Kapitals. Er schlägt zwei Fliegen mit einer Klappe. Er profitiert nicht nur von dem, was er vom Arbeiter empfängt, sondern auch von dem, was er ihm gibt. Das für den Ankauf der Arbeitskraft ausgegebene Kapital wird für Lebensmittel ausgetauscht, deren Konsumtion dazu dient, Muskel, Nerven, Knochen und Hirn von Arbeitern zu reproduzieren und neue Arbeiter zu zeugen.

Die individuelle Konsumtion der Arbeiterklasse ist also Produktion und Reproduktion der für den Kapitalisten so unentbehrlichen Produktionsmittel: des Arbeiters selbst. Die Erhaltung und Reproduktion der Arbeiterklasse bleibt daher beständige Bedingung für die Reproduktion des Kapitals.

Daher betrachtet der Kapitalist nur den Teil der individuellen Konsumtion des Arbeiters als produktiv, der zur Verewigung der Klasse erforderlich ist; was der Arbeiter außerdem zu seinem Vergnügen verzehren mag, ist unproduktive Konsumtion. In der Tat; die individuelle Konsumtion des Arbeiters ist für ihn unproduktiv; denn sie reproduziert nur das bedürftige Individuum; sie ist produktiv für den Kapitalisten und den Staat; denn sie ist Produktion der den fremden Reichtum erzeugenden Kraft.

Vom gesellschaftlichen Standpunkt aus ist also die Arbeiterklasse, auch außerhalb des unmittelbaren Arbeitsprozesses, ebenso sehr Zubehör des Kapitals als das tote Arbeitsinstrument. Selbst ihre individuelle Konsumtion ist innerhalb gewisser Grenzen nur ein Moment des Reproduktionsprozesses des Kapitals. Der römische Sklave wurde durch Fesseln gehalten, der Lohnarbeiter ist mit unsichtbaren Fäden an seinem Eigentümer gebunden.

Die Reproduktion der Arbeiterklasse schließt zugleich die Überlieferung und Häufung des Geschickes von einer Generation zur anderen ein.

Der kapitalistische Produktionsprozess reproduziert die Scheidung zwischen Arbeitskraft und Arbeitsmittel. Er reproduziert und verewigt damit die Ausbeutungsbedingungen. Er zwingt beständig den Arbeiter zum Verkauf seiner Arbeitskraft, um zu leben, und befähigt beständig den Kapitalisten zu ihrem Kauf, um sich zu bereichern. Es ist nicht mehr der Zufall, welcher Kapitalist und Arbeiter als Käufer und Verkäufer einander auf dem Markt gegenüberstellt. Es ist der Prozess selbst, der den Arbeiter stets als Verkäufer seiner Arbeitskraft zurückschleudert und sein eigenes Produkt stets in das Kaufmittel des anderen verwandelt. In der Tat gehört der Arbeiter dem Kapital, bevor er sich dem Kapitalisten verkauft. Seine ökonomische Hörigkeit ist zugleich vermittelt und versteckt durch seinen periodischen Selbstverkauf, den Wechsel seiner individuellen Lohnherren und die Schwankungen im Marktpreis der Arbeitskraft.

Der kapitalistische Produktionsprozess, im Zusammenhang betrachtet, oder als Reproduktionsprozess, produziert also nicht nur Waren, nicht nur Mehrwert, er produziert und reproduziert das Kapitalverhältnis selbst, auf der einen Seite den Kapitalisten, auf der anderen den Lohnarbeiter.

22. Verwandlung von Mehrwert in Kapital

a) Kapitalistischer Produktionsprozess auf erweiterter Stufenleiter

Anwendung von Mehrwert als Kapital oder Rückverwandlung von Mehrwert in Kapital heißt Akkumulation von Kapital.

Um zu akkumulieren, muss man einen Teil des Mehrproduktes in Kapital verwandeln. Aber, ohne Wunder zu tun, kann man nur solche Dinge in Kapital verwandeln, die im Arbeitsprozess verwendbar sind (dass heißt Produktionsmittel) sowie Lebensmittel. Folglich muss ein Teil der jährlichen Mehrarbeit verwandt worden sein zur Herstellung zusätzlicher Produktions- und Lebensmittel, im Überschuss über das Quantum, das zum Ersatz des vorgeschossenen Kapitals erforderlich war. Mit einem Wort: Mehrwert ist nur deshalb in Kapital verwandelbar, weil das Mehrprodukt, dessen Wert er ist, bereits die sachlichen Elemente des neuen Kapitals enthält.

Um nun diese Elemente tatsächlich als Kapital fungieren zu lassen, bedarf die Kapitalistenklasse zusätzlicher Arbeit. Soll nicht die Ausbeutung der schon beschäftigten Arbeiter extensiv oder intensiv wachsen, so müssen zusätzliche Arbeitskräfte gefunden werden. Dafür hat der Mechanismus der kapitalistischen Produktion schon vorgesorgt, indem er die Arbeiterklasse reproduziert als eine vom Arbeitslohn abhängige Klasse, deren gewöhnlicher Lohn ausreicht, nicht nur ihre Erhaltung zu sichern, sondern auch ihre Vermehrung.

Diese zusätzliche Arbeitskraft braucht das Kapital nur den zuschüssigen Produktionsmitteln einzuverleiben, und die Verwandlung des Mehrwertes in Kapital ist fertig.

Es ist die alte Geschichte: Abraham zeugt Isaak, Isaak zeugt Jakob usw. Das ursprüngliche Kapital von 10.000 Pfund Sterling bringt einen Mehrwert von 2000 Pfd. Sterling, der kapitalisiert wird. Das neue Kapital von 2000 Pfd. Sterling bringt einen Mehrwert von 400 Pfd. Sterling, und dieses wiederum kapitalisiert, also in ein zweites zusätzliches Kapital verwandelt, bringt seinerseits einen weiteren Mehrwert von 80 Pfd. Sterling usw. Wir sehen hier ab von dem vom Kapitalisten verzehrten Teil des Mehrwertes.

Ursprünglich erschien uns das Eigentumsrecht gegründet auf eigene Arbeit. Wenigstens musste diese Annahme gelten, da sich nur gleichberechtigte Warenbesitzer gegenüberstehen, das Mittel zur Aneignung fremder Waren aber nur die Veräußerung der eigenen Ware und diese nur durch Arbeit herstellbar. Eigentum erscheint jetzt, auf der Seite des Kapitalisten, als das Recht, fremde unbezahlte Arbeit oder ihr Produkt, auf Seite des Arbeiters, als Unmöglichkeit, sich sein eigenes Produkt anzueignen. Die Scheidung zwischen Eigentum und Arbeit wird zur notwendigen Konsequenz eines Gesetzes, das scheinbar von ihrer Identität ausging.

Wir haben gesehen, dass sogar im Falle der einfachen Reproduktion jedes Kapital, gleichgültig welchen Ursprungs, in akkumuliertes Kapital, oder kapitalisierten Mehrwert verwandelt wird. Aber im Fluss der Produktion wird jedes ursprünglich vorgeschossene Kapital zu einem verschwindenden Quantum (magnitudo evanescens im mathematischen Sinn) verglichen mit dem direkt akkumulierten Kapital, dass heißt mit dem in Kapital umgewandelten Mehrwert oder Mehrprodukt gleichgültig, ob es in der Hand seiner Anhäufer oder in fremder Hand fungiert.

b) Teilung des Mehrwertes in Kapital und Revenue

Ein Teil wird vom Kapitalisten als Revenue verzehrt, ein anderer als Kapital angewandt oder akkumuliert. Die Masse des Mehrwertes gegeben, ist der eine Teil um so größer, je kleiner der andere ist. Das Verhältnis dieser Teile bestimmt die Größe der Akkumulation. Aber die Teilung nimmt allein der Eigentümer des Mehrwertes, der Kapitalist, vor.

Soweit der Kapitalist personifiziertes Kapital ist, sind nicht Gebrauchswert und Genuss, sondern Tauschwert und dessen Vermehrung sein treibendes Motiv. Als Personifikation des Kapitals teilt der Kapitalist mit dem Schatzbildner den absoluten Bereicherungstrieb. Was aber bei diesem als individuelle Manie erscheint, ist beim Kapitalisten Wirkung des gesellschaftlichen Mechanismus, in dem er nur ein Triebrad ist. Als Fanatiker der Ausdehnung des Wertes zwingt der Kapitalist die Menschheit zur Produktion um der Produktion willen und damit zu einer Entwicklung der gesellschaftlichen Produktivkräfte und zur Schaffung von materiellen Produktionsbedingungen, die allein die reale Basis einer höheren Form der Gesellschaft bilden können; einer Form der Gesellschaft, deren Grundprinzip die volle und freie Entwicklung jedes Individuums ist.

Auch zwingt die Konkurrenz jedem individuellen Kapitalisten die fortwährende Steigerung des in einem Unternehmen angelegten Kapitals auf. Dies ist ein immanentes Gesetz der kapitalistischen Produktionsweise. Die Akkumulation ist aber gleichzeitig die Eroberung der Welt des gesellschaftlichen Reichtums und mit der Ausdehnung der Masse des ausgebeuteten Menschenmaterials die Ausdehnung der Herrschaft des Kapitals.

In den historischen Anfängen der kapitalistischen Produktion
- und jeder kapitalistische Emporkömmling macht dieses historische Stadium individuell durch - herrschen Geiz und Bereicherungstrieb als absolute Leidenschaften vor. Dem Kapitalisten, dessen Tun und Lassen nur Funktion des in ihm mit Willen und Bewusstsein begabten Kapitals ist, gilt sein Privatkonsum als ein Raub an der Akkumulation seines Kapitals. Der Fortschritt der kapitalistischen Produktion jedoch schafft nicht nur eine Welt des Genusses; er öffnet mit der Spekulation und dem Kreditwesen tausend Quellen plötzlicher Bereicherung. Auf einer gewissen Entwicklungshöhe wird ein konventioneller Grad von Verschwendung, die zugleich Schaustellung des Reichtums und daher Kreditmittel ist, zu einer Geschäftsnotwendigkeit des »unglücklichen« Kapitalisten. Der Luxus geht in die Repräsentationskosten des Kapitals ein. Obgleich daher die Verschwendung des Kapitalisten niemals den offenherzigen Charakter der Verschwendung des Feudalherren besitzt, in ihrem Hintergrund vielmehr stets schmutzigster Geiz und ängstliche Berechnung lauern, wächst dennoch seine Verschwendung mit seiner Akkumulation, ohne dass eines dem andern Abbruch tut.

c) Umstände, die den Umfang der Akkumulation bestimmen

Die Umstände, die unabhängig von der Teilung des Mehrwertes in Kapital und Revenue die Höhe der Akkumulation bestimmen, sind folgende: der Ausbeutungsgrad der Arbeitskraft, die Produktivität der Arbeit, die wachsende Differenz zwischen angewandtem und konsumiertem Kapital, die Größe des vorgeschossenen Kapitals. Durch Einverleibung der beiden ersten Reichtumsschöpfer, Arbeitskraft und Land, erhält das Kapital eine Expansionskraft, die es ihm erlaubt, die Elemente seiner Akkumulation über die Grenzen hinaus auszudehnen, die anscheinend durch seine eigene Größe gesteckt sind oder durch den Wert und die Masse der bereits produzierten Produktionsmittel, worin es besteht.

Ein anderer wichtiger Faktor in der Akkumulation des Kapitals ist der Produktivitätsgrad der gesellschaftlichen Arbeit. Mit der wachsenden Produktivität der Arbeit geht die Verwohlfeilerung der Arbeitskraft, also eine wachsende Rate des Mehrwertes, Hand in Hand, selbst wenn der Reallohn steigt.

Die Entwicklung der Produktivkraft der Arbeit wirkt auch auf das ursprüngliche, bereits im Produktionsprozess befindliche Kapital. Jedes Jahr stirbt ein Teil des funktionierenden konstanten Kapitals, das aus Arbeitsmitteln wie Maschinen usw. besteht, ab und muss ersetzt werden. Hat die Produktivität der Arbeit sich an der Geburtsstätte dieser Arbeitsmittel erweitert, so treten wirkungsvollere und mit Hinsicht auf ihre Leistung wohlfeilere Maschinen an die Stelle der alten. Das alte Kapital wird in einer produktiveren Form reproduziert.

Jede Einführung verbesserter Arbeitsmethoden wirkt fast gleichzeitig auf neu hinzugefügtes Kapital und auf das bereits funktionierende Kapital. Jeder Fortschritt der Chemie vergrößert nicht nur die Anzahl der nutzbaren Materialien und die Nutzanwendung der schon bekannten und dehnt daher mit dem Wachstum des Kapitals und die Sphäre seiner Anlage aus; er lehrt auch zugleich, wie man die Exkremente des Produktions- und Konsumtionsprozesses in den Kreislauf des Reproduktionsprozesses zurückschleudern kann, schafft also ohne vorherige Kapitalauslage neues Kapital für das Kapital. Gleich vermehrter Ausbeutung des Naturreichtums durch bloße höhere Anspannung der Arbeitskraft bilden Wissenschaft und Technik eine von der gegebenen Größe des funktionierenden Kapitals unabhängige Potenz seiner Expansionskraft. Diese höhere Expansionskraft wirkt zugleich auf den in sein Erneuerungsstadium eingetretenen Teil des ursprünglichen Kapitals. Allerdings ist diese Entwicklung der Produktivkraft zugleich begleitet von teilweiser Entwertung funktionierender Kapitale. Soweit diese Entwertung sich durch die Konkurrenz akut fühlbar macht, sucht der Kapitalist in der gesteigerten Ausbeutung der Arbeiter Schadenersatz.

Die Arbeit überträgt auf das Produkt den Wert der von ihr konsumierten Produktionsmittel. Andererseits wächst Wert und Masse der durch gegebene Arbeitsmenge in Bewegung gesetzten Produktionsmittel im Verhältnis wie die Arbeit produktiver wird. Setzt also auch dieselbe Arbeitsmenge ihren Produkten immer nur dieselbe Menge Mehrwert zu, so wächst doch der alte Kapitalwert, den sie ihnen gleichzeitig überträgt, mit steigender Produktivität der Arbeit. Der angewachsene alte Wert vergrößert den Wert seines Produktes.

Es ist die Naturgabe der lebendigen Arbeitskraft, alten Wert zu erhalten, während sie neuen Wert schafft. Mit dem Wachstum von Wirksamkeit, Umfang und Wert ihrer Produktionsmittel, also mit der die Entwicklung ihrer Produktivkraft begleitenden Akkumulation erhält und verewigt die Arbeit daher in stets neuer Form einen sich stets vergrößernden Kapitalwert. Diese Naturkraft der Arbeit erscheint als Selbsterhaltungskraft des Kapitals, dem die Arbeit einverleibt ist. Das stets nachwachsende Gewicht der im lebendigen Arbeitsprozess unter der Form von Produktionsmitteln mitwirkenden vergangenen Arbeit wird ihrer dem Arbeiter selbst, dessen vergangene und unbezahlte Arbeit sie ist, entfremdeten Gestalt zugeschrieben, ihrer Kapitalsgestalt.

Je mehr das Kapital infolge dauernder Akkumulation wächst, desto mehr wächst auch die Wertsumme, die sich in Konsumtionsfonds und Akkumulationsfonds spaltet. Der Kapitalist kann daher flotter leben und zugleich mehr »entsagen«.

23. Das allgemeine Gesetz der kapitalistischen Akkumulation

a) Wachsende Nachfrage nach Arbeitskraft mit der Akkumulation bei gleichbleibender Zusammensetzung des Kapitals

Die Zusammensetzung des Kapitals ist in zweifachem Sinn zu verstehen. Nach der Seite des Wertes bestimmt sie sich durch das Verhältnis, worin es sich teilt in konstantes und variables Kapital. Nach der Seite des Stoffes, wie er im Produktionsprozess fungiert, teilt sich jedes Kapital in Produktionsmittel und lebendige Arbeitskraft. Ich nenne die erstere Wertzusammensetzung und die letztere die technische Zusammensetzung des Kapitals. Zwischen beiden besteht enge Wechselbeziehung.

Die Wertzusammensetzung des Kapitals nenne ich, insofern sie durch seine technische Zusammensetzung bestimmt wird und deren Änderungen widerspiegelt, die organische Zusammensetzung des Kapitals.

Die zahlreichen Einzelkapitale, die in einem bestimmten Produktionszweig angelegt sind, unterscheiden sich mehr oder weniger in ihrer Zusammensetzung. Der Durchschnitt ihrer Einzelzusammensetzungen ergibt uns die Zusammensetzung des Gesamtkapitals dieses Produktionszweiges. Endlich ergibt uns der Gesamtdurchschnitt der Durchschnittszusammensetzungen sämtlicher Produktionszweige die Zusammensetzung des gesellschaftlichen Gesamtkapitals eines Landes, und von dieser allein in letzter Instanz ist im folgenden die Rede.

Wachstum des Kapitals schließt Wachstum seines variablen Bestandteils ein. Ein Teil des in Zusatzkapital verwandelten Mehrwertes muss stets rückverwandelt werden in variables Kapital oder zusätzlichen Arbeitsfonds. Unterstellen wir, dass eine bestimmte Masse Produktionsmittel stets dieselbe Masse Arbeitskraft benötigt, so wächst offenbar die Nachfrage nach Arbeit und der Lebensmittelfonds der Arbeiter verhältnismäßig mit dem Kapital und um so schneller, je schneller das Kapital wächst.

Die Akkumulationsbedürfnisse des Kapitals können das Wachstum der Arbeitskraft oder der Arbeiteranzahl überflügeln; die Nachfrage nach Arbeitern kann die Versorgung mit Arbeitern übersteigen und daher können die Arbeitslöhne steigen.

Wie die einfache Reproduktion fortwährend das Kapitalverhältnis selbst reproduziert, das heißt Kapitalisten auf der einen Seite und Lohnarbeiter auf der anderen, so reproduziert die Reproduktion auf erweiterter Stufenleiter oder die Akkumulation das Kapitalverhältnis auf erweiterter Stufenleiter mehr Kapitalisten oder größere Kapitalisten auf diesem Pol, mehr Lohnarbeiter auf jenem.

Die Reproduktion einer Masse Arbeitskraft, die sich unaufhörlich dem Kapital zu dessen Selbstausdehnung einverleiben muss, die vom Kapital nicht frei kommen kann, und deren Versklavung an das Kapital nur durch den Wechsel der einzelnen Kapitalisten, an die sie sich verkauft, verborgen wird, bildet in der Tat einen wesentlichen Bestandteil der Reproduktion des Kapitals selbst. Akkumulation des Kapitals ist also Vermehrung des Proletariats.

Unter den den Arbeitern günstigsten Akkumulationsbedingungen kleidet sich ihr Abhängigkeitsverhältnis vom Kapital in erträgliche Formen. Von ihrem eigenen anschwellenden und ständig in Zusatzkapital verwandelten Mehrprodukt strömt ihnen ein größerer Teil in der Form von Zahlungsmitteln zurück, so dass sie den Kreis ihrer Genüsse erweitern, ihren Konsumtionsfonds von Kleidern, Möbeln usw. besser ausstatten und kleine Reservefonds von Geld bilden können. So wenig aber bessere Kleidung, Nahrung und Behandlung die Ausbeutung des Sklaven aufheben, so wenig die des Lohnarbeiters.

Das Ansteigen des Arbeitslohnes besagt im besten Fall nur quantitative Abnahme der unbezahlten Arbeit, die der Arbeiter leisten muss. Diese Abnahme kann nie bis zu dem Punkt fortgehen, wo sie das System selbst bedrohen würde. Abgesehen von gewaltsamen Konflikten über die Rate des Arbeitslohnes unterstellt ein aus Akkumulation des Kapitals entspringendes Steigen des Arbeitspreises folgende Alternative:

Entweder fährt der Preis der Arbeit fort zu steigen, weil seine Erhöhung den Fortschritt der Akkumulation nicht stört oder die Akkumulation erschlafft infolge des steigenden Arbeitspreises weil der Stachel des Gewinns abstumpft. Aber mit der Abnahme der Akkumulation verschwindet die Ursache ihrer Abnahme, nämlich die Disproportion zwischen Kapital und ausbeutbarer Arbeitskraft. Der Arbeitspreis fällt wieder auf ein den Ausdehnungsbedürfnissen des Kapitals entsprechendes Niveau.

b) Relative Abnahme des variablen Kapitalteiles im Fortgang der Akkumulation und der sie begleitenden Konzentration

Mit der Benutzung der Maschinerie tritt eine größere Masse an Rohmaterial und Hilfsstoffen in den Arbeitsprozess ein. Dies ist die Folge der steigenden Produktivität der Arbeit. Andererseits ist die Masse der benutzten Maschinerie, des Arbeitsviehs, mineralischen Düngers, Drainierungsröhren usw. Bedingung der wachsenden Produktivität der Arbeit. Ebenso der Masse der in Baulichkeiten, Riesenöfen, Transportmitteln usw. konzentrierten Produktionsmittel. Ob aber Bedingung oder Folge, der wachsende Umfang der Produktionsmittel im Vergleich zu der ihnen einverleibten Arbeitskraft drückt die wachsende Produktivität der Arbeit aus. Die Steigerung der letzteren erscheint in der Abnahme der Masse der Arbeit im Verhältnis zur Masse der durch sie bewegten Produktionsmittel oder in der Verkleinerung des subjektiven Faktors des Arbeitsprozesses, verglichen mit dem objektiven Faktor.

Diese Veränderung in der technischen Zusammensetzung des Kapitals, das Wachstum in der Masse der Produktionsmittel, verglichen mit der Masse der sie belebenden Arbeitskraft, spiegelt sich wieder in seiner Wertzusammensetzung, in der Zunahme des konstanten Bestandteiles des Kapitals auf Kosten seines variablen Bestandteiles. Dies Gesetz des steigenden Wachstums des konstanten Kapitalteiles im Verhältnis zum variablen wird auf jedem Schritt bestätigt durch die vergleichende Untersuchung der Warenpreise, ob wir nun verschiedene ökonomische Epochen oder verschiedene Nationen der gleichen Epoche vergleichen. Die relative Größe des Preiselements, das nur den Wert der Produktionsmittel oder den konstanten Teil des verzehrten Kapitals vertritt, wird in direktem Verhältnis zum Fortschritt der Akkumulation stehen, die relative Größe des anderen, die Arbeit bezahlenden oder den variablen Kapitalteil vertretenden Preiselements im allgemeinen in umgekehrtem Verhältnis dazu.

Diese Abnahme des variablen Teiles gegenüber dem konstanten Kapitalteil oder die veränderte Zusammensetzung des Kapitalwertes, zeigt jedoch nur annähernd den Wechsel in der Zusammensetzung seiner stofflichen Bestandteile an. Mit der wachsenden Produktivität der Arbeit steigt nicht nur die Masse der von ihr vernutzten Produktionsmittel, sondern ihr Wert, verglichen mit ihrem Umfang, sinkt. Ihr Wert steigt also absolut, aber nicht proportionell mit ihrem Umfang. Das Steigen der Differenz zwischen konstantem und variablem Kapital ist daher viel kleiner als das der Differenz zwischen Masse der Produktionsmittel, worin das konstante, und der Masse der Arbeitskraft, worin das variable Kapital umgesetzt wird. Die erstere Differenz nimmt zu mit der letzteren, aber in geringerem Grad. Wenn aber der Fortschritt der Akkumulation die relative Größe des variablen Kapitalteils vermindert, schließt er damit die Möglichkeit einer Steigerung ihrer absoluten Größe keineswegs aus.

Jedes individuelle Kapital ist eine größere oder kleinere Konzentration von Produktionsmitteln mit entsprechendem Kommando über eine größere oder kleinere Arbeitsarmee. Jede Akkumulation wird das Mittel neuer Akkumulation. Die Akkumulation erhöht die Konzentration jenes Reichtums in der Hand der individuellen Kapitalisten und hiermit erweitert sie die Grundlage der Produktion auf großer Stufenleiter und der spezifisch kapitalistischen Produktionsmethoden. Das Wachstum des gesellschaftlichen Kapitals vollzieht sich im Wachstum vieler individueller Kapitale. Alle anderen Umstände als gleichbleibend vorausgesetzt, wachsen die individuellen Kapitale, und mit ihnen die Konzentration der Produktionsmittel, im Verhältnis, worin sie aliquote Teile des gesellschaftlichen Gesamtkapitals bilden.

Die Akkumulation stellt sich daher einerseits dar als wachsende Konzentration der Produktionsmittel und des Kommandos über Arbeit und andererseits als Abstoßung vieler individueller Kapitale von einander. Dieser Zersplitterung des gesellschaftlichen Gesamtkapitals in viele individuelle Kapitale oder der Abstoßung seiner Bruchteile voneinander wirkt jedoch ihre Anziehung entgegen. Diese Anziehung bedeutet nicht einfache Konzentration, die mit Akkumulation identisch ist. Es ist Konzentration bereits gebildeter Kapitale, Aufhebung ihrer individuellen Selbständigkeit, Expropriation von Kapitalist durch Kapitalist, Verwandlung vieler kleiner in wenige größere Kapitale.

Dieser Prozess unterscheidet sich von dem ersteren dadurch, dass er nur veränderte Verteilung der bereits vorhandenen und funktionierenden Kapitale voraussetzt; sein Spielraum also durch das absolute Wachstum des gesellschaftlichen Reichtums oder die absoluten Grenzen der Akkumulation nicht beschränkt ist. Das Kapital wächst hier in einer einzigen Hand zu großen Massen, weil es dort in vielen Händen verloren geht. Dies ist die eigentliche Zentralisation im Unterschied zur Akkumulation und Konzentration.

Der Konkurrenzkampf wird durch Verwohlfeilerung der Waren geführt. Diese hängt von der Produktivität der Arbeit und damit von der Stufenleiter der Produktion ab. Die größeren Kapitale schlagen daher die kleineren. Außerdem wächst auch mit der Entwicklung der kapitalistischen Produktionsweise der Minimalumfang des individuellen Kapitals, das benötigt wird, um ein Geschäft zu betreiben.

So bildet sich mit der kapitalistischen Produktion eine ganz neue Macht, das Kreditwesen, das in seinen Anfängen als bescheidene Beihilfe der Akkumulation sich einschleicht, durch unsichtbare Fäden die zersplitterten Geldmittel in die Hände individueller oder assoziierter Kapitalisten zieht, aber bald eine neue und furchtbare Waffe im Konkurrenzkampf wird, und sich schließlich in einen ungeheuren sozialen Mechanismus zur Zentralisation des Kapitals verwandelt.

In einem gegebenen Geschäftszweig würde die Zentralisation ihre äußerste Grenze erreicht haben, wenn alle darin angelegten Kapitale zu einem Einzelkapital verschmolzen wären. In der Gesellschaft wäre diese Grenze erreicht, wenn das gesamte Kapital in der Hand eines Kapitalisten oder einer Kapitalistengesellschaft vereinigt wäre.

Die Zentralisation ergänzt das Werk der Akkumulation, indem sie die industriellen Kapitalisten instand setzt, die Stufenleiter ihrer Operationen auszudehnen. Ob sich die Zentralisation auf dem Wege der Einverleibung vollzieht oder mittels des glatteren Verfahrens der Bildung von Aktiengesellschaften, die ökonomische Wirkung bleibt dieselbe: fortschreitende Umwandlung einzelner und in herkömmlicher Weise betriebener Produktionsprozesse in gesellschaftlich kombinierte und wissenschaftlich geregelte Produktionsprozesse.

Die durch die Zentralisation über Nacht zusammengeschweißten Kapitalmassen reproduzieren und vermehren sich wie die anderen, nur schneller, und werden damit zu neuen mächtigen Hebeln der gesellschaftlichen Akkumulation. Die zusätzlichen Kapitale dienen hauptsächlich als Mittel zur Ausbeutung neuer Erfindungen und Entdeckungen oder industrieller Verbesserung im allgemeinen. Das alte Kapital erreicht indessen ebenfalls den Augenblick, wo es Kopf und Glieder erneuert, wo es die alte Haut abwirft und in vervollkommneter technischer Form wiedergeboren wird, wo eine kleinere Arbeitsmenge genügt, eine größere Menge an Maschinen und Rohmaterial in Bewegung zu setzen.

Die absolute Abnahme der Nachfrage nach Arbeit, die notwendigerweise daraus folgt, wird natürlich um so größer sein, je mehr diese durch den Verjüngungsprozess laufenden Kapitale mittels der Zentralisationsbewegung in Massen akkumuliert wurden.

c) Progressive Produktion einer relativen Überbevölkerung oder industriellen Reservearmee

Die spezifisch kapitalistische Produktionsweise, die ihr entsprechende Entwicklung der Produktivkraft der Arbeit, der dadurch verursachte Wechsel in der organischen Zusammensetzung des Kapitals halten nicht nur Schritt mit dem Fortschritt der Akkumulation; sie schreiten ungleich schneller, weil die einfache Akkumulation oder die absolute Ausdehnung des Gesamtkapitals von der Zentralisation seiner individuellen Elemente begleitet sind. Mit dem Fortgang der Akkumulation wandelt sich also das Verhältnis von konstantem zu variablem Kapitalteil.

Da die Nachfrage nach Arbeit nicht durch den Umfang des Gesamtkapitals, sondern durch seinen variablen Bestandteil bestimmt ist, fällt sie also progressiv mit dem Wachstum des Gesamtkapitals, statt im selben Verhältnis zu wachsen. Die kapitalistische Akkumulation produziert so beständig eine relative, dass heißt für das durchschnittliche Ausdehnungsbedürfnis des Kapitals überschüssige, Arbeiterbevölkerung.

Betrachten wir das gesellschaftliche Gesamtkapital, so sehen wir, dass in einigen Produktionssphären Wechsel in der Zusammensetzung des Kapitals stattfindet, ohne dass seine absolute Größe wächst; in anderen ist das absolute Wachstum des Kapitals mit absoluter Abnahme seines variablen Bestandteils oder der von ihm absorbierten Arbeitskraft verbunden. In anderen Produktionssphären wiederum wächst das Kapital bald auf seiner gegebenen technischen Grundlage fort und zieht zusätzliche Arbeitskraft im Verhältnis zu seinem Wachstum an, bald tritt Wechsel in der organischen Zusammensetzung des Kapitals ein und verringert den variablen Bestandteil. In allen Produktionssphären ist das Wachstum das variablen Kapitals und daher der beschäftigten Arbeiterzahl stets verbunden mit heftigen Fluktuationen und vorübergehender Produktion von Überbevölkerung.

Die arbeitende Bevölkerung produziert also mit der Akkumulation des Kapitals die Mittel, durch die sie selbst relativ überflüssig gemacht wird; und sie tut dies in immer größerem Ausmaß. Dies ist ein Bevölkerungsgesetz, das der kapitalistischen Produktionsweise eigentümlich ist.

Wenn aber eine Überbevölkerung von Arbeitern notwendiges Produkt der Akkumulation oder der Entwicklung des Reichtums auf kapitalistischer Grundlage ist, wird diese Überbevölkerung umgekehrt zum Hebel der kapitalistischen Akkumulation, ja zu einer Existenzbedingung der kapitalistischen Produktionsweise. Sie bildet eine verfügbare industrielle Reservearmee, die dem Kapital ganz so absolut gehört, als ob es sie auf seine eigenen Kosten großgezüchtet hätte. Sie schafft für seine wechselnden Ausdehnungsbedürfnisse das stets bereits ausbeutbare Menschenmaterial, unabhängig von den Schranken der wirklichen Bevölkerungszunahme.

Der charakteristische Lebenslauf der modernen Industrie, dass heißt ein durch kleinere Schwankungen unterbrochener zehnjähriger Zyklus von Perioden mittlerer Lebendigkeit, Produktion unter Hochdruck, Krise und Stagnation, beruht auf der beständigen Bildung, größeren oder geringeren Aufsaugung und Wiederbildung der industriellen Reservearmee oder Überbevölkerung. Ihrerseits rekrutieren die Wechselfälle des industriellen Zyklus die Überbevölkerung und werden zu einer ihrer energischsten Reproduktionsursachen. Die ganze Bewegungsform der modernen Industrie erwächst also aus der beständigen Verwandlung eines Teiles der Arbeiterbevölkerung in unbeschäftigte oder halbbeschäftigte Hände.

Die Entwicklung der kapitalistischen Produktionsweise und der Produktivkraft der Arbeit befähigt den Kapitalisten, mit derselben Auslage von variablem Kapital, mehr Arbeit durch extensivere oder intensivere Ausbeutung der individuellen Arbeitskräfte flüssig zu machen. Ferner kann er mit demselben Kapital mehr Arbeitskräfte kaufen, indem er zunehmend gelernte durch ungelernte Arbeitskraft ersetzt.

Die Freisetzung von Arbeitern geht daher noch schneller voran als die von dem Fortschritt der Akkumulation begleitete und beschleunigte technische Umwälzung des Produktionsprozesses und schneller als die entsprechende proportionelle Abnahme des variablen Kapitalteiles gegen den konstanten. Wenn die Produktionsmittel, wie sie an Umfang und Wirkungskraft zunehmen, in geringerem Grade Beschäftigungsmittel der Arbeiter werden, wird dieses Verhältnis selbst wieder dadurch modifiziert, dass im Maß, wie die Produktivität der Arbeit wächst, das Kapital seine Zufuhr von Arbeit schneller steigert als seine Nachfrage nach Arbeitern. Die Überarbeit des beschäftigten Teiles der Arbeiterklasse schwellt die Reihen der Reserve, während umgekehrt der vermehrte Druck, den die letztere durch ihre Konkurrenz auf die erstere ausübt, diese zur Überarbeit und Unterwerfung unter die Gebote des Kapitals zwingt. Die Verdammung eines Teiles der Arbeiterklasse zu erzwungenem Müßiggang durch Überarbeit des anderen Teiles, und umgekehrt, wird Bereicherungsmittel des einzelnen Kapitalisten und beschleunigt die Produktion der industriellen Reservearmee auf einem dem Fortschritt der gesellschaftlichen Akkumulation entsprechenden Maßstab.

Im großen und ganzen sind die allgemeinen Bewegungen des Arbeitslohnes ausschließlich reguliert durch die Ausdehnung und Zusammenziehung der industriellen Reservearmee, welche dem Periodenwechsel des industriellen Zyklus entsprechen. Sie sind also nicht bestimmt durch die Änderungen der absoluten Anzahl der Arbeiterbevölkerung, sondern durch das wechselnde Verhältnis, worin die Arbeiterklasse in aktive und Reserve-Armee zerfällt, durch die Zunahme und Abnahme des relativen Umfanges der Überbevölkerung, durch den Grad, worin sie bald absorbiert, bald freigesetzt wird.

Die industrielle Reservearmee drückt während der Perioden der Stagnation und mittleren Prosperität auf die aktive Arbeiterarmee und hält ihre Ansprüche während der Periode der Überproduktion und des Paroxismus im Zaum. Die relative Überbevölkerung ist also der Hintergrund, worauf das Gesetz der Nachfrage und Zufuhr von Arbeit sich bewegt. Sie zwängt den Spielraum dieses Gesetzes in die der Ausbeutungsgier und Herrschsucht des Kapitals absolut zusagenden Schranken ein.

d) Verschiedene Existenzformen der relativen Überbevölkerung und das allgemeine Gesetz der kapitalistischen Akkumulation

Die relative Überbevölkerung existiert in jeder möglichen Form. Jeder Arbeiter gehört ihr an während der Zeit, wo er nur teilbeschäftigt oder unbeschäftigt ist. Abgesehen von den großen, periodisch wiederkehrenden Formen, welche der Phasenwechsel des industriellen Zyklus ihr aufprägt, so dass sie bald akut in den Krisen erscheint, bald chronisch in den Zeiten flauen Geschäfts, besitzt sie fortwährend drei Formen: flüssige, latente und stockende.

In den Zentren der modernen Industrie werden Arbeiter bald herausgeworfen, bald in größerem Umfange wieder eingestellt, so dass im großer. und ganzen die Zahl der Beschäftigten zunimmt, wenn auch in abnehmendem Verhältnis zur Produktionsleiter. Die Überbevölkerung besteht hier in fließender Form.

Der Konsum der Arbeitskraft durch das Kapital ist zudem so rasch, dass der Arbeiter von mittlerem Alter sich meist schon mehr oder weniger überlebt hat. Gerade bei den Arbeitern der modernen Industrie stoßen wir auf die kürzeste Lebensdauer. Daher die schnelle Erneuerung der Arbeitergenerationen.

Sobald sich die kapitalistische Produktion der Agrikultur, oder im Grad, worin sie sich derselben bemächtigt hat, nimmt die Nachfrage nach landwirtschaftlicher Arbeiterbevölkerung absolut ab, ohne dass diese Ausstoßung, wie in den nicht-landwirtschaftlichen Industrien, durch größere Anziehung kompensiert wird. Ein Teil der Landbevölkerung befindet sich daher fortwährend auf dem Sprung, in städtisches oder Manufakturproletariat überzugehen. Diese Quelle der (latenten) relativen Überbevölkerung fließt beständig. Aber ihr beständiger Fluss nach den Städten setzt auf dem Lande selbst eine fortwährende latente Überbevölkerung voraus. Der Landarbeiter wird daher auf das Minimum des Arbeitslohnes herabgedrückt und steht mit einem Fuß stets im Sumpfe des Pauperismus.

Die dritte Kategorie der relativen Überbevölkerung bildet einen Teil der aktiven Arbeiterarmee aber mit unregelmäßiger Beschäftigung. Sie rekrutiert sich fortwährend aus den Überzähligen, namentlich aus untergehenden Industriezweigen, wo Handwerks- und Manufakturbetrieb dem Maschinenbetrieb erliegt.

Diese Kategorie, deren Lebenslage unter das durchschnittliche Niveau der arbeitenden Klasse sinkt, bildet ein sich selbst reproduzierendes Element der Arbeiterklasse, das zugleich einen verhältnismäßig großen Anteil am Wachstum derselben nimmt. Nicht nur die Anzahl der Geburten und Todesfälle, sondern auch die absolute Größe der Familien steht in umgekehrtem

Verhältnis zu der Höhe der Löhne und daher zu der Menge der Lebensmittel, über welche die verschiedenen Kategorien der Arbeiter verfügen. Dieses Gesetz der kapitalistischen Gesellschaft würde Wilden absurd klingen. Es erinnert an die schrankenlose Reproduktion der individuell schwachen und beständig niedergejagten Tiere.

Der tiefste Niederschlag der relativen Überbevölkerung endlich haust in der Sphäre des Pauperismus und des eigentlichen Lumpenproletariats.

Je größer der gesellschaftliche Reichtum, das funktionierende Kapital, Umfang und Energie seines Wachstums, also auch die absolute Größe des Proletariats und die Produktivität der Arbeit, desto größer ist die industrielle Reservearmee. Die zur Verfügung stehende Arbeitskraft wird durch dieselben Ursachen entwickelt, wie die Expansivkraft des Kapitals.

Die relative Größe der industriellen Reservearmee wächst also mit der potentiellen Energie des Reichtums. Je größer aber die Reservearmee im Verhältnis zur aktiven Arbeitsarmee ist, desto massenhafter die ständige Überbevölkerung, deren Elend im umgekehrten Verhältnis zu ihrer Arbeitsqual steht. Je größer endlich die Lazarusschicht der Arbeiterklasse und die industrielle Reservearmee ist, um so größer ist der amtlich anerkannte Pauperismus. Dies ist das absolute, allgemeine Gesetz der kapitalistischen Akkumulation.

Es folgt daher, dass in dem Maße wie Kapital akkumuliert, das Los der Arbeiter, ob nun seine Bezahlung hoch oder niedrig sei, sich verschlechtern muss. Das Gesetz endlich, welches die relative Übervölkerung oder industrielle Reservearmee stets mit Umfang und Energie der Akkumulation in Gleichgewicht hält, schmiedet den Arbeiter fester an das Kapital als den Prometheus die Keile des Vulkan an den Felsen. Es bedingt eine Akkumulation von Elend entsprechend der Akkumulation von Kapital. Die Akkumulation von Reichtum auf dem einen Pol ist also zugleich Akkumulation von Elend, Arbeitsqual, Sklaverei, Unwissenheit, Brutalität und moralische Degradation auf dem Gegenpol.

24. Die sogenannte ursprüngliche Akkumulation

a) Das Geheimnis der ursprünglichen Akkumulation

Wir haben gesehen, wie Geld in Kapital verwandelt, durch Kapital Mehrwert und aus Mehrwert mehr Kapital gemacht wird. Die Akkumulation des Kapitals setzt aber den Mehrwert, der Mehrwert die kapitalistische Produktion, die kapitalistische Produktion das Vorhandensein größerer Massen von Kapital und Arbeitskraft in den Händen von Warenproduzenten voraus. Diese ganze Bewegung scheint sich also in einem fehlerhaften Kreislauf herumzudrehen, aus dem wir nur herauskommen, indem wir eine der kapitalistischen Akkumulation vorausgehende ursprüngliche Akkumulation unterstellen, eine Akkumulation, welche nicht das Resultat der kapitalistischen Produktionsweise ist, sondern ihr Ausgangspunkt. Diese ursprüngliche Akkumulation spielt in der politischen Ökonomie ungefähr dieselbe Rolle wie der Sündenfall in der Theologie. Adam biss in den Apfel und damit kam die Sünde über das Menschengeschlecht.

Der Ursprung der ursprünglichen Akkumulation wird erklärt, indem er als Anekdote der Vergangenheit erzählt wird. In einer längst verflossenen Zeit gab es auf der einen Seite eine fleißige, intelligente und vor allem sparsame Elite und auf der anderen faulenzende, ihr Alles und mehr verjubelnde Lumpen. Von diesem Sündenfall datiert die Armut der großen Masse.

In der wirklichen Geschichte spielen bekanntlich Eroberung, Unterjochung, Raubmord, kurz Gewalt die große Rolle. In der Tat sind die Methoden der ursprünglichen Akkumulation alles andere, nur nicht idyllisch. Geld und Ware sind nicht von vornherein Kapital. Sie bedürfen der Verwandlung in Kapital. Zweierlei sehr verschiedene Arten von Warenbesitzern müssen sich gegenübertreten. Einerseits Eigner von Geld, Produktions- und Lebensmitteln, die darauf aus sind, ihre Wertsumme zu vermehren durch Ankauf fremder Arbeitskraft; andererseits freie Arbeiter, Verkäufer der eigenen Arbeitskraft und daher Verkäufer von Arbeit. Freie Arbeiter in dem Doppelsinn, dass weder sie selbst unmittelbar zu den Produktionsmitteln gehören, wie Sklaven, Leibeigene usw., noch auch die Produktionsmittel ihnen gehören, wie beim selbstwirtschaftenden Bauern usw., sie davon vielmehr frei, los und ledig sind.

Der Prozess, der den Weg für das kapitalistische System frei macht, kann also nichts anderes sein als der Scheidungsprozess des Arbeiters vom Eigentum an seinen Arbeitsmitteln, ein Prozess, der einerseits die gesellschaftlichen Lebens- und Produktionsmittel in Kapital verwandelt, andererseits die unmittelbaren Produzenten in Lohnarbeiter. Die sogenannte ursprüngliche Akkumulation ist also nichts als der historische Scheidungsprozess von Produzent und Produktionsmittel. Er erscheint als »ursprünglich«, weil er die Vorgeschichte des Kapitals und der ihm entsprechenden Produktionsweise bildet.

Die ökonomische Struktur der kapitalistischen Gesellschaft ist hervorgegangen aus der ökonomischen Struktur der feudalen Gesellschaft. Die Auflösung dieser hat die Elemente jener freigesetzt. Der unmittelbare Produzent, der Arbeiter, konnte erst über seine eigene Person verfügen, nachdem er aufgehört hatte, an die Scholle gebunden und einer anderen Person leibeigen oder hörig zu sein. Um freier Verkäufer von Arbeitskraft zu werden, der seine Ware überall hinträgt, wo sie einen Markt findet, musste er ferner der Herrschaft der Zünfte, ihren Lehrlings- und Gesellenordnungen und hemmenden Arbeitsvorschriften entronnen sein. Somit erscheint die geschichtliche Bewegung, die die Produzenten in Lohnarbeiter verwandelt, einerseits als ihre Befreiung von Dienstbarkeit und Zunftzwang, und diese Seite allein existiert für unsere bürgerlichen Geschichtsschreiber. Andererseits aber werden diese neu Befreiten erst Verkäufer ihrer selbst, nachdem ihnen alle ihre Produktionsmittel und alle durch die alten feudalen Einrichtungen gebotenen Garantien ihrer Existenz geraubt sind. Und die Geschichte dieser ihrer Expropriation ist in die Annalen der Menschheit eingeschrieben mit Zügen von Blut und Feuer.

Die industriellen Kapitalisten, diese neuen Machthaber, mussten ihrerseits nicht nur die zünftigen Handwerksmeister verdrängen, sondern auch die im Besitz der Reichtumsquellen befindlichen Feudalherren. In dieser Hinsicht stellt sich ihr Emporkommen dar als Frucht eines siegreichen Kampfes sowohl gegen die Feudalmacht und ihre empörenden Vorrechte als auch gegen die Zünfte und die Fesseln, die diese der freien Entwicklung der Produktion und der freien Ausbeutung des Menschen durch den Menschen angelegt. Die Ritter von der Industrie brachten es jedoch nur fertig, die Ritter von Degen zu verdrängen, dadurch, dass sie Ereignisse ausbeuteten, zu denen sie gar nichts beigetragen hatten.

Der Ausgangspunkt der Entwicklung, die sowohl den Lohnarbeiter als auch den Kapitalisten erzeugte, war die Knechtschaft des Arbeiters. Der Fortschritt bestand in einem Formwechsel dieser Knechtung, in der Verwandlung der feudalen in kapitalistische Ausbeutung. Um ihren Gang zu verstehen, brauchen wir gar nicht so weit zurückzugreifen.

Obgleich die ersten Anfänge kapitalistischer Produktion uns schon im 14. und 15. Jahrhundert in einigen Städten am Mittelmeer vereinzelt entgegentreten, datiert das kapitalistische Zeitalter erst vom 16. Jahrhundert. Historisch epochemachend in der Geschichte der ursprünglichen Akkumulation sind alle Umwälzungen, die der sich bildenden Kapitalistenklasse als Hebel dienen; vor allem aber die Momente, worin große Menschenmassen plötzlich und gewaltsam von ihren Existenzmitteln losgerissen und als vogelfreie Proletarier auf den Arbeitsmarkt geschleudert werden. Die Expropriation des ländlichen Produzenten, des Bauern, von Grund und Boden bildet die Grundlage des ganzen Prozesses. Die Geschichte dieser Expropriation nimmt in verschiedenen Ländern verschiedene Färbung an und durchläuft die verschiedenen Phasen in verschiedener Reihenfolge und in verschiedenen Perioden. Nur in England besitzt sie klassische Form.

b) Expropriation des Landvolks von Grund und Boden

Das Vorspiel der Umwälzung, welche die Grundlage der kapitalistischen Produktionsweise schuf, ereignete sich im letzten Drittel des 15. und den ersten Jahrzehnten des 16. Jahrhunderts. Eine Masse vogelfreier Proletarier ward auf den Arbeitsmarkt geschleudert durch die Auflösung der feudalen Gefolgschaften, die überall nutzlos Haus und Hof füllten (und von dem durch die großen Feudalkriege geschwächten Adel nicht mehr ernährt werden konnten). Auch beschleunigte die königliche Macht in ihrem Streben nach absoluter Souveränität gewaltsam die Auflösung dieser Gefolgschaften. Ein ungleich größeres Proletariat schufen die großen Feudalherren durch gewaltsame Verjagung der Bauernschaft von dem Grund und Boden, worauf sie denselben feudalen Rechtstitel besaß wie er selbst, und durch widerrechtliche Aneignung ihres Gemeindelandes. Den unmittelbaren Anstoß zu der Verjagung vom Land gab in England namentlich das Aufblühen der flandrischen Wollmanufaktur und das entsprechende Steigen der Wollpreise. Verwandlung von Ackerland in Schafweide wurde das Losungswort.

Einen neuen und furchtbaren Anstoß erhielt der gewaltsame Expropriationsprozess des Volkes im 16. Jahrhundert durch die Reformation und, in ihrem Gefolge, den kolossalen Diebstahl der Kirchengüter. Die Kirchengüter wurden großenteils an königliche Günstlinge verschenkt oder zu Spottpreisen an spekulierende Pächter und Stadtbürger verkauft, die die alten erblichen Untersassen massenhaft verjagten und ihre Wirtschaften zusammenwarfen. Das gesetzlich garantierte Eigentum verarmter Landleute an einem Teil der Kirchenzehnten wurde stillschweigend abgeschafft.

Das Kircheneigentum bildete das religiöse Bollwerk der traditionellen Grundeigentumsverhältnisse. Mit seinem Fall waren sie nicht länger haltbar.

Unter der Restauration der Stuarts setzten die Grundeigentümer eine Usurpation gesetzlich durch, die überall auf dem Kontinent ohne gesetzliche Formalität vor sich ging. Sie hoben die Feudalverfassung des Bodens auf, das heißt, sie schüttelten seine Leistungspflichten an den Staat ab, »entschädigten« den Staat durch Steuern auf die Bauernschaft und übrige Volksmasse, beanspruchten modernes Privateigentum an Gütern, worauf sie nur Feudaltitel besaßen, und zwangen schließlich den englischen Landarbeitern jene Niederlassungsgesetze auf, welche dieselbe Wirkung hatten wie das Edikt des Tartaren Boris Godunof auf die russische Bauernschaft.

Die »glorreiche Revolution« brachte mit dem Oranier Wilhelm die grundherrlichen und kapitalistischen Aneigner des Mehrwertes zur Herrschaft. Sie weihten die neue Ära ein, indem sie den bisher nur bescheiden betriebenen Diebstahl an den Staatsgütern auf kolossaler Stufenleiter ausübten. Diese Ländereien wurden verschenkt, zu Spottpreisen verkauft oder auch durch direkte Usurpation an Privatgüter angegliedert. Alles das geschah ohne die geringste Beobachtung gesetzlicher Formen. Das so betrügerisch angeeignete Staatsgut bildet die Grundlage der heutigen fürstlichen Besitztümer der englischen Oligarchie.

Der letzte große Expropriationsprozess der Landbevölkerung von Grund und Boden ist das sogenannte »Lichten der Güter«, dass heißt das Wegfegen der Menschen von denselben. Alle bisher betrachteten englischen Methoden fanden ihren Höhepunkt im »Lichten«. In Schottland zeichnete sich der Vorgang durch die Größe der Stufenleiter, worauf er mit einem Schlage vollzogen wurde, aus. Im 18. Jahrhundert wurde zugleich den vom Land verjagten Gaelen die Auswanderung verboten, um sie gewaltsam nach Glasgow und anderen Fabrikstädten zu treiben. Ein Beispiel für das 19. Jahrhundert ist die Herzogin von Sutherland, die ihre ganze Grafschaft in Schafweide verwandelte. Von 1814 bis 1820 wurden 15.000 Einwohner systematisch verjagt. Endlich wird ein Teil der Schaftriften in Jagdrevier zurückverwandelt.

Der Raub der Kirchengüter, die betrügerische Veräußerung der Staatsdomänen, der Diebstahl des Gemeindeeigentums, die usurpatorische und mit rücksichtslosem Terrorismus vollzogene Verwandlung von feudalem und Claneigentum in modernes Privateigentum, es waren ebenso viele idyllische Methoden der ursprünglichen Akkumulation. Sie eroberten das Feld für die kapitalistische Agrikultur, einverleibten den Grund und Boden dem Kapital und schufen der städtischen Industrie die nötige Zufuhr von vogelfreiem Proletariat.

c) Blutgesetzgebung gegen die Expropriierten. Gesetz zur Herabdrückung des Arbeitslohns

Die durch die Auflösung der feudalen Gefolgschaften und durch stoßweise gewaltsame Expropriation von Grund und Boden Verjagten, dies »freie« Proletariat konnte unmöglich ebenso rasch von der aufkommenden Manufaktur aufgesaugt werden, als es auf die Welt gesetzt ward. Andererseits konnten die plötzlich aus ihrer gewohnten Lebensbahn Herausgeschleuderten sich nicht ebenso plötzlich in die Disziplin des neuen Zustandes finden. Sie verwandelten sich massenhaft in Bettler, Räuber, Vagabunden. Ende des 15. und während des ganzen 16. Jahrhunderts daher in ganz Westeuropa eine Blutgesetzgebung wider Vagabondage. Die Gesetzgebung behandelte sie als »freiwillige« Verbrecher und unterstellte, dass es von ihrem guten Willen abhänge, in den nicht mehr existierenden alten Verhältnissen fortzuarbeiten. So wurde das zuerst gewaltsam von Grund und Boden expropriierte, von ihrem Heim verjagte und zum Vagabunden gemachte Landvolk durch grotesk-terroristische Gesetze in eine dem System der Lohnarbeit notwendige Disziplin hineingepeitscht, – gebrandmarkt, – gefoltert.

Auf die Dauer genügte es nicht, Menschen, die nichts zu verkaufen haben als ihre Arbeitskraft, zu diesem Verkauf zu zwingen. Im Fortgang der kapitalistischen Produktion entwickelte sich eine Arbeiterklasse, die aus Erziehung, Tradition, Gewohnheit die Anforderungen jener Produktionsweise als selbstverständliche Naturgesetze anerkennt. Die Organisation des ausgebildeten kapitalistischen Produktionsprozesses bricht jeden Widerstand. Die beständige Erzeugung einer relativen Überbevölkerung hält das Gesetz der Zufuhr von und Nachfrage nach Arbeit und daher den Arbeitslohn, in einem dem Ausdehnungsbedürfnis des Kapitals entsprechenden Geleise. Der stumme Zwang der ökonomischen Verhältnisse besiegelt die Herrschaft des Kapitalisten über den Arbeiter. Außerökonomische, unmittelbare Gewalt wird zwar immer noch angewandt, aber nur ausnahmsweise.

Für den gewöhnlichen Gang der Dinge kann der Arbeiter den »Naturgesetzen der Produktion« überlassen bleiben, dass heißt seiner aus den Produktionsbedingungen selbst entspringenden, durch sie garantierten und verewigten Abhängigkeit vom Kapital. Anders während der historischen Genesis der kapitalistischen Produktion. Die aufkommende Bourgeoisie braucht und verwendet die Staatsgewalt, um den Arbeitslohn zu »regulieren«, dass heißt in zusagende Schranken zu zwängen, um den Arbeitstag zu verlängern und den Arbeiter selbst in Abhängigkeit zu erhalten. Es ist dies ein wesentliches Moment der ursprünglichen Akkumulation.

Die Klasse der Lohnarbeiter, die in der letzten Hälfte des 14. Jahrhunderts entstand, bildete damals und im folgenden Jahrhundert nur einen sehr geringen Teil der ‚Bevölkerung, der in seiner Stellung stark beschützt war durch die selbständige Bauernwirtschaft auf dem Land und die Zunftorganisation der Stadt. In Land und Stadt standen sich Meister und Arbeiter sozial nahe. Die Unterordnung der Arbeit unter das Kapital war nur formell, dass heißt die Produktionsweise selbst besaß noch keinen spezifisch kapitalistischen Charakter. Das variable Kapital wog sehr vor über das konstante. Die Nachfrage nach Lohnarbeit wuchs daher rasch mit jeder Akkumulation des Kapitals, während die Zufuhr von Lohnarbeit nur langsam nachfolgte. Ein großer Teil des nationalen Produkts, später in Akkumulationsfonds des Kapitals verwandelt, ging damals noch ein in den Konsumtionsfonds des Arbeiters. Die Gesetzgebung betreffend Lohnarbeit (auf die Ausbeutung des Arbeiters abzielend und ihm gegenüber lange noch feindlich gesinnt) beginnt in England mit dem Arbeitergesetz Eduard III. im Jahre 1349 und der Verordnung, die im Namen des Königs Johann in Frankreich im Jahre 1350 erlassen wurde.

Es wird bei Gefängnisstrafe untersagt, höheren als den gesetzlichen Lohn zu zahlen, aber der Empfang des höheren Lohnes wird stärker bestraft als seine Zahlung. Ein Gesetz vom Jahre 1360 erhöhte die Strafen noch. Die Koalition der Arbeiter wird als schweres Verbrechen behandelt vom 14. Jahrhundert bis 1825. Die barbarischen Gesetze gegen die Gewerkschaften fielen im Jahre 1825 vor der drohenden Haltung des Proletariats. Trotzdem fielen sie nur zum Teil. Einige schöne Überbleibsel des alten Gesetzes fielen erst im Jahre 1859. Gleich im Beginn der Revolution wagte die französische Bourgeoisie den Arbeitern das Vereinigungsrecht, das sie erst erobert hatten, wegzunehmen. Durch das Dekret vom 14. Juni 1791 erklärten sie jede Koalition der Arbeiter als „ein Attentat auf die Freiheit und die Erklärung der Menschenrechte", strafbar bis zu einer Buße von 500 Livres und dem Verlust des Rechtes eines aktiven Bürgers für ein Jahr. Dieses Gesetz, das durch Staatszwang den Kampf zwischen Kapital und Arbeit auf die dem Kapital genehmen Grenzen beschränkte, überlebte die Revolutionen und den Wechsel der Dynastien. Sogar die Terrorherrschaft ließ es unberührt.

d) Genesis der kapitalistischen Pächter. Rückwirkung der landwirtschaftlichen Umwälzung auf die Industrie

Wo kommen die Kapitalisten ursprünglich her? Die Expropriation des Landvolkes schafft neben vogelfreien Proletariern unmittelbar nur große Grundeigentümer. Daneben können wir jedoch die Entstehung des Pächters sozusagen mit der Hand greifen, weil sie ein langsamer, über viele Jahrhunderte sich hinziehender Prozess ist. In England ist die erste Form des Pächters der selbst noch leibeigene Verwalter; er wird eine Art Halbpächter. Einen Teil des Betriebskapitals stellt er, den anderen der Landlord. Beide teilen das Produkt in einem vertraglich bestimmten Verhältnis. Diese Form macht dem eigentlichen Pächter Platz, der sein eigenes Kapital durch Verwendung von Lohnarbeit vermehrt und einen Teil des Mehrprodukts, in Geld oder natura, dem Landlord als Grundrente zahlt.

So lange, während des 15. Jahrhunderts, der unabhängige Bauer und der neben dem Lohndienst zugleich selbstwirtschaftende Ackerknecht sich selbst durch ihre Arbeit bereichern, bleiben die Umstände des Pächters und sein Produktionsfeld beschränkt. Die Agrarrevolution im letzten Drittel des 15. Jahrhunderts erlaubt ihm die Aneignung von Gemeindeweiden usw. und damit große Vermehrung seines Viehbestandes fast ohne Kosten während ihm das Vieh reichlichere Düngemittel liefert. Im 16. Jahrhundert kommt ein wichtiges Moment hinzu. Damals waren die Pachtkontrakte lang. Der beständige Fall des Wertes der edlen Metalle und daher des Geldes verursachte das Steigen der Preise der landwirtschaftlichen Produkte während Pacht und Arbeitslohn blieben wie sie im Kontrakt vorgesehen waren. So bereicherte sich der Pächter gleichzeitig auf Kosten seiner Lohnarbeiter und seines Landlords. Am Ende des 16. Jahrhunderts besaß England eine Klasse für die damaligen Verhältnisse reicher »Kapitalpächter«.

Die Enteignung und Verjagung eines Teils des Landvolkes setzt mit den Arbeitern nicht nur ihre Lebensmittel und ihr Arbeitsmaterial für das industrielle Kapital frei, sie schafft den inneren Markt.

Früher erzeugte und bearbeitete die Bauernfamilie die Lebensmittel und Rohstoffe, die sie nachher größtenteils selbst verzehrte. Diese Rohstoffe und Lebensmittel wurden jetzt zu Waren; der Großpächter verkaufte sie, in den Manufakturen fand er seinen Markt. Garn, Leinwand, grobe Wollenzeuge, Dinge, deren Rohstoffe sich im Bereich jeder Bauernfamilie vorfanden und von ihr zum Selbstgebrauch versponnen und verwebt wurden, verwandelten sich in Manufakturartikel, deren Absatzmarkt gerade wieder die Landdistrikte bildeten. Die vielen verstreuten Kunden, welche die einzelnen Handwerker bis jetzt in den zahlreichen kleinen auf ihre eigene Rechnung arbeitenden Produzenten gefunden hatten, konzentrieren sich jetzt zu einem großen, vom industriellen Kapital versorgten Markt. So geht Hand in Hand mit der Expropriation früher selbstwirtschaftender Bauern und ihrer Lostrennung von ihren Produktionsmitteln die Zerstörung des ländlichen Heimgewerbes, der Prozess der Scheidung von Manufaktur und Agrikultur.

e) Genesis des industriellen Kapitalisten

Das Aufkommen des industriellen Kapitalisten ging nicht in derselben allmählichen Weise vor sich wie das des Pächters. Zweifelsohne verwandelten sich manche kleine Zunftmeister und selbständige Handwerker oder auch Lohnarbeiter in kleine Kapitalisten, und (durch Ausbeutung von Lohnarbeit und entsprechende Akkumulation) allmählich in vollständige Kapitalisten. Indes entsprach der Schneckengang dieser Methode in keiner Weise den Handelsbedürfnissen des neuen Weltmarktes, welchen die großen Entdeckungen Ende des 15. Jahrhunderts geschaffen hatten. Das Mittelalter hatte zwei verschiedene Formen des Kapitals überliefert, die in den verschiedensten nicht-kapitalistischen Gesellschaftsformen reifen, das Wucherkapital und das Kaufmannskapital. Das durch Wucher und Handel gebildete Geldkapital wurde durch die Feudalverfassung auf dem Lande, durch die Zunftverfassung in den Städten an seiner Verwandlung in industrielles Kapital gehindert. Diese Schranken fielen mit der Auflösung der feudalen Gesellschaft, mit der Expropriation und teilweisen Verjagung des Landvolkes. Die neue Manufaktur wurde in Seehäfen errichtet oder auf Punkten des flachen Landes, außerhalb der Kontrolle des alten Städtewesens und seiner Zunftverfassung.

Die Entdeckung von Gold und Silber in Amerika, die Ausrottung, Versklavung und Vergrabung der eingeborenen Bevölkerung in die Bergwerke, die beginnende Eroberung und Ausplünderung von Ostindien, die Verwandlung von Afrika in ein Gehege zur Handelsjagd auf Schwarzhäute, bezeichnen die Morgenröte der kapitalistischen Produktionsära. Diese idyllischen Prozesse sind Hauptmomente der ursprünglichen Akkumulation. Auf dem Fuße folgt der Handelskrieg der europäischen Nationen, mit dem Erdrund als Schauplatz. Er wird eröffnet durch den Abfall der Niederlande von Spanien, nimmt Riesenumfang an in Englands Anti-Jakobinerkrieg, spielt noch fort in den Opiumkriegen gegen China usw. Die verschiedenen Momente der ursprünglichen Akkumulation verteilen sich nun, mehr oder weniger in zeitlicher Reihenfolge, namentlich auf Spanien, Portugal, Holland, Frankreich und England. In England werden sie Ende des 17. Jahrhunderts systematisch zusammengefasst im Kolonialsystem, Staatsschuldensystem, modernen Steuersystem und Protektionssystem.

Diese Methoden beruhen zum Teil auf brutaler Gewalt, zum Beispiel das Kolonialsystem. Alle aber benutzten die Staatsmacht, die konzentrierte und organisierte Gewalt der Gesellschaft, um den Verwandlungsprozess der feudalen in die kapitalistische Produktionsweise treibhausmäßig zu fördern und die Übergänge abzukürzen. Die Gewalt ist der Geburtshelfer jeder alten Gesellschaft, die mit einer neuen schwanger geht. Sie selbst ist eine ökonomische Potenz.

W. Howitt, ein Mann, der aus dem Christentum eine Spezialität macht, sagt von dem christlichen Kolonialsystem:

„Die Barbareien und ruchlosen Gewalttaten der sogenannten christlichen Rassen in jedem Teil der Welt und gegen jedes Volk, das sie unterwerfen konnten, finden keine Parallele bei anderen Rassen, wie wild, ungelehrt und unbarmherzig diese auch sein mögen."

Die Geschichte der Kolonialwirtschaft Hollands – und Holland war die kapitalistische Musternation des 17. Jahrhunderts – „ist voller Verrat, Bestechung, Massaker und Gemeinheit."

Die englische Ost-Indien-Kompagnie erhielt außer der politischen Herrschaft in Indien das ausschließliche Monopol auf den Teehandel, sowie auf den chinesischen Handel im allgemeinen und auf den Transport von Gütern von und nach Europa. Der Küstenhandel Indiens und zwischen den Inseln sowie der Binnenhandel Indiens war jedoch das Monopol der höheren Angestellten der Kompagnie. Die Monopole auf Salz, Opium, Betel und andere Waren stellten unerschöpfliche Quellen des Reichtums dar. Die Angestellten setzten selbst die Preise fest und plünderten die unglücklichen Hindus nach Belieben aus. Der Generalgouverneur nahm an diesem Privathandel teil. Große Vermögen entstanden wie Pilze an einem Tag; die ursprüngliche Akkumulation ging vonstatten, ohne einen Schilling vorzuschießen.

Die Behandlung der Ureinwohner war am schrecklichsten in den Pflanzungskolonien, die nur für den Export bestimmt waren, wie West-Indien, und den dem Raubmord preisgegebenen reichen und dicht bevölkerten Ländern, wie Mexiko und Ost-Indien.

Das Kolonialsystem reifte treibhausmäßig Handel und Schiffahrt. Die »Gesellschaften Monopolia« (Luther) waren gewaltige Hebel der Kapitalkonzentration. Den aufschließenden Manufakturen sicherten die Kolonien Absatzmarkt und eine durch das Marktmonopol vergrößerte Akkumulation. Der außerhalb Europas direkt durch Plünderung, Versklavung und Mord erbeutete Schatz floss ins Mutterland zurück und verwandelte sich hier in Kapital. Im Jahr 1648 stand Holland, welches zuerst das koloniale System voll entwickelte, bereits auf dem Gipfel seiner Handelsgröße und das holländische Volk war überarbeiteter, ärmer und brutaler unterdrückt als alle Völker des restlichen Europas zusammen.

Das System des öffentlichen Kredits, das heißt der Staatsschulden, deren Ursprung wir in Genua und Venedig bereits im Mittelalter entdecken, nahm Besitz von ganz Europa während der Manufakturperiode. Das Kolonialsystem mit seinem Seehandel und seinen Handelskriegen diente ihm als Treibhaus. So fasste es zuerst in Holland Wurzel. Die Staatsschulden, das heißt die Veräußerung des Staates – ob despotisch, konstitutionell oder republikanisch – drückt der kapitalistischen Ära ihren Stempel auf. Der einzige Teil des sogenannten Nationalreichtums, der wirklich in den Gesamtbesitz der modernen Völker eingeht, ist - ihre Staatsschuld. Die Staatsschuld wird zu einem der gewaltigsten Hebel der ursprünglichen Akkumulation. Wie mit dem Schlag der Wünschelrute begabt sie das unproduktive Geld mit Zeugungskraft und verwandelt es so in Kapital, ohne dass es dazu nötig hätte, sich der von industrieller Anlage und selbst privatem Wucher unzertrennlichen Mühewaltung und Gefahr auszusetzen.

Mit der Staatsschuld entstand ein internationale Kreditsystem, das häufig eine der Quellen der ursprünglichen Akkumulation versteckt. So bildeten die Gemeinheiten des venezianischen Raubsystems eine solche verbogene Grundlage des Kapitalreichtums von Holland, dem das verfallende Venedig große Geldsummen lieh. Ebenso verhält es sich mit Holland und England. Im Anfang des 18. Jahrhunderts waren die Manufakturen Hollands weit überflügelt. Holland hörte auf, die in Handel und Industrie vorherrschende Nation zu sein. Eines seiner Hauptgeschäfte von 1701 bis 1776 wird daher das Ausleihen ungeheurer Kapitalien, speziell an seinen großen Konkurrenten England. Das gleiche gilt jetzt zwischen England und den Vereinigten Staaten.

Da die Staatsschuld ihren Rückhalt in den Staatseinkünften hat, die die jährlichen Zinszahlungen decken müssen, so wurde das moderne Steuersystem notwendige Ergänzung des Systems der Nationalanleihen. Die Anleihen befähigen die Regierung, außerordentliche Ausgaben zu bestreiten, ohne dass der Steuerzahler es sofort fühlt, aber sie erfordern für die Folge erhöhte Steuern. Diese hohen Steuern führten zur gewaltsamen Enteignung von Bauern, Handwerkern und anderen Mitgliedern der kleinen Mittelklasse. Verstärkt wurde diese expropriierende Wirkung noch durch das Protektionssystem.

Das Protektionssystem (nach Collberts Muster) war ein Kunstmittel, Fabrikanten zu fabrizieren, unabhängige Arbeiter zu expropriieren, die nationalen Produktions- und Lebensmittel zu kapitalisieren, den Übergang aus der altertümlichen in die moderne Produktionsweise gewaltsam abzukürzen. Die europäischen Staaten rissen sich um das Patent dieser Erfindung, und einmal in den Dienst der Mehrwertmacher eingetreten, brandschatzten sie zu jenem Behuf das eigene Volk, indirekt durch Schutzzölle, direkt durch Exportprämien. Das ursprüngliche industrielle Kapital kam hier zum Teil direkt aus dem Staatsschatz. Kolonialsystem, Staatsschulden, Steuerwucht, Protektion, Handelskriege usw., diese Sprösslinge der eigentlichen Manufakturperiode, wachsen riesenhaft während der Kindheitsperiode der modernen Industrie. Die Geburt der letzteren wird gefeiert durch den großen herodischen Kinderraub. Ein großer Teil des heute in den Vereinigten Staaten ohne Geburtsbescheinigung erscheinenden Kapitals war gestern in England das kapitalisierte Blut von Kindern.

„Viele, viele Tausende dieser kleinen unglücklichen Wesen von sieben bis zu 13 oder 14 Jahren wurden von den verschiedenen Gemeindearbeitshäusern Londons, Birminghams und anderer Orte nach dem Norden gesandt. Es war Sitte, dass der Meister seine Lehrlinge kleidete, ernährte und in »Lehrlingshäusern« in der Nähe der Fabrik unterbrachte; Aufseher wurden bestellt, die nach den Arbeiten zu sehen hatten, in deren Interesse es lag, die Kinder bis zum äußersten auszunutzen, da ihre Bezahlung proportionell der Arbeitsmenge war, die sie erpressen konnten. Grausamkeit war die natürliche Folge... In vielen Fabrikbezirken wurden die herzzerreißenden Grausamkeiten an den harmlosen und freudlosen Wesen verübt. Durch das Übermaß an Arbeit wurden sie zu Tode gehetzt... sie wurden geprügelt, gefesselt und mit ausgesuchtester Grausamkeit gequält;... In vielen Fällen waren sie bis auf die Knochen ausgehungert, während sie zur Arbeit geprügelt wurden... in Einzelfällen wurden sie sogar zum Selbstmord getrieben... Die schönen romantischen Täler von Derbyshire, Nottinghamshire und Lancashire wurden zur schrecklichen Einöde der Qual und manchen Mordes. Der Profit der Fabrikanten war ungeheuer; aber das vergrößerte nur noch den Appetit anstatt ihn zu befriedigen und deshalb nahmen die Fabrikanten Zuflucht zu der Praxis der sogenannten »Nachtschicht«, dass heißt nachdem sie eine Gruppe Arbeiter durch Tagesarbeit ermüdet hatten, stand ihnen eine andere Gruppe zur Verfügung für die Arbeit während der Nacht. Die Tagesgruppe ging in die Betten, welche die Nachtgruppe gerade verlassen hatte, und umgekehrt. In Lancashire ist es Volksüberlieferung, dass die Betten niemals abkühlten."

Wenn das Geld, nach Augier, „mit natürlichen Blutflecken auf einer Backe zur Welt kommt," so das Kapital von Kopf bis Zeh, aus allen Poren, blut- und schmutztriefend.

f) Geschichtliche Tendenz der kapitalistischen Akkumulation

Worauf kommt die ursprüngliche Akkumulation des Kapitals, das heißt sein historischer Ursprung hinaus? Soweit sie nicht unmittelbare Verwandlung von Sklaven und Leibeigenen in Lohnarbeiter, also bloßer Formwechsel ist, bedeutet sie die Expropriation der unmittelbaren Produzenten, das heißt die Auflösung des auf eigener Arbeit beruhenden Privateigentums. Die darauf beruhende Produktionsweise unterstellt die Zersplitterung des Grund und Bodens und der übrigen Produktionsmittel. Wie die Konzentration der Produktionsmittel, so schließt sie auch die Kooperation, Teilung der Arbeit innerhalb derselben Produktionsprozesse, die Kontrolle und produktive

Anwendung der Naturkräfte durch die Gesellschaft, freie Entwicklung der gesellschaftlichen Produktivkräfte aus. Auf einer gewissen Entwicklungsstufe bringt sie die materiellen Mittel ihrer eigenen Vernichtung zur Welt. Von diesem Augenblick regen sich neue Kräfte und Leidenschaften im Gesellschaftsschoße, aber die alte gesellschaftliche Organisation fesselt sie und hält sie nieder. Sie muss vernichtet werden, sie wird vernichtet. Ihre Vernichtung, die Verwandlung der individuellen und zersplitterten Produktionsmittel in gesellschaftlich konzentrierte, daher des zwerghaften Eigentums vieler in das massenhafte Eigentum weniger, daher die Expropriation der großen Volksmasse von Grund und Boden und Lebensmitteln und Arbeitsinstrumenten, diese furchtbare und schwierige Expropriation der Volksmasse bildet die Vorgeschichte des Kapitals. Sie umfasst eine Reihe gewaltsamer Methoden, wovon wir nur die epochemachenden als Methoden der ursprünglichen Akkumulation des Kapitals Revue passieren ließen. Die Expropriation der unmittelbaren Produzenten wird mit schonungslosem Vandalismus und unter dem Trieb der infamsten, schmutzigsten, kleinlichst gehäßigsten Leidenschaften vollbracht. Das selbst erarbeitete, sozusagen auf Verwachsung des einzelnen unabhängigen Arbeitsindividuums mit seinen Arbeitsbedingungen beruhende Privateigentum wird verdrängt durch das kapitalistische Privateigentum, welches auf Ausbeutung fremder, aber formell freier Arbeit beruht, das heißt auf Lohnarbeit.

Sobald dieser Umwandlungsprozess nach Tiefe und Umfang die alte Gesellschaft hinreichend zersetzt hat, sobald die Arbeiter in Proletarier, ihre Arbeitsbedingungen in Kapital verwandelt sind, sobald die kapitalistische Produktionsweise auf eigenen Füßen steht, gewinnt die weitere Vergesellschaftung der Arbeit und weiterer Verwandlung der Erde und anderer Produktionsmittel in gesellschaftlich ausgebeutete, also gemeinschaftliche Produktionsmittel sowie die weitere Expropriation der Privateigentümer eine neue Form. Was jetzt zu expropriieren ist, ist nicht länger der selbstwirtschaftende Arbeiter, sondern der viele Arbeiter ausbeutende Kapitalist.

Diese Expropriation vollzieht sich durch das Spiel der immanenten Gesetze der kapitalistischen Produktion selbst, durch die Zentralisation des Kapitals. Ein Kapitalist schlägt immer viele tot.

Hand in Hand mit dieser Zentralisation oder der Expropriation vieler Kapitalisten durch wenige entwickelt sich die kooperative Form des Arbeitsprozesses auf stets wachsender Stufenleiter, die bewusst technische Anwendung der Wissenschaft, die planmäßige Kultivierung der Erde, die Verwandlung der Arbeitsmittel in nur gemeinsam verwendbare Arbeitsmittel, die Ökonomisierung aller Produktionsmittel durch ihren Gebrauch als Produktionsmittel kombinierter, gesellschaftlicher Arbeit, die Verschlingung aller Völker in das Netz des Weltmarktes und damit der internationale Charakter des kapitalistischen Regimes.

Mit der beständig abnehmenden Zahl der Kapitalmagnaten, welche alle Vorteile dieses Umwandlungsprozesses usurpieren und monopolisieren, wächst die Masse des Elends, des Druckes, der Sklaverei, der Entartung, der Ausbeutung, aber auch die Empörung der stets anschwellenden und durch den Mechanismus des kapitalistischen Produktionsprozesses selbst geschulten, vereinten und organisierten Arbeiterklasse. Das Kapitalmonopol wird zur Fessel der Produktionsweise die mit und unter ihm aufgeblüht ist. Die Zentralisation der Produktionsmittel und die Vergesellschaftung der Arbeit erreichen schließlich einen Punkt, wo sie unerträglich werden mit ihrer kapitalistischen Hülle. Sie wird gesprengt. Die Stunde des kapitalistischen Privateigentums schlägt. Die Expropriateure werden expropriiert.

Die aus der kapitalistischen Produktionsweise hervorgehende kapitalistische Aneignungsweise erzeugt das kapitalistische Privateigentum. Dies ist die erste Negation des individuellen, auf eigene Arbeit gegründeten Privateigentums. Aber die kapitalistische Produktion erzeugt mit der Notwendigkeit eines Naturprozesses ihre eigene Negation. Es ist die Negation der Negation. Diese stellt nicht das Privateigentum des Produzenten wieder her, wohl aber das individuelle Eigentum auf Grundlage der Errungenschaft der kapitalistischen Ära: der Kooperation und des Gemeinbesitzes der Erde und der Produktionsmittel.

Im früheren Fall handelte es sich um die Expropriation der Volksmasse durch wenige Usurpatoren, im letzteren handelt es sich um die Expropriation weniger Usurpatoren durch die Volksmasse.

Begriffserklärung

A

absorbieren = aufsaugen

abstrahieren = vom Unwesentlichen absehen

adäquat = angemessen

Äquivalent = Gleichwert

Agrikultur = Ackerbau

Akkumulation = Anhäufung (von Kapital)

aliquot = eine gewisse Menge

Antinomie = Widerstreit von Gesetzen

Autokratie = Selbstherrschaft

assoziiert = vereinigt

B

Bagno = Kerker

D

despotisch = mit Gewalt herrschend

E

Expansion = Ausdehnung

Exploitation = Ausbeutung

Exponent = Anzeiger, Vertreter

Expropriation = Enteignung

extensiv = auf weite Flächen betriebene, grobe Wirtschaftsweise

extraktiv = aus dem Boden Stoffe schöpfend

F

fixiert = festgelegt

Fluktuation = Schwankung

G

Genesis = Werden, Entstehung

H

Hierarchie = Rangfolge

I

imaginär = nur in der Vorstellung bestehend

immanent = verborgen, innewohnend

Inkongruenz = nichtübereinstimmend

Insubordination = Ungehorsam gegenüber Vorgesetzten

intensiv = eindringlich, gesteigert

irrationell = widerspruchsvoll

K

Koalition = Vereinigung

konstant = feststehend, unveränderlich

Kooperation = Zusammenarbeit

konstituieren = zusammensetzen

konstitutionell = verfassungsmässig

Kontinuität = ununterbrochener Zusammenhang

L

latent = verborgen

M

Manie = Besessenheit, Sucht

Manufaktur = Grossbetrieb auf handwerklicher Arbeitsteilung beruhend

merkantil = den Handel bezüglich

Metamorphose = Verwandlung

Metaphysiker = Anhänger einer übersinnlichen Weltanschauung

metaphysisch = wirklichkeitsfremd, über die Grenzen der Erfahrung hinausgehend

mystisch = geheimnisvoll

P

paradox = widersinnig

patriarchalisch = altväterlich

Pauperismus = dauernde Massenarmut

progressiv = fortschreitend

proportionell = im Verhältnis

Prosperität = günstige Geschäftslage

R

rationell = vernunftmässig

Reflex = Spiegelbild

Restauration = Wiedereinsetzung

Revenue = Einkommen

S

sporadisch = vereinzelt

Surplusarbeit = Überarbeit

Surplusprodukt = Mehrprodukt

T

Tautologie = Bezeichnung einer Sache mit zwei verschiedenen Worten

trivial = gewöhnlich

U

usurpieren = widerrechtlich aneignen

V

Vandalismus = Zerstörungswut

variabel = veränderlich

virtuell = der Möglichkeit nach vorhanden

Z

Zirkulation = Kreislauf

zirkulierend = flüssig

Zyklus = Kreislauf

www.ingramcontent.com/pod-product-compliance
Lightning Source LLC
Chambersburg PA
CBHW071726141224
19009CB00032B/874